交通职业教育教学指导委员会推荐教材
高职高专院校国际航运业务管理专业教学用书

高等职业教育规划教材

Huo Wu Xue
货 物 学

主　编　江明光
主　审　周晶洁

人民交通出版社

内 容 提 要

本书是高等职业教育规划教材，由交通职业教育教学指导委员会交通运输管理专业指导委员会组织编写。全书共四章，主要内容包括：货物学基本知识，普通货物，特殊货物，散装货物。书后附有七个与货物运输与作业相关的标准、法规等，便于读者查阅和应用。

本书是高职高专院校国际航运业务管理专业教学用书，也可供相关专业教学使用，或作为继续教育及职业培训教材，还可供港航类从业人员学习参考。

图书在版编目（CIP）数据

货物学/江明光主编. —北京：人民交通出版社，2007.9

ISBN 978-7-114-06755-6

Ⅰ.货… Ⅱ.江… Ⅲ.海上运输-货物运输 Ⅳ.U695.2

中国版本图书馆 CIP 数据核字(2007)第 127427 号

书　　名：货物学
著 作 者：江明光
责任编辑：富砚博
出版发行：人民交通出版社
地　　址：(100011)北京市朝阳区安定门外外馆斜街 3 号
网　　址：http://www.ccpress.com.cn
销售电话：(010)59757973
总 经 销：人民交通出版社发行部
经　　销：各地新华书店
印　　刷：北京盈盛恒通印刷有限公司
开　　本：787×1092 1/16
印　　张：12
字　　数：301 千
版　　次：2007 年 9 月 第 1 版
印　　次：2015 年 12 月 第 4 次印刷
书　　号：ISBN 978-7-114-06755-6
印　　数：7001-9000 册
定　　价：23.00 元

前　言

21世纪以来,国际航运业正在发生着前所未有的变化,中国外向型经济和对外贸易的持续快速发展,为国际航运业的发展带来不可多得的历史机遇,为世界航运市场的发展不断地注入新的活力。与此同时,随着我国改革开放进一步深入,工业化、城镇化、市场化、国际化进程不断加快,人民生活水平不断提高,国民经济对航运服务的需求将更加旺盛。相应地,在目前国内日趋紧张的总体就业形势下,航运管理专业毕业生却呈现出逆势走强、供不应求的局面。

为了推动航运业的进一步发展,实现航运人才培养的战略目标,贯彻《国务院关于大力发展职业教育的决定》精神,推动课程建设与改革,加强教材建设,交通职业教育教学指导委员会交通运输管理专业指导委员会根据国际航运业务管理专业人才培养要求,组织全国交通职业技术院校的教师编写了国际航运业务管理专业规划教材,供高等职业院校国际航运业务管理及其相关专业教学使用。

本套教材是根据国际航运业务管理及其相关专业的特点以及课程教学基本要求编写的,全面、系统、科学地阐述了航运业务中的相关理论、方法和操作技术,突出以就业为导向,以能力为本位,以企业工作需求为出发点的职业教育特色,在内容上注重与岗位实际要求紧密结合,与职业资格标准紧密结合,体现了教材的科学性、系统性、应用性、前瞻性和通俗性。本套教材既可作为航运类院校和职业培训的教学用书,也可供从事航运方面工作的业务人员参考阅读。

《货物学》是高职高专院校国际航运业务管理专业规划教材之一,全书共四章,内容包括:货物学基本知识、普通货物、特殊货物、散装货物。主要介绍货物的定义、分类、性质、包装、标志、重量、体积等基本概念以及船舶的基本知识,分析货物在海上运输过程中产生货运事故的原因以及应采取的措施;从普通货物、特殊货物、散装货物三个大的方面介绍各类货物在运输、装卸、保管中的注意事项。

参加本书编写工作的有:福建交通职业技术学院江明光(编写第一、二、三章),陈福金(编写第四章)。全书由江明光担任主编,上海海事大学周晶洁担任主审。

本套教材在编写过程中参阅和应用了国内外有关航运管理的论著和资料,无论在参考文献中是否列出,在此,对这些文献的作者和译者表示由衷的感谢和诚挚的谢意。由于作者水平有限,书中不妥之处在所难免,恳请专家和读者给予批评和指正。

交通职业教育教学指导委员会
交通运输管理专业指导委员会
2007.5

目　　录

第一章　货物学基本知识

● **知识目标**

1. 描述货物学研究的对象以及作用；
2. 描述船舶基础知识、货物的分类、货物的各种基本性质、货物包装种类及作用以及货物的计量方法；
3. 识别货物的标志。

● **技能目标**

根据所学的基础知识，学会分析海上货运事故的原因以及采取适应的预防措施。

引　例

船舶海运货损货差纠纷案

1995 年 4 月 17 日，某远洋公司所属的某船在巴基斯坦某港装载巴基斯坦产袋装白糖净重 12 000t。装船过程中，船长先后向托运人和装货人发出书面声明和抗议，指出货物堆放于码头无任何遮盖物并发生了污染，宣布货物为不清洁；抗议装卸工人采用手钩装货以及不断向船上装载破包货；理货员理货不准确，理货数量与船方水尺计重相差甚大，装上船的货物总重量只有 11 602t，船东对卸港货物若有任何短少均无责任。该声明由船长、托运人代理人及装货人三方签字确认。但随后，船长签发了目的港为北海港的三套清洁提单。提单记载：提单项下白糖分别为 10 000t（200 000 包）、1 000t（20 000 包）和 1 000t（20 000 包）。上述三票货物属同一种类、同一品名、同一包装，装船时没有进行隔票装载，也没有分别制作运输标志。该船于 5 月 23 日抵达北海港，7 月 2 日卸下了全部货物。经北海外轮理货公司理货，确认三票货物共短少 3 608 包，破空袋 2 559 包，破损 4 745 包，大副在理货单上签名，同时批注："灌包 3 070 包"。货物卸离船舶后，经广西进出口商品检验局检验，确认有两票货物短少 3 308 包，损失净重 165.4t；漏空 2 346 包，损失净重 117.3t；破损 4 288 包，损失净重 122.871t。累计货损共计净重 405.571t。由于收货人先前向某保险公司投了货物保险，该保险公司于 1996 年 1 月 10 日依据保险合同支付了被保险人（收货人）货损保险赔款，并取得了权益转让书。该保险公司于1996年5月10日向海事法院提起诉讼，请求法院判令该远洋公司赔偿损失。

第一节 船舶基本知识

不同的运输部门采用不同的运输方式、使用不同的运输工具，具有不同的运输特点。现代运输方式包括水路运输、铁路运输、公路运输、航空运输和管道运输，所使用的运输工具分别是船舶、火车、汽车、飞机和管道。运输工具是开展货物运输的主要因素，本书所涉及的运输指的是水路运输。为了掌握货物在船上装载的规律，确保船舶安全、及时、保质、保量地完成货物运输任务，既要学习有关货物学相关知识，还要了解船舶的基本知识，了解水路运输的分类、水路运输特点、船舶种类、船舶结构特点、船舶重量性能、容积性能以及船舶装卸设备等知识，为学习本课程奠定良好的基础。

一、水路运输的分类

水路运输可分为海上运输和内河运输，其中海上运输按运输距离又分为远洋运输、近洋运输和沿海运输。

1. 远洋运输

远洋运输指的是使用船舶跨洋的国际间的长途运输方式，主要依靠运量大的大型船舶。

2. 近洋运输

近洋运输指的是使用船舶通过大陆邻近国家海上航道运送客货的一种运输方式，视航程可使用中型船舶，也可使用小型船舶。

3. 沿海运输

沿海运输指的是使用船舶通过大陆附近沿海航道运送客货的一种运输方式，一般使用中、小型船舶。

4. 内河运输

内河运输指的是使用船舶在陆地内的江、河、湖、川等水道进行运输的一种方式，主要使用中、小型船舶。

在国际贸易运输中，远洋运输和近洋运输是海上运输的主体，沿海运输和内河运输主要承担补充和衔接国际海上干线运输的任务。

二、水路运输的特点

(1)运输能力大；
(2)运输成本低；
(3)投资少；
(4)劳动生产率高；
(5)航速低；
(6)受港口、水位、季节、气候影响较大。

三、水路运输的船舶种类

船舶是水路运输的主要工具，其种类繁多，数目庞大，有不同的分类方式。按用途可分为

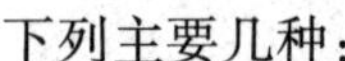

下列主要几种：

1. 杂货船

杂货船又称普通货船，是最早出现的货船，主要装运各种成箱、成捆、成包和桶装的件杂货。为便于分隔货物及避免货物堆装过高而压损，此类船舶一般为双层甲板。为便于装卸，各货舱的舱口尺寸较大，并配以吊杆或起重机。由于所运输的件杂货物的批量较小，杂货船的吨位亦较散货船小，典型的载货量在 1 万 ~2 万 t 左右。由于集装箱运输的发展，件杂货运量逐渐减少，目前主要是从事短途件杂货运输。新型的杂货船一般为多用途型船，既能运载普通件杂货，也能运载散货、大件货、冷藏货和集装箱，如图 1-1 所示。

2. 散货船

散货船按所运货物形态不同又可分为干散货船和液体散货船两种。

1）干散货船

干散货船又称散装货船，专用于运送煤炭、矿砂、谷物、化肥、水泥、钢铁等无包装的大宗散货的船舶。目前其数量仅次于油船。这类船舶多为尾机型单甲板船，舱口也较大，有较多的压载水舱用于压载航行。按载运的货物不同，又可分为矿砂船、运煤船、散粮船、散装水泥船等，如图 1-2 所示。

图 1-1　杂货船

图 1-2　干散货船

2）液体散货船

液体散货船是指专门运载石油等液体货物的船舶，包括油船、液体化学品船和液化气体船等。

（1）油船。是指专门运输原油或成品油的船舶。油船多为单甲板、尾机型船。由于货油通过管路进行装卸，故甲板上无起货设备，也不设大的舱口，而布置有许多管系、阀门，设置圆筒形油气膨胀舱口，如图 1-3 所示。

（2）液体化学品船。是指专门运载散装液体化学品的船舶，其外形与内部结构同油船相似。由于所装载的液体多数为有毒、易燃和强腐蚀性物质，而且品种很多，如甲醇、硫酸、苯等。为了便于装载，防止泄漏，液货舱分隔得较小，且均设双层底，如图 1-4 所示。

（3）液化气体船。是指专用于运载液化石油气（LPG）和液化化学气（LCG）、液化天然气（LNG）的船舶。这三类液化气体在常温常压下为气体，它们是在低温和加压下成为液态后运载，沸点低，多为易燃、易爆的危险品，有的还有剧毒和强腐蚀性。液化气体船舶是双层壳结构，尾机型，货舱为球形或圆柱形耐压容器，货舱与其非载货舱室之间设有隔离舱。液化气体船货舱结构复杂，造价高昂。图 1-5 为液化天然气船（LNG）。

图 1-3 油船

图 1-4 液体化学品船

3. 集装箱船

集装箱船是指以装运集装箱货物为主的船舶。运输前先将货物装入集装箱内,采用船上装卸设备或码头前沿的岸臂集装箱装卸桥,再把集装箱装上船。这种运输方式的优点是装卸效率高、降低劳动强度、减少货损货差和便于开展多式联运。目前,集装箱运输发展很快,已成为件杂货的主要运输方式。第六代集装箱船可装载 8 000 个集装箱。集装箱船可分为全集装箱船、半集装箱船和兼用集装箱船 3 种,如图 1-6 所示。

图 1-5 液化天然气船

图 1-6 集装箱船

1)全集装箱船

这种船舶的所有货舱和甲板是专门为装运集装箱而设计的,不能装载其他货物,这种船也称为集装箱专用型船。集装箱船的货舱舱口很大,采用双层船壳,货舱内设有格栅式货架,以利货箱的固定。其甲板和货舱盖可以装 2~6 层集装箱。通常船上不设起货设备,而利用码头上的专用设备装卸。船速也较快,多在 20kn 以上。

2)半集装箱船

这种船舶一部分货舱设计成专供装载集装箱,另一部分货舱可供装载一般件杂货。集装箱专用舱一般是选择在船体的中央部位。

3)兼用集装箱船

这种船舶在舱内备有简易可拆装的设备,当不装集装箱而装运一般杂货或其他散货时,可将其拆下。散/集两用船或多用途船都属于兼用集装箱船。

4. 滚装船

滚装船又可称为开上开下船,是一种采用水平装卸方式的船舶。它装运的货物主要是汽车和集装箱。这种船舶在码头装卸集装箱不需要码头的装卸设备,而是利用船舷、船首或船尾

处的开口跳板，汽车或集装箱拖车通过跳板开上开下，实现货物的装卸，如图 1-7 所示。

5. 载驳船

载驳船又称子母船，它采用先将货物装在规格相同的小驳船里，再将这些小驳船装到母船上一起运输的方式运输。载驳船的优点是可以提高装卸效率，缩短船舶停港时间，加速船舶周转，而且不受港口、码头和装卸设备的限制，同时便于把江海联运有机地结合起来。载驳船的缺点是载驳船的组织管理较为复杂，故目前发展缓慢，如图 1-8 所示。

图 1-7　滚装船

图 1-8　载驳船

6. 木材船

木材船是指专供运载木材的船舶，其船型与散货船相近。由于木材的密度小，体积大，有一部分要装在甲板上，因此在甲板两舷设有支柱以拦护木材，如图 1-9 所示。

7. 冷藏船

冷藏船是专门载运如水果、蔬菜、肉类和鱼类等需冷藏的货物的船舶。其船舶结构与杂货船相近，货舱具有良好的隔热功能，船上装有大功率的制冷装置，能使各冷藏货舱内保持货物所需的适当的温度。由于受货源批量的限制，冷藏船的吨位一般在万吨以下。目前，用于装运冷藏货物的冷藏集装箱发展迅速，由于其运输方便，所以在某种程度上取代了冷藏船的运输。冷藏船现在主要作为远洋渔船与港口之间的转载运输工具，在渔船作业区附近的转载区，冷藏船将渔船捕获的经过初加工的冷藏鱼装进冷藏船的冷藏货舱，待货舱全部装满后，运到指定的港口，完成货物的运输搬运工作。此类作业的冷藏船又被称为冷藏搬运船。

图 1-9　木材船

8. 驳船

驳船是本身无自航能力，需拖船或顶推船拖带的货船。其特点是设备简单、吃水浅、载货量大。驳船一般为非机动船，与拖船或顶推船组成驳船船队，可航行于狭窄水道和浅水航道，并可根据货物运输要求而随时编组，适合于内河各港口之间的货物运输。少数增设了推进装置的驳船称为机动驳船，机动驳船具有一定的自航能力，如图 1-10 所示。

9. 拖船

内河拖船主要用于内河拖带其他船只。其船身较小，而功率较大，自身并不载运货物，如

图 1-11 所示。

图 1-10　驳船

图 1-11　拖船

10. 顶推船

顶推船是专门用于顶推非自航货船的船舶。与拖船相比,顶推运输时驳船在前,推船在后,整个船队有较好的机动性,阻力减小,航速提高,不再需要驳船上的舵设备和操舵人员,从而降低了运输成本。

四、船舶结构特点

在水路运输中,船舶是货运的运输工具,需要对运输工具的结构特点有所了解。了解船舶的结构特点,有助于保证货物运输安全,保证货物运输质量。下面就以杂货船的结构为例说明杂货船的布置,其布置图如图 1-12 所示。

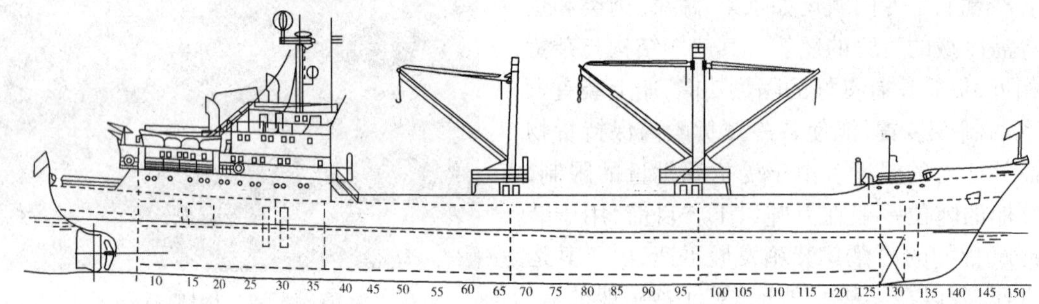

图 1-12　杂货船的布置图

(1)船体水平方向布置的钢板称为甲板,船体被甲板分为上下若干层。最上一层船首尾的统长甲板称上甲板(Upper Deck)。这层甲板如果所有开口都能封密并保证水密,则这层甲板又可称主甲板(Main Deck)。

(2)主甲板把船分为上下两部分,在主甲板以上的部分统称为上层建筑;主甲板以下部分叫主船体。

(3)在主船体内,根据需要用横向舱壁分隔成很多大小不同的舱室,这些舱室都按照各自的用途或所在部位命名,从首到尾分别叫首尖舱、锚链舱、货舱、机舱、尾尖舱和压载舱等。在货舱中两层甲板之间所形成的舱间称甲板间舱(Tween Deck),也叫二层舱或二层柜。

(4)上层建筑分船楼和甲板室两大类型。所谓船楼是指两侧都延伸至船舷或很接近船舷的上层建筑;船楼又有首楼(Forecastle)、尾楼(Poop)和驾驶台(Bridge)之分。甲板室是指两侧不接近舷边的上层建筑。上层建筑的各舱室一般按舱室用途而命名。

五、船舶的重量性能

船舶具有与浮力和载重有关的船舶性能,称为船舶的重量性能,它是决定船舶装载货物重量大小的主要因素。

1. 船舶排水量

船舶排水量是指无航速的船舶在静水中处于自由漂浮状态时,船体所排开水的重量。按照船舶装载状态的不同,船舶排水量可分为:

1)空船排水量

它是指船舶装备齐全但无载重时的排水量。空船排水量等于空船重量。

2)满载排水量

它是指船舶的吃水达到规定的满载水线(通常指夏季载重线)时的排水量。

3)装载排水量

它是指船舶在空载水线与满载水线之间任一吃水下的排水量。其大小可根据船舶的装载状态确定。

2. 载重量

运输船舶所装载的货物重量,称为载重量。载重量有总载重量和净载重量之分。

1)总载重量(Dead Weight,DW)

它是指船舶在空载水线与满载水线之间任一确定的吃水下,船舶所能装载的最大重量。总载重量等于该吃水时的排水量与空船排水量的差值。

2)净载重量(Net Dead Weight,NDW)

它是指船舶在具体航次中所能装载货物重量的最大值。净载重量等于由航次具体条件所确定的最大总载重量与航次储备量和船舶常数的差值。

3)航次储备量

它是指船舶在具体航次中为维持生产和生活的需要而必须储备的所有重量的总和。

4)船舶常数

船舶经过一段时间的营运后,空船重量可能会发生变化,船舶总重量中也可能出现一些难以统计和归类的重量。为便于处理,把这部分重量归入总载重量,称为船舶参数。表1-1列举了船舶重量和容积性能的几个数据,以便对几种船舶重量和容积性能有大体的了解,仅供参考。

船舶重量和容积性能数据(单位:t) 表1-1

吨 位	杂货船	集装箱船	干散货船	油船
净吨位(NT)	5 000	8 000	25 000	73 000
总吨位(GT)	7 500	15 600	36 000	85 000
总载重量(DW)	12 500	17 000	54 000	190 000
船舶排水量(Δ)	18 000	23 000	72 000	220 000

3. 载重线标志

载重线标志是勘绘在船中部两侧船壳板上的作为在不同条件下船舶的载重量限制,保证船舶在不同条件下航行的安全。载重线标志除了加绘表示勘定干舷的机构的字母外(如“C”和“S”表示中国船级社),还用不同的字母表示不同区域和不同季节的载重水线,国际航行船舶和国内航行船舶的载重线所使用的字母不同,如图 1-13 所示。我国沿海的季节期只有热带和夏季之分,故沿海航行船舶不需要勘绘冬季载重线。对于甲板上运木材的船舶,干舷可以小些,因此另绘有木材载重线,并在各载重线前面加一个“L”或“M”,如表 1-2 所示。船舶应严格遵守载重线海图中载重线的海区、季节规定。

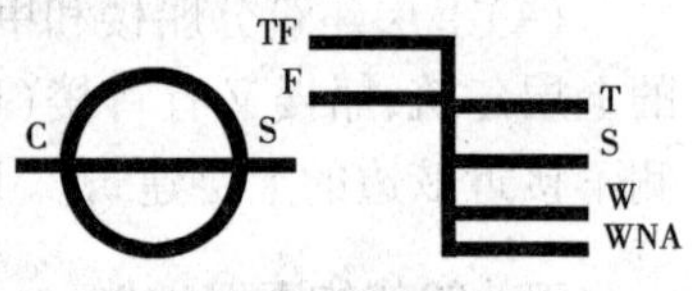

图 1-13 载重线标志

载重线标志上各字母的意义 表 1-2

字母		意义	字母		意义
国际	国内		国际	国内	
S	X	夏季载重线	T	R	热带载重线
W	D	冬季载重线	F	Q	夏季淡水线
WNA	BDD	北大西洋冬季载重线	TF	RQ	淡水载重线
LS	MX	木材船夏季载重线	LT	MR	木材船热带载重线

六、船舶的容积性能

船舶所具有的容纳各类货物体积的性能就是船舶的容积性能,通常由船舶的货舱容积、舱容系数、登记吨位来表示。

1. 货舱散装容积

货舱散装容积是指干货舱内所能容纳无包装的小块状、颗粒状、粉末状的货物(如谷物、矿砂等)的最大体积。

2. 货舱包装容积

货舱包装容积是指干货舱内所能容纳具有一定尺度的成件包装或裸装货物的最大体积。

3. 舱容系数

舱容系数是指货舱总容积和船舶净载重量的比值,即每一吨净载重量所拥有的货舱容积。舱容系数可表示船舶适宜装载重货还是轻货,舱容系数较大的船舶适用于装轻货,舱容系数较小的船舶适用于装重货。一般杂货船的舱容系数均在 $1.5m^3/t$ 以上,有的可达 $1.8 \sim 2.1\ m^3/t$。

4. 登记吨位

登记吨位是指船舶为登记注册的需要,按照有关国家主管机关制定的丈量规范的各项规定,丈量确定的船舶容积吨位。根据丈量范围和用途的不同,船舶登记吨位可分为总吨位、净吨位和运河吨位 3 种。

1)总吨位(Gross Tonnage,GT)

总吨位是指根据有关国家主管机关制定的丈量规范,丈量确定的船舶总容积。总吨位是统计船舶吨位,表示船舶大小,划分船舶等级,估算船舶建造、买卖、租赁的费用,作为海损事故最高赔偿额的基准以及计算净吨位的基础。

2)净吨位(Net Tonnage,NT)

净吨位是指根据有关国家主管机关制定的丈量规范,丈量确定的船舶有效容积。这里所指的有效容积,可以理解为船舶用来载货或载客的处所的容积。净吨位的用途是作为计算各种港口费用或税金(如港务费、引航费、码头费、进坞费等)的基准。

3)运河吨位(Canal Tonnage)

巴拿马运河当局和苏伊士运河当局为了维护有关国家利益,各自规定了自己的船舶吨位丈量规范。运河吨位就是按运河当局规定的丈量规范丈量的登记吨位。运河吨位主要有巴拿马运河吨位和苏伊士运河吨位,分别包括了总吨位和净吨位。运河吨位的主要用途是在船舶经过运河时,作为向运河管理当局缴纳过运河费的计算依据。

七、船舶装卸设备

船舶装卸设备,又称起货设备,是船舶进行装卸货物时所用装置和机械的总称。由于船舶的种类或所载货物的种类不同而采用的装卸设备也有所不同。

1. 杂货船

装运件杂货物的杂货船普遍采用吊杆式起货设备或起重机进行装卸。吊杆式起货设备根据起吊重量不同分为轻型吊杆和重型吊杆两种。安全工作负荷(SWL)等于或小于10t的吊杆称为轻型吊杆;安全工作负荷(SWL)大于10t的吊杆称为重型吊杆。起重机俗称克令吊。它的特点是工作面积大、机动灵活、操作方便、重量轻、占地少、装卸效率高、结构复杂、投资大、修复难度比较大。

2. 干散货船

专用散货船采用带式或链斗式运输机构以连续方式进行装卸。目前,对颗粒状货物又有效率更高、输送距离更远的气力管道来进行装卸。

3. 液体散货船

液体散货船通常利用船上或岸上的输送泵和管路来进行装卸。

4. 集装箱船

集装箱船可通过集装箱装卸桥或吊车进行装卸。

5. 滚装船

滚装船则采用所设置的首门、侧门或尾门的跳板和升降机等设备来装卸。

八、货物积载因数与积载计划

1. 货物积载因数

货物积载因数是指某种货物每一吨重量所具有的丈量体积或在船舶货舱中正常装载时所占有的容积。前者称理论积载因数,后者为实际积载因数。积载因数是船舶配载和积载工作中重要的货物资料。

2. 货物积载计划

货物积载计划是指船舶装货前,根据船公司以装货清单的形式下达的航次货运任务,确定航次货载在船上装舱和堆码的计划。这个计划通常用一个简单明了的示意图表示,即把航次各票货载在船上各货舱的装载位置、货名、卸港、数量、堆装要求等用一张简图标示出来,这张图称为计划积载图,又称货物积载图(Cargo Stowage Plan)。

第二节 货物的分类

货物是指运输部门所承运的各种原料、材料、工农业产品、商品以及其他产品的总称。货物的种类繁多,批量不一,性质及包装形式各异,对运输、装卸、保管等要求也各不相同,货物学就是对货物的种类、性质、包装、标志等进行研究,以便制定货物在装卸、运输和保管的安全防护措施,从而确保货物数量完整、质量完好。

不同部门对货物的分类有区别,如《全国主要产品分类与代码》主要是为国家、部门、行业及企业对产品的信息或管理和信息系统提供依据,以实现各类产品的各种信息数据的采集、处理、分析和共享。海关管理中,海关根据征税和海关统计工作的需要,分别编制了《中华人民共和国进出口税则》和《中华人民共和国海关统计货物目录》,对进出口货物按性质、用途、功能或加工程度进行分类;运输部门主要是按货物的性质和形态进行分类。本书所论述的货物主要是指水路运输部门所运输的,因此,对货物的分类主要是针对水路货物运输中目前常见的货物进行分类,具体分类方法主要有 4 种。

一、按货物性质分类

按货物性质,可分为普通货物和特殊货物两类。

1. 普通货物

普通货物是指在装卸、运输和保管时,不要求配备特殊设备(如特殊舱室、特殊防护设备、重型起重设备等),或没有特殊要求的货物。普通货物可以进一步细分为如下 3 类:

1)敏感性普通货物

凡具有怕潮、怕异味、怕热、怕掺入杂质、怕被玷污、易碎等性质,对外界某种因素敏感的普通货物,均称为敏感性普通货物。在这类货物中,对潮湿敏感的有茶叶等;对异味敏感的有:茶叶、食糖、烟叶等;对外界热量敏感的有:盐汁肠衣、糖果、松香等;对掺入杂质敏感的有:滑石粉(供制造化妆品用)、焦宝石、镁砂等;对污染敏感的有:生丝、毛线、棉织品等;对外界压力或冲击力敏感的有:玻璃制品、陶制品、石棉瓦等。

2)感染性普通货物

凡具有潮湿、气味、扬尘、污染、自热等性质,对其他货物或货舱易于产生某种感染的普通货物,均称为感染性普通货物,也称为污染货物。在这类货物中,具有潮湿感染性的有:大米、山芋渣、许多矿石等;具有气味感染性的有:生皮、猪鬃、辣椒干、香料等;具有扬尘感染性的有:水泥、炭黑、颜料等;具有污染感染性的有:沥青、橡胶、五金(内部涂有防锈油遇热易渗出)等。

3)一般普通货物

凡性质上对装卸、运输和保管条件无特殊要求,不属于上述敏感性或感染性的其他普通货物,均属于一般普通货物。

2. 特殊货物

因本身性质而对装卸、运输和保管有特殊要求的货物,称为特殊货物。特殊货物可以进一步细分为下列 5 类:

1)危险货物

凡具有燃烧、爆炸、毒害、腐蚀、污染、放射性等特性的货物,在运输、装卸和储存中,如处理不当,容易造成人身伤亡、财产毁损以及对海洋有污染,需要特别防护的货物。如黄磷、雷管、硝酸、氢化物、钴^{60}等均属于危险货物。

2)重大件货物

重大件货物是指单件体积过大或过长、重量超过一定界限的货物。如我国港航计费规定,沿海海运每件重量超过5t,长江、黑龙江干线河运每件重量超过3t的为重件;沿海海运长度超过12m,长江、黑龙江干线河运长度超过10m的为长大件;国际标准规定,每件重量超过40t的为超重件;长度超过12m的为超长件;高度或宽度超过3m的为超高或超宽件。

3)冷藏货物

冷藏货物是指需要保持在常温以下进行运输的货物,如肉类食品、鸡蛋、水果、蔬菜、奶类制品等。

4)贵重货物

贵重货物是指单件货物价格比较昂贵或具有某种特殊使用价值的货物,如精密仪器、手工艺品、珠宝首饰、出土文物、展览品等。

5)活的动植物

活的动植物是指运输过程中仍要不断照料、维持生命和生长机能,不使其发生死亡或枯萎的动物和植物,如猪、羊、牛、马等家禽家畜及花卉、树苗、苗木等。

二、按货物形态分类

1. 件杂货

件杂货简称杂货,指有包装或无包装的,按件托运和承运的货物,一般批量较小,票数较多,有标志,包装形式不一,性质各异。

件杂货按其包装不同可分为袋装货物、箱装货物、桶装货物、筐装货物、捆装货物、裸装货物等。在传统的水路运输中,件杂货一般使用杂货船进行运输。

2. 散装货

散装货简称散货,以重量承运,是无标志、无包装、不易计算件数的货物,以散装方式进行运输,一般批量较大,种类较少。散装货按其形态可分为干质散装货(Bulk Cargo)和液体散装货(Liquid Cargo)。

干质散装货是指不加包装的块状、颗粒状、粉末状的散运货物,又称散货,如矿石、砂石、煤、散运的粮谷、盐、糖等,一般使用干散装船进行运输。液体散装货是指使用船舶液体舱散装运输的液体货物,如使用油船运输的石油及其产品,使用散装化学品专用船运输的液体化工产品,使用杂货船深舱运输的各种植物或动物油等。

3. 成组化货物(Unitized Cargo)

成组化货物又称集装货物,是指用托盘、网络、集装袋和集装箱等将件杂货或散货组成一个大单元进行运输的货物。它包括以下4种:

1)托盘货物(Palletized Cargo)

托盘货物是指将若干包件货物集合放在一个货盘上,用塑料薄膜等材料连同货盘一起形成一个装运单元进行运输的货物。

2)网络货物(Net for Unitized Cargo)

网络货物是指使用棕绳或尼龙绳、钢丝绳等编制的网络所承装的货物,以一网络为运输单元。

3)集装袋货物(Container Bag Cargo)

集装袋货物是指装入可折叠的涂胶布、树脂加工布等软材料所制成的大型袋子的货物。集装袋货类使用广泛,尤其适于粉粒体货物,如矿砂、水泥、纯碱等。

4)集装箱货物(Container Cargo)

集装箱货物是指装入集装箱内,以集装箱为单元积载设备进行运输的货物。集装箱货类很多,按货物性质和形态,可选用通用集装箱或特种集装箱装运;按装运方式可采用整箱货和拼箱货装运。集装箱货物使用集装箱船舶运输。

三、按货物的运输方式分类

1. 直达货物

直达货物是指直接运达目的港的货物。

2. 中途港货物

中途港货物是指中途靠港时需卸下的货物。

3. 过境货物

过境货物是指经第三国港口时不予卸下的货物。

4. 联运货物

联运货物是指采用水陆、水水或水陆水等不同方式联运的货物。

5. 转船货物

转船货物是指经由中途港口换装他船,再由他船转运至其目的港的货物。

6. 选港货物

选港货物是指在货物装运时,由托运人提供两个或两个以上可供选择的卸货港的货物。

7. 变更卸货港货物

变更卸货港货物是指装货后原定卸货港有所变更的货物。

四、按货物的装载场所分类

1. 甲板货

甲板货是指运输时装载在船舶露天甲板上的货物。装在甲板上的货物一般应是不怕湿、不怕晒、不怕冻,事先应征得货主同意或按照航海惯例可以装在甲板的货物。

2. 舱内货

舱内货是指运输时装载在船舱内的货物。舱内货与甲板货相比,在运输途中可能遭遇风险的机会相对较小。

3. 舱底货

舱底货是指运输时装载于船舱底部的货物,一般是较重而且坚实的货物。

4. 衬垫货

衬垫货是指装载于舱内可用作衬垫的货物。

5. 填空货

填空货是指可用作填补舱内空位的小件货物。

第三节　货物基本性质

货物的基本性质包括化学性质、物理性质、生物性质和机械性质。这些基本性质会引起货物产生相应的化学变化、物理变化、生物变化和机械变化，从而使货物在装卸、运输和保管等各个环节中，产生质量和数量的变化。为了在各环节中减少货物的质量变化，防止货物损耗和损失，保证货物运输安全和货物质量，有必要掌握货物所具有的性质和所发生的变化。

一、货物的物理性质

货物的物理性质是指货物受外界的日光、温度、湿度、大气成分等因素的影响而发生物理变化的性质。货物发生物理变化，虽然只改变货物本身的外表形态，而没有改变其本质，没有新的物质生成，但很多货物发生物理变化后有的数量减少了，有的质量降低了，有的甚至完全丧失了使用价值，有的造成货运作业困难，还有的为货物发生生物和化学变化创造了条件。例如，谷物在运输中受潮后，其含水量的增加会促使谷物的呼吸作用增强，并给微生物的繁殖创造条件。

货物发生物理变化的形式主要有吸湿、散湿、挥发、溶化、熔化、串味、凝固、冻结、膨胀等。

1. 货物的吸湿

货物的吸湿是指货物具有吸收水分的性质。货物吸湿对于货运质量有较大的影响。货物吸湿能力取决于下列5个因素。

(1)货物的表面积。多孔性物体和粉粒状物体，因其具有很大的表面积，所以具有较强的吸湿性。

(2)货物的化学成分与结构。如果货物的化学成分中含有亲水基团如氨基($—NH_2$)、羟基(—OH)、羧基(—COOH)等，则易于吸收水分。

(3)物质的易溶性。物质易溶于水者就容易吸湿。

(4)货物蒸发水分的气压。货物所散发的水分具有较高气压者，吸湿性较低；反之，则吸湿性较强。

(5)货物的纯度。物质组成成分中含有杂质，会降低蒸发所需气压，从而增强吸湿性。

在运输中，货物含水量过多，超过其安全水分标准，会造成货物潮解、溶化、分解、生霉等变质现象；含水量过少，会致使货物损耗、发脆、开裂等。在水运中为防止货物吸湿变质，需要熟悉各种货物的安全水分，加强温湿度控制和采取防潮措施，做好配积载工作。

2. 货物的挥发

货物的挥发是指液体货物或经液化的气体货物，在空气中液体表面能迅速气化变成气体散发到空气中去的现象。常见易挥发的货物如酒精、白酒、香精、花露水、香水及化学试剂中的各种溶剂等。

液态货物所以发生挥发现象,是由于液态货物表面的分子比较活跃,表面的蒸气压力大于空气中的压力,所以液态货物表面上的分子就会不断地散发到空气中去。

液态货物的挥发速度与环境温度的高低、货物本身的沸点、空气的流动速度、液态货物表面接触空气的面积等因素有关。环境温度高、货物本身的沸点低、空气的流动速度快、液态货物表面接触空气的面积大,挥发的速度就快,反之挥发的速度就慢。

液态货物的挥发,不仅会使货物数量减少,有的还严重影响货物的质量,特别是有的挥发气体,不仅影响人体健康,甚至还会引起燃烧爆炸。因此对沸点低、易挥发的货物应采用密封性能强的包装方法进行包装,以防在流通过程中挥发。

3. 货物的溶化

货物的溶化是指具有吸湿性和水溶性性能的固体货物在保管过程中,吸收空气或环境中的水分达到一定程度时溶化成液体的现象。常见易溶化的货物有食糖、糖果、食盐、明矾、氯化钙、氯化镁、尿素、硝酸铵、硫酸铵等。

货物发生溶化现象是由于其具有吸湿性和水溶性两种性能,只有同时具有吸湿性和水溶性两种性能的货物,在一定条件下,它们才会被溶化。有些货物如棉花、纸张、硅胶等,虽然它们也有较强的吸湿性,但不具有水溶性,吸收水分再多,它们也不会被溶化。还有些货物如硫酸钾、过氯酸钾等虽然具有水溶性,但是由于它们的吸湿性很低,所以也不易溶化。

影响货物溶化的因素,除了货物成分、结构和性质等内在因素外,还有空气相对湿度、气温等外界因素。空气相对湿度的大小,对货物溶化影响很大。易溶性货物虽具有吸湿性和水溶性,但在空气相对湿度很低时,仍然不能从空气中吸收水分而溶化;相反含有结晶水的货物,还可能散失水分而"风化"。因此,只有在一定的相对湿度条件下,货物才可能吸湿而溶化。空气的相对湿度越大,易溶性货物就越容易吸湿而溶化。

4. 货物的熔化

货物的熔化是指某些低熔点的货物受热后发生软化或化为液体的现象。常见易熔化的货物有香脂、蛤蜊油、发蜡、蜡烛、圆珠笔芯、松香、石蜡、油膏、胶囊、糖衣片等。

影响货物熔化的因素,除了受气温高低的外界因素影响外,还与货物本身的熔点、货物中杂质种类和含量高低等内因密切相关。气温越高,越容易熔化,熔点越低,越容易熔化;杂质含量越高,越容易熔化。

货物熔化,会造成货物流失、粘连包装、玷污其他货物,有的因为熔解而使体积膨胀,使包装破损,有的因为货物软化而使货垛倒塌。在保管过程中应采用密封性能好、隔热性能好的包装方法,一般可采用密封和隔热措施,选择阴凉通风的库房储存,加强库房的温度管理,防止日光照射,尽量减少因环境温度的升高而影响货物的质量。

5. 货物的串味

货物的串味是指吸附性较强的货物吸附其他气体、异味,使本来气味发生改变的现象。常见易被串味的货物有大米、面粉、食糖、茶叶、卷烟等;常见的引起其他货物串味的货物有汽油、煤油、樟脑、卫生球、肥皂、化妆品以及农药等。

货物发生串味现象,主要是它的成分中含有胶体物质,以及疏松、多孔性的组织结构。影响货物串味的因素有货物表面状况、与异味物质接触面积的大小、接触时间的长短,以及环境中异味的浓度等。对易被串味的货物尽量采取密封包装,在储存和运输中不得与有强烈气味的货物同车、同船并运或同库储藏，注意运输工具和仓储环境的清洁卫生。

二、货物的机械性质

货物的机械性质是指在受到外力作用下，货物的形态、结构发生机械变化的性质。常见货物如玻璃、陶瓷制品、搪瓷制品、铝制品、皮革制品、粉状货物等，在搬运过程中，受到碰、撞、挤压和抛掷等外力的作用下，会发生破碎、变形、结块、脱落散开等形态上的变化，致使这类货物的质量降低或完全丧失了它们的使用价值。

在运输过程中，货物受振动、翻倒、跌落冲击有时是不可避免的，货物采用不同包装，可具有不同的抵抗变形或破坏的能力，因此，要求货物和包装具有抵抗运输过程中正常堆压冲击的能力，以增强其机械强度，防止受外力作用造成破损。在船舱、库场堆装及搬运操作过程中，对于那些机械性能较差的货物，应严格按注意标志的要求作业，尽量减少或杜绝破碎损坏的事故。货物发生机械变化的形式主要有渗漏、变形、破碎、结块等。

1. 货物的渗漏

货物的渗漏是指液体货物，特别是易挥发的液体货物，由于包装容器不严密，包装质量不符合货物性能的要求，或在搬运装卸时碰撞振动破坏了包装，而使货物发生跑、冒、滴、漏的现象。

货物的渗漏，主要与包装材料性能、包装容器结构、包装技术优劣和仓储温度变化有关。因此，对液体货物应加强入库验收和在库货物定期检查及温、湿度控制和管理。在运输中，应加强对液体货物包装容器的检查和高温时的防暑降温措施，装卸搬运要使用合适的机具，船舱内应紧密堆装不留空隙，以避免引起碰撞而造成货物渗漏。易渗漏货物有污染性，应堆装于低部位置。渗漏物有挥发性、散湿性，应做好防护。

2. 货物的破碎

货物的破碎是由于货物质脆或包装强度弱，承受较小的外力作用后就容易造成破损的现象。如玻璃制品、陶瓷制品、电视机等易碎货物及用玻璃、陶瓷做包装的货物极易破碎。

在运输中，易碎货物除了要求包装坚固牢靠，加填适当材料进行缓冲和标有储运指示标志外，在搬运中须轻拿轻放、稳吊稳铲，避免摔、抛、滑、滚等野蛮操作，码垛不宜过高，重货不应堆装在其上面，注意加固绑扎，以防止货物倒塌，堆装位置应选便于作业、防振、防下沉处。货物破碎还会给环境造成污染。

3. 货物的变形

货物的变形是指具有某些货物受到超过其所能承受的压力时发生变形的现象。这类货物如橡胶制品、塑料制品、皮革制品和铝制品等，虽然不容易发生碎裂，但是货物会发生变形，从而影响质量。有热变性的橡胶、塑料制品在高温条件下受重压、久压更易变形。

在运输中，易变形的货物堆装时必须注意堆形平整，堆装高度不宜过高，尤其是不应在上面装重货。装卸搬运要避免摔、抛、撞击，机械作业要稳铲、稳吊、稳放，防止货物受外力作用而造成变形。

4. 货物的结块

货物的结块是指在装载粉粒晶体状货物时，堆码超高或受重货所压以及在水湿、干燥、高温、冷冻等因素影响下造成货物结块的现象，如水泥、食糖、化肥、矿粉发生结块的现象等。

货物结块不仅对货物的质量有损害,而且在装卸中造成货物包装断裂损坏较多,散装货物难以卸货。在运输中应控制货物产生结块,货物堆码不要重压久压,装卸中不宜用水喷洒货物,以免造成货物结块损失。

三、货物的化学性质

货物的化学性质是指货物的形态、结构以及货物在光、热、氧、酸、碱、温度、湿度等作用下,发生化学变化的性质。

货物发生化学变化后,不仅改变了货物的外表形态和货物的本质,并且有新物质生成,且不能恢复原状的变化现象。货物化学变化过程即货物劣变过程,严重时会使货物失去使用价值,还会影响到其他货物,甚至发生严重的货损事故。在运输过程中,货物的化学变化形式主要有氧化、腐蚀、燃烧、爆炸等形式。

1. 货物的氧化

货物的氧化是指货物与空气中的氧和其他物质放出的氧接触,发生与氧结合的化学变化。货物的氧化不仅会降低货物的质量,有的还会在氧化过程中产生热量,发生自燃,有的甚至发生爆炸事故。易于氧化的货物很多,例如某些化工原料、纤维制品、橡胶制品、油脂类货物等。棉、麻、丝等纤维织品,如长期与日光接触发生的变色现象,就是由于织品的纤维材料被氧化的结果。有些货物在氧化过程中要产生热量,如果热量不易散失,又会加速氧化过程,使温度逐步升高达到自燃点时,就会发生自燃现象。

金属锈蚀也是一种氧化现象。特别是钢铁制品,在水、空气或酸、碱、盐的作用下,很容易氧化锈蚀。橡胶的老化、茶叶的陈化、煤的风化等也是在氧化作用下产生的现象。

2. 货物的腐蚀

腐蚀是指某些货物具有的能对其他物质产生破坏作用的性质。引起腐蚀作用的基本原因是货物的酸性、碱性、氧化性和吸水性。例如钢铁和盐酸作用,能使钢铁制品遭到破坏;烧碱能和油脂作用,使之碳化变黑;漂白粉使人的皮肤灼伤;浓硫酸能吸收植物水分,能破坏有机物等。在运输过程中,常见的腐蚀品主要有酸类、碱类物质。

3. 货物的燃烧

燃烧是指某些可燃物质与氧及氧化剂发生急剧反应并伴随发光发热现象的化学过程。物质引起燃烧或继续维持燃烧,必须同时具备 3 个条件,即可燃物、助燃物(氧或氧化剂)、着火源,三者缺一不可。可燃物分为可燃固体、可燃液体、可燃气体和可燃金属。普通可燃固体包括棉花、木材、纸张、布匹、粮食、煤炭等;可燃液体包括石油、动植物脂肪、油漆、酒精等;可燃气体包括液化石油气、天然气等;可燃金属包括钾、纳、镁、钛等。在运输、装卸、保管这些可燃物质的过程中,应特别做好防火消防工作,保证货物的安全。

4. 货物的爆炸

化学爆炸是指爆炸性物质受外因的作用,本身发生的化学反应的速度不断急剧增加,并在极短的时间内产生大量的高温、高压的气体的现象。爆炸能够直接造成火灾,给周围环境造成极大的破坏,具有很大的危险性。

影响爆炸的因素有原始温度、原始压力、含氧量、容器的体积以及热源能量。在运输、装卸、保管各环节中,应该按照危险品有关规定,做好安全防范措施,防止爆炸品爆炸、可燃气体、

液体、蒸气和粉尘(氢气、乙醚、汽油、铝粉、鱼粉等)与空气混合的爆炸以及不相容物质(氯酸钾与酒精、硝酸与硫磺)等接触引起的爆炸。

四、货物的生物性质

货物的生物性质是指有生命活动的有机体,在外界各种条件的影响下,为了维持其生命,本身所发生的一些生物变化的性质。在运输过程中,货物发生生物变化的形式主要有呼吸、发芽、胚胎发育、后熟、微生物作用、虫蛀等。

1. 呼吸作用

呼吸作用是指有机体在生命活动过程中,不断地进行呼吸,分解体内有机物质产生热能,维持其本身的生命活动的现象。呼吸作用是有机体在氧与酶的参与下进行一系列的氧化过程。呼吸作用可分为有氧呼吸和缺氧呼吸两种类型。

1)有氧呼吸

有氧呼吸是有机体中的葡萄糖在空气中氧的作用和呼吸酶的催化下,经过氧化还原,转化为二氧化碳和水,并释放出热量的过程。有氧呼吸产生热量并分解出水分,有利于微生物的繁殖,加速霉变。

2)缺氧呼吸

缺氧呼吸是指在无氧的条件下,有机体利用分子内的氧进行呼吸作用,葡萄糖在各种酶的催化下,分解成酒精、二氧化碳和释放出热量的过程。这种呼吸作用,葡萄糖还未完全分解,产生出来的酒精属中间产物,这个化学反应过程与发酵酒一样,因此又把它看成是发酵作用。缺氧呼吸产生的酒精如积累过多,会促使有机细胞中毒死亡,其结果会使粮种发芽率降低,果实和蔬菜腐烂等。

2. 发芽

有些有机体如粮食、果蔬等在流通过程中,若水分、氧气、温度湿度等条件适宜就可能发芽,其结果会使粮食、果蔬的营养物质在酶的作用下转化为可溶性物质,供给有机体本身的需要,从而降低有机体货物的质量。例如:各种粮食发芽都会降低加工成品率和食用价值,马铃薯发芽则会产生有毒物质。同时发芽萌发过程中通常伴随发热生霉,不仅增加损耗,而且降低质量,粮食种子则会丧失播种价值。

3. 胚胎发育

这里主要指的是鲜蛋的胚胎发育。鲜蛋在流通过程中如果温度适宜,胚胎往往会发育成为血丝蛋、血环蛋,大大降低鲜蛋的质量。为抑制鲜蛋的胚胎发育,要研究选用合理的货物包装,应加强温、湿度管理,最好是抵制或限制供氧条件,亦可采用石灰水浸泡、表面涂层等储藏方法。

4. 后熟作用

后熟是指瓜果、蔬菜等食品在脱离母株后,生理活动仍在继续,逐渐达到成熟的现象。瓜果、蔬菜等的后熟作用,能改进色泽、香气、口味以及硬脆度等食用性能。但当后熟作用完成后,则容易发生腐烂变质,难以继续储藏甚至失去食用价值。因此,对于这类鲜活食品,应在其成熟之前采取低温储运和适当通风,来调节其后熟过程,以达到延长储藏期、均衡上市的目的。

5. 僵直

僵直是刚屠宰的家畜肉、家禽肉、鱼等生鲜食品的肌肉组织所发生的生物化学变化，其特点是肌肉紧缩，失去原有的柔软性和弹性，变得僵硬。畜、禽、鱼肉的僵直形成原因是肌肉中的肌糖原酵解产生乳酸和三磷酸腺苷、磷酸肌酸的分解等。这些成分的分解都会增加肌肉中酸性成分的积累，降低肌肉的 pH 值，使原来呈松弛状态的肌肉因肌纤蛋白质和肌球蛋白质结合形成无伸展性的肌凝蛋白质，丧失肌肉的弹性。

6. 成熟和自溶

成熟是畜、禽、鱼肉僵直后进一步的变化，蛋白质和三磷酸腺苷分解使肌肉多汁，产生芳香的气味和滋味。其特点是肌肉由硬变软，恢复弹性。随着成熟作用的继续，就进入自溶阶段，肌肉中的复杂有机化合物被分解成分子量低的物质，它是肉质变坏的开始，不仅弹性降低，色泽变暗，而且肉的风味变劣。成熟和自溶过程的快慢与环境温度有关，因此需要在低温下储存和运输生鲜肉类、禽类和水产品。

7. 微生物作用

微生物作用是指货物在微生物作用下所发生的霉变和腐败现象。货物霉变是由于霉菌在货物上生长繁殖而导致的货物变质，腐败主要是腐败细菌作用于食物蛋白质而发生的分解反应。常见危害货物的微生物主要是一些腐败性细菌、酵母菌和霉菌。特别是霉菌，它是引起绝大部分日用工业品、纺织品和食品霉变的主要根源，对纤维素、淀粉、蛋白质、脂肪等物质，具有较强的分解能力。温度高、湿度大的季节，储存的针棉织品、皮革制品、鞋帽、纸张、香烟以及许多货物易霉；肉、鱼、蛋类易腐败发臭；水果、蔬菜易腐烂。霉腐的发生会使货物受到不同程度的破坏，甚至可使货物完全失去使用价值。对易霉腐的货物在储存时必须严格控制温、湿度，并做好货物防霉和除霉工作。

8. 虫蛀、鼠咬

货物在储存期间，常常会遭到仓库害虫的蛀蚀或老鼠的咬损。虫蛀、鼠咬不仅破坏货物的组织结构，使货物发生破碎和孔洞，而且排泄各种代谢废物污染货物，影响货物质量和外观，降低货物使用价值，甚至完全丧失使用价值。因此，要搞好运输工具和仓库的清洁卫生工作，加强日常管理，切断虫、鼠来源；同时采用化学药剂或其他方法杀虫、灭鼠。

第四节　货物的包装

一、包装的定义

我国国家标准《包装术语基础》(GB/T 4122.1—1996)关于包装的定义是：包装是指为了在流通过程中保护产品，方便储运，促进销售，按一定技术方法而采用的容器、材料及辅助物等的总体名称。也指为了达到上述目的而采用容器、材料和辅助物的过程中施加一定技术方法等的操作活动。按照这一定义，包装有两方面的含义，一是货物包装本身，二是指对货物进行包装的操作过程。我国国家《物流术语》中，对包装的定义也是引用了相同的定义。

二、包装的基本功能

包装是保护商品在流通过程中品质完好和数量完整的重要条件，也是实现商品价值和使用价值的必要手段，是商品生产和消费之间的桥梁。在生产过程中，包装是最后一道重要的工序；在流通过程中，包装对保护商品、美化商品、宣传商品以及对商品的储藏、运输、销售、使用都起着重要作用。包装反映一个国家经济、技术、科学、文化等方面的发达程度。在国际市场上，包装好坏关系到货物售价的高低、销路的畅滞，也关系着一个国家及其产品的声誉。在国际货物买卖中，包装还是货物说明的组成部分，包装条款是买卖合同中一项重要条款，给予明确规定。随着包装的发展，对包装的功能要求越来越多，但包装最基本的功能主要有以下 3 个：即保护功能、方便功能、促销功能。

1. 保护功能

包装的保护功能有两方面的含义：一方面，包装能够防止被包装物在流通过程中受到质量和数量上的损失；另一方面，包装能够防止危害性内装物对与其接触的人、生物和环境造成危害或污染。

被包装物在流通过程中，最易受到外来因素的影响。维护商品质量、保护商品安全是包装的主要目的，也是商品正常流转的必要条件，因此防护是包装最基本的功能。一般要求包装能够保持被包装物化学成分的稳定性及鲜活物品的正常生理活动，防止其在流通中的损坏、变质；防止由于潮气及光线所引起的商品劣化以及来自鼠虫的危害；保持商品的技术性能，对商品施加保护，防止运输中的振动、装卸时的碰撞等各种外力所带来的损伤；防止由于封缄不当造成散失、丢失和盗失；对那些具有易燃、易爆、易腐、有毒、放射性物品，应采用特殊包装并打上危险货物标志和说明文字，防止流通过程中污染环境，保障人和生物安全。

2. 方便功能

商品经过包装，特别是推行包装标准化，能够为商品的流转提供许多方便。例如，液态产品（硫酸、盐酸等）盛桶封装，小件异形产品装入规则箱体，零售小件商品集装成箱，为商品的装卸、搬运、储存提供了方便；同时，推行包装标准化，能够提高仓库的利用率，提高工具的装载能力。此外，产品包装容器上标有鲜明的标记，以指导产品的装卸和运输，商品的识别、清点和验收入库，有利于减少货损和货差，减少各流通环节的作业时间，加速产品流转，降低流通费用。

3. 销售功能

包装的销售功能是商品经济高度发展、市场竞争日益激烈的必然产物。在商品质量相同的条件下，精致、美观、大方的包装可以增强商品的美感，引起消费者的注意，诱导消费者的购买欲望和购买动机，从而产生购买行为，起到“无声推销员”的作用。因为消费者购买商品，首先看到的并不是商品本身，而是商品的包装，它往往给消费者形成“第一印象”，在一定程度上决定消费者的购买决策。包装的销售功能在出口商品中更加重要。

一般而言，包装的三大基本功能是彼此联系、相辅相成的，它们通过包装容器融为一体，并通过包装容器共同发挥作用。

三、货物包装的分类

1. 按功能分类

按功能对包装进行分类，可分为运输包装和销售包装两种。

1)运输包装

根据国家有关标准,运输包装定义是指以运输储存为主要目的的包装,它具有保障产品的安全,方便储运装卸,加速交接、点验等作用。

2)销售包装

根据国家有关标准,销售包装定义是指以销售为主要目的,与内装物一起到达消费者手中的包装,它具有保护、美化、宣传产品,促进销售的作用。

在有些情况下,运输包装同时又是销售包装,如装橘子的纸箱应属于运输包装,当其连同箱子出售时,也可以认为是销售包装。为使运输包装更加合理并为促进销售,在有些情况下,也可以采用销售包装的办法来做运输包装,如家用电器就是兼有销售包装性质的运输包装。

目前在零售市场上,商品的销售包装通常印有条形码。所谓条形码(UPC 或 EAN),就是在商品包装上打印的一组黑白、粗细间隔不等的平行线条,下面配有数字的标记。条形码通过光电扫描设备,可以识别判断该产品的产地、厂家及有关商品的属性,并可查询商品单价进行货款结算,能够更有效地为客户服务,提高货物管理效率。目前发达国家已经普遍采用条形码,所以我国商品要想进入国际市场,不仅商品质量、包装要符合有关国际标准的要求,还要符合国外超市自动扫描结算的要求。没有条形码的商品不仅在国际市场失去立足之地,也会失去国内市场的竞争力。

2. 按形态层次分类

按形态层次对包装进行分类,可分为逐个包装、内包装和外包装 3 种。

1)逐个包装

逐个包装是直接盛装和保护货物的最基本包装形式。逐个包装的标识和图案、文字起到指导消费、便于流通的作用。

2)内包装

内包装是指将逐个包装的物品归并为 1 个或 2 个以上的较大单位并放进中间容器里的包装形式,是包装的组合形式。内包装能弥补包装在防潮、防振以及防止某些异味侵入或某些气味散失等方面的不足。

3)外包装

外包装是指能保护货物以及以适应运输过程中正常的装卸、积载和堆码要求,使货物不致因外界环境的变化或一般的碰撞、挤压、摔跌等外界机械力的作用而受到破坏的包装。

3. 按货件形式分类

按货件形式对包装进行分类,可分为单件运输包装和集合运输包装两种。

1)单件运输包装

单件运输包装是指在货物流通过程中作为一个计件单位的包装。水路货物运输常见的包装有箱装、袋装、捆装、桶装、裸装、坛装、瓶装、篓装等。

2)集合运输包装

集合运输包装是指将若干单件运输包装组成一件大包装,又称成组化运输包装。常见的有集装袋或集装包、托盘、集装箱等。

4. 按材料分类

按材料对包装进行分类,可分为纸制包装、木制包装、金属包装、塑料包装、玻璃与陶瓷包

装、纤维制品包装、复合材料包装7种。

1)纸制包装

纸制包装是以纸或纸板为原料制成的包装,包括:纸箱、瓦楞纸箱、纸盒、纸袋、纸管、纸桶等。在现代商品包装中,纸制包装仍占有很重要的地位。从环境保护和资源回收利用的观点来看,纸制包装有广阔的发展前景。

2)木制包装

木制包装是以木材、木材制品和人造板材(如胶合板、纤维板等)制成的包装,主要有木箱、木桶、胶合板箱、纤维板箱和桶、木制托盘等。

3)金属包装

金属包装是指以黑铁皮、白铁皮、马口铁、铝箔、铝合金等制成的各种包装,主要有金属桶、金属盒、马口铁及铝罐头盒、油罐、钢瓶等。

4)塑料包装

塑料包装是指以人工合成树脂为主要原料制成的包装。塑料包装材料主要有聚乙烯、聚氯乙烯、聚丙烯、聚苯乙烯、聚酯等,塑料包装主要有全塑箱、钙塑箱、塑料桶、塑料盒、塑料瓶、塑料袋、塑料编织袋等。从环境保护的观点来看,应注意塑料薄膜袋、泡沫塑料盒造成的白色污染问题。

5)玻璃与陶瓷包装

玻璃与陶瓷包装是指以硅酸盐材料玻璃与陶瓷制成的包装,主要有玻璃瓶、玻璃罐、陶瓷罐、陶瓷瓶、陶瓷坛、陶瓷缸等。

6)纤维制品包装

纤维制品包装是指以棉、麻、丝、毛等天然纤维和以人造纤维、合成纤维的织品制成的包装,主要有麻袋、布袋、编织袋等。

7)复合材料包装

复合材料包装是指以两种或两种以上材料黏合制成的包装,亦称为复合包装,主要有纸与塑料、塑料与铝箔和纸、塑料与铝箔、塑料与木材、塑料与玻璃等材料制成的包装。

四、货物运输包装的要求

为了保证货物运输的质量,与货物运输有关各方都要重视货物运输包装工作,必须加强研究,从运输包装的设计、制造、使用材料等方面考虑到货物运输对包装的具体要求,应该做到:

(1)要根据货物理化性质、结构形态,选择适宜的包装容器、材质和封口。

(2)包装要有一定的强度,经得起运输中正常的碰撞、振动、挤压等外力的冲击。包装的封缄、捆扎、加固应严密、坚固,以确保货物安全。

(3)包装内要有适当的衬垫。根据货物性质需充填合适的防潮、防振、固定的缓冲材料,所用材料应清洁、干燥,与所装货物不会起任何化学作用。

(4)包装要便于运输、装卸和堆码。包装的单件重量、规格尺寸与形式要便于机械操作、人力搬运、装卸堆垛和理货计数。

(5)包装经济上要合理,防止过分包装或过弱包装,以符合流通中的实际要求为准。合理选用材料、减轻外包装重量,应选择用料少而容量大及能多次使用的包装,应因地制宜、就地取材。

(6)所使用的包装材料应符合国家有关规定以及适应国际上有关国家的规定。在国际贸易中,由于各国国情不同以及文化差异的存在,对货物的包装材料有一些特殊的规定。美国规定,为防止植物病虫害的传播,禁止使用稻草做包装材料。新西兰农业检疫所规定,进口商品包装严禁使用干草、稻草、麦草、谷壳或糠、生苔物、土壤、泥灰、用过的旧麻袋及其他材料。菲律宾卫生部和海关规定,凡进口的货物禁止用麻袋和麻袋制品及稻草、草席等材料包装。澳大利亚防疫局规定,凡用木箱包装(包括托盘木料)的货物进口时,均需提供熏蒸证明。

五、现代包装技术

1. 防霉包装技术

防霉包装技术就是防止产品在流通过程中受到霉菌侵袭的一种包装技术。在装运食品和其他有机碳水化合物货物时,货物表面可能生长霉菌,在流通过程中如遇潮湿,霉菌生长繁殖极快,使货物腐烂、发霉、变质,因此要采取特别防护措施。包装防霉烂变质的措施,通常是采用冷冻包装、真空包装或高温灭菌方法。

(1)冷冻包装法。冷冻包装法的原理是减慢细菌活动和化学变化的过程,以延长储存期,但不能完全消除食品的变质。

(2)真空包装法。也称减压包装法或排气包装法。这种包装可阻挡外界的水汽进入包装容器内,也可防止在密闭着的防潮包装内部存有潮湿空气,在气温下降时结露。

(3)高温杀菌法。这种包装法是指在包装过程中通过高温处理来消灭引起食品腐烂的微生物。

2. 防锈包装技术

防锈包装技术是防止产品中的金属表面在流通过程中发生化学变化引起锈蚀而影响产品质量所采取的一种包装技术,具体技术有:

(1)防锈油防锈蚀包装技术。大气锈蚀是空气中的氧、水蒸气及其他有气体等作用于金属表面引起电化学作用的结果。如果使金属表面与引起大气锈蚀的各种因素隔绝,就可以达到防止金属大气锈蚀的目的。防锈油防锈包装技术就是根据这一原理将金属涂封防锈油以防止锈蚀的。

(2)气相防锈包装技术。气相防锈包装技术就是用气相缓蚀剂(挥发性蚀剂),在密封包装容器中对金属制品进行防锈处理的技术。气相缓蚀剂是一种能减慢或完全停止金属在侵蚀性介质中的破坏过程的物质。

3. 防潮包装技术

防潮包装是为了防止潮气侵入包装件,影响内装物质量而采取的一种防护包装技术。防潮包装设计就是防止水蒸气通过,或将水蒸气的通过减少至最低限度。具体方法有:

(1)涂布法。就是在容量空壁和外表加涂各种涂料,如在布袋、塑料编织袋内涂树脂涂料,纸袋内涂沥青等。

(2)涂油法。如增强瓦楞纸板的防潮能力,在其表面涂上光油、清漆或虫胶漆等。

(3)涂蜡法。即在瓦楞纸板表面涂蜡或楞芯渗蜡。

(4)涂塑法。即在纸箱上涂以聚乙烯醇丁醛等。

(5)在包装容器内盛放如硅胶、泡沸石、铝凝胶干燥剂等。

(6)对易受潮和透油的包装内衬一层至多层(如牛皮纸、柏油纸、上蜡纸、防油纸、铝箔和塑料薄膜等)防湿材料,或用一层至多层防潮材料直接包裹商品。

4. 缓冲包装技术

缓冲包装技术是指为减缓内装物受到冲击和振动,保护其免损坏,所采取的一定防护措施的包装技术。防振包装主要有以下3种方法:

(1) 全面防振包装方法。它是指内装物和外包装之间全部用防振材料填满进行防振的包装方法。

(2) 部分防振包装方法。对于整体性好的产品和有内装容器的产品,仅产品或内包装的拐角或局部地方使用防振材料进行衬垫即可。所用包装材主要有泡沫塑料防振垫、充气型塑料薄膜防振垫和橡胶弹簧等。

(3) 悬浮式防振包装方法。对于某些贵重易损的物品,为了有效地保证流通过程中不被损坏,外包装容器应比较坚固,然后用绳、带、弹簧等将被装物吊在包装容器内。

5. 防破损保护技术

缓冲包装有较强的防破损能力,因而是防破损包装技术中有效的一类。此外还可以采取以下几种防破损保护技术:

(1) 捆扎及裹紧技术。捆扎及裹紧技术的作用,是使杂货、散货形成一个牢固整体,以增加整体性,便于处理及防止散堆来减少破损。

(2) 集装技术。利用集装,减少与货体的接触,从而防止破损。

(3) 选择高强保护材料。通过外包装材料的高强度来防止内装物受外力作用破损。

6. 防虫包装技术

防虫包装技术,常用的是驱虫剂,即在包装中放入有一定毒性和味道的药物,利用药物在包装中挥发气体杀灭和驱除各种害虫。常用驱虫剂有萘、樟脑精等。也可采用真空包装、充气包装、脱氧包装等技术,使害虫无生存环境,从而防止虫害。

7. 真空包装技术

真空包装技术是将物品装入气密性容器后,在容器封口之前抽真空,使密封后的容器内基本没有空气的一种包装技术。一般的肉类商品、谷物加工商品以及某些容易氧化变质的商品都可以采用真空包装。真空包装不但可以避免或减少脂肪氧化,而且抑制了某些霉菌和细菌的生长。同时在对其进行加热杀菌时,由于容器内部气体已排除,因此加速了热量的传导,提高高温杀菌效率,也避免了加热杀菌时由于气体的膨胀而使包装容器破裂。

8. 收缩包装

收缩包装技术就是用收缩薄膜裹包物品(或内包装件),然后对薄膜进行适当加热处理,使薄膜收缩而紧贴于物品(或内包装件)的一种包装技术。收缩薄膜是一种经过特殊拉伸和冷却处理的聚乙烯薄膜,由于薄膜在定向拉伸时产生残余收缩应力,这种应力受到一定热量后便会消除,从而使其横向和纵向均发生急剧收缩,收缩力在冷却阶段达到最大值,并能长期保持。

9. 拉伸包装

拉伸包装是由收缩包装发展而来的。拉伸包装技术是依靠机械装置在常温下将弹性薄膜围绕被包装件进行拉伸、紧裹,并在其末端进行封合的一种包装技术。拉伸包装可以捆包单件物品,也可用于托盘包装之类的集合包装。

第五节 货物包装的标志

为了装卸、运输、仓储、检验和交接工作的顺利进行,保证货物及时、安全、迅速、准确地送交收货人,还需要在运输包装上书写、压印、刷制各种有关的标志,以作为识别和提醒之用,从而确保货物的数量完整、质量完好以及人身和运输工具的安全。

根据国家有关标准,货物包装标志是指在货物包装件外部用文字、图形、数字制作的特定记号和说明事项。货物包装的标志可分为运输标志、包装储运指示标志、危险货物包装标志3种。

一、运输标志

运输标志(Shipping Mark)又称唛头。根据国家标准,运输标志是指按运输规章规定,由托运人在货件上制作的与运输单证主要内容相一致的标记。主要作用是供收发货人识别货物,其作用还在于使货物在装卸、运输、保管过程中容易被有关人员识别,以防错发错运。

不同的运输区域,使用的运输标准所包括的内容存在差别。根据《国内水路货物运输规则》(交通部2000年第九号令)规定,国内货物在托运前,托运人应当在货物的外包装或者表面正确制作识别标志。识别标志的内容包括发货符号、货物名称、起运港、中转港、到达港、收货人、货物总件数。而传统的外贸进出口货物运输标志包括几何图形、收货人或发货人简称或代号、参考号、目的地、体积、重量、件号以及原产国等。联合国欧洲经济委员会制定了简化的运输标志,我国国家质量监督检验检疫总局(原国家质量技术监督局)也制定了标准的运输标志,批准了《国际贸易用标准运输标志》(GB/T 18131—2000)标准,并于2001年3月1日开始实施。其目的是为了统一国际贸易有关货物包装的运输标志,规范各种相关单证的缮制以及便于电子数据交换。

《国际贸易用标准运输标志》规定了国际贸易中标记于货物和相关单证上的标准运输标志的标示方法和制作规则。《国际贸易用标准运输标志》由标准运输标志和附加信息标志组成,其中标准运输标志的内容都应在货物和相关单证上标示出来。货物运输的包装物上可标示附加信息标志,提供必要的附加信息。标准化运输标志示例如图1-14所示。

1. 标准运输标志的内容

标准运输标志由收货人(买方)、参考号、目的地、件数编号4个部分组成。例如:

ABC ——收货人名称或代码;

1234 ——参考号;

BOMBAY——目的地;

1/25——件数编号。

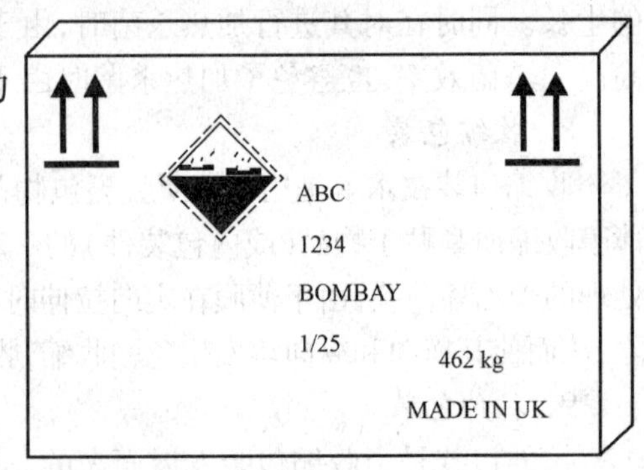

图1-14 标准化运输标志示例图

1) 收货人(或买方)

收货人(或买方)名称用首字母缩略名或简称。除铁路、公路运输外,其他各种运输方式均全称。出口商和进口商可以商定一套首字母缩略名或简称,用于他们之间的货物运输。

2)参考号

参考号应尽可能简单明了,只可使用托运单号、合同号、订单号或发票号中的一个编号,并应避免在编号后跟随日期信息。

3)目的地

目的地是货物最终抵达的港口或地点(卸货港、交货地点、续运承运人交货地点)的名称。在转运情况下,可在“VIA”(即“经由”)之后指明货物转运的港口或地点的名称。如“NEW DELHI VIA BOMI”表示货物经由孟买到达新德里。在多式联运情况下,只需标明货物的最终抵达地点。

4)件数编号

件数编号是指件数的连续编号和已知的总件数。例如“1/25、2/25......25/25”,表示包装物的总件数为25件,每件包装物的编号从1到25。

2. 标准运输标志制作和标示的注意事项

(1)在货物上制作标准运输标志的3个要素是:标志要大、醒目、简练。

(2)标准运输标志中不允许使用几何图形或其他图案,如菱形、三角形、正方形等。

(3)不应使用颜色编码作为运输标志。

(4)当需要两种及两种以上文字标识运输标志时(如汉语、俄语、阿拉伯语等),则至少应有一个运输标志要使用罗马字母,其他语言的运输标志用括号标在一旁或标在包装的另一面。

(5)在各种包装物上制作或捆扎标志时还应注意:

① 应在外包装或托盘货物两面的中央标示标准运输标志。特殊运输方式的运输标志应按相应要求执行。传统海运的散件杂货的运输标志应标示在货物的顶部。

② 运输标志的字符应为50 mm 高,必要时字符可按包装物的比例变化。

③ 运输标志宜使用抗水、抗潮、耐摩擦的黑色墨水印制,也可根据底色选用对比明显的颜色。可以考虑使用荧光色。

④ 各种包装袋应使用液体染料在袋子的两侧印制运输标志,对于使用易渗透染色的包装应在装包前将标志印好。

⑤ 桶装货物,应在桶的顶端和侧面均印上运输标志。

⑥ 用木框或藤条保护的装腐蚀性物品的瓶、罐,将运输标志印在带胶的标签上,贴在瓶、罐的两侧。

⑦ 包装物上的运输标志不应印在各种带索、箍圈遮盖的部位。

⑧ 裸装货物(如铁制品),可用金属标签做运输标志,然后用金属丝系在货物上。捆扎的运输标志应扎在货物的两侧。

3. 附加信息标志制作和标示的注意事项

(1)当集装箱或拖挂车装有危险品时,必须将危险品的标志标在外部,同时标出其他必备的数据,如正确的技术名称、适当的运输内容等。

(2)在运输包装物上,除标准运输标志以外的不是货物运输所需要的其他信息标志,一般不应在包装物上标示。如有特殊要求,则应将其他必要的附加信息用较小字符或不同颜色使其与标准运输标志明显区分,而且这些信息不能复制在单证上运输标志的部位。

(3)为便于安全装卸或正确存贮,可以标出包装物的总重,但必须以“kg”为单位而不应使用其他重量单位标示。重量标志应直接标在运输标志的下方并与其明显分开。例如:直接标示“462 kg”不应附加“GROSS WEIGHT”(总重量)之类信息。

(4)像原产国或进口许可证号码这类信息应视政府法律或简化海关结关手续要求而定。如果买方要求,此类信息可包括在内。但不应在包装物上给出发货人的详细名称或地址。例如:用“IL GG22455170672“代替”IMPORT LICENCE NUMBER. G/G22455 - 17067 - 2”。

(5)通常不必在包装物上标示净重和尺码(罐装化学物品或特大的包装物除外)。一般情况下,国内和国际法规对此不作强制性规定。需要标示时,应对它们进行缩略,例如:“N401 kg,105 ×90 ×62 cm”。

(6)货物空运时,根据国际航空运输协会(IATA)有关的规定,可以在运输标志下面给出总重量,并且至少在一个包装物上给出托运人的详细地址。

二、包装储运指示标志

包装储运指示标志是提示人们在装卸、运输和保管过程中需要注意的事项,一般都是以简单、醒目的图形和文字在包装上标出,也称为注意标志。2000 年 7 月 17 日,国家质量监督检验检疫总局批准发布了《包装储运图示标志》(GB 191—2000)强制性国家标准,并于2001 年5 月 1 日开始实施。图示标志共 17 种,其名称、图形和具体含义如表 1-3 所示。在使用标志时应注意如下各点:

(1)可采用印刷、粘贴、拴挂、钉附及喷涂等方法打印标志。印刷时,外框线及标志名称都要印上;喷涂时,外框线及标志名称可省略。

(2)标志的数目。一个包装件上使用相同标志的数目,应根据包装件的尺寸和形状决定。

(3)标志在各种包装件上的粘贴位置。箱类包装:位于包装端面或侧面;袋类包装:位于包装明显处;桶类包装:位于桶身或桶盖;集装单元体贴物,应位于 4 个侧面。其中标志 1“易碎物品”、标志 3“向上”、标志 7“重心”和标志 16“由此夹起”按表 1-3 中标志使用实例的要求进行标识。

(4)标志的颜色应为黑色,如果包装的颜色使得黑色标志显得不清晰,则应在印刷面上用适当的对比色,最好以白色作为图示标志的底色。应避免采用易于同危险品标志相混淆的颜色。除非另有规定,一般应避免采用红色、橙色或黄色。

三、危险货物包装标志

危险货物包装标志是指按规定的标准在危险货物运输包装上以不同的种类、名称、尺寸、颜色及图案表明不同类别和性质的危险货物的标志,用以提醒人们在运输、装卸、保管过程中引起注意,以便采取相应的防护措施,以保证货物、运输工具和人身的安全。它也称为警告标志注意标志。国家质量监督检验检疫总局于 1990 年 12 月 25 日批准发布了《危险货物包装标志》(GB 190—1990)强制性国家标准,并于 1991 年 6 月 1 日开始实施。标志的图形共有 21 种、19 个名称,其图形分别标示了 9 类危险货物的主要特性,如表 1-4 所示。在使用危险货物标志时应注意如下各点:

(1)标志的标打,可采用粘贴、钉附及喷涂等方法。

(2)标志的位置。箱状包装的位于包装端面或侧面的明显处;袋、捆包装的位于包装明显处；桶形包装的位于桶身或桶盖；集装箱、成组货物的粘贴 4 个侧面。

包装储运指示标志名称和图形

表 1-3

标志名称及含义	标志图形	标志名称及含义	标志图形
1. 易碎物品 运输包装件内装易碎品，因此搬运时应小心轻放		2. 禁用手钩 搬运运输包装时禁用手钩	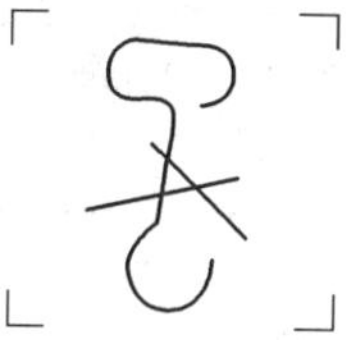
3. 向上 表明运输包装件的正确位置是竖直向上		4. 怕晒 表明运输包装件不能直接照射	
5. 怕辐射 包装物品一旦受辐射便会完全变质或损坏		6. 怕雨 包装件怕雨淋	
7. 重心 表明一个单元货物的重心		8. 禁止翻滚 不能翻滚运输包装	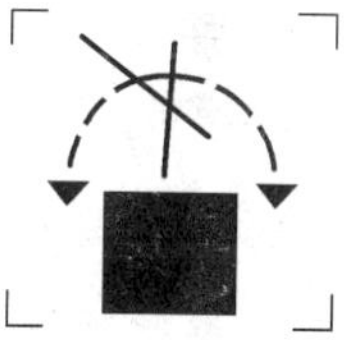
9. 此面禁用手推车 搬运货物时此面禁放手推车	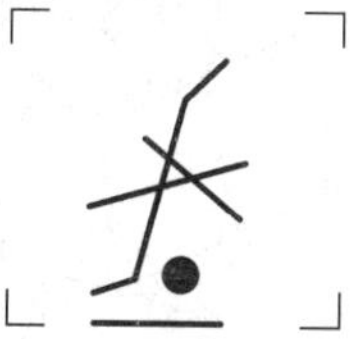	10. 禁用叉车 不能用升降叉车搬运的包装件	
11. 由此夹起 表面装运货物时夹钳放置的位置	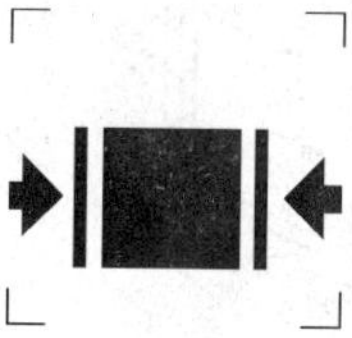	12. 此处不能卡夹 表明装卸货物时此处不能用夹钳夹持	

续上表

标志名称及含义	标志图形	标志名称及含义	标志图形
13. 堆码重量极限 表明该运输包装件所能承受的最大重量极限	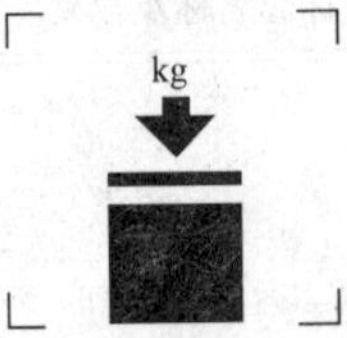 kg	14. 堆码层数极限 相同包装的最大堆码层数,*n* 表示层数极限	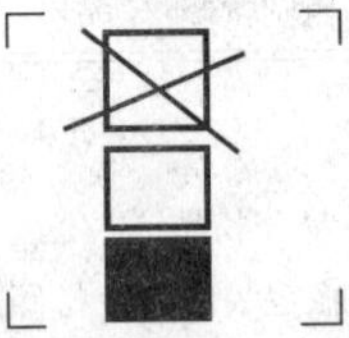
15. 禁止堆码 该包装件不能堆码并且其上也不能放置其他负载	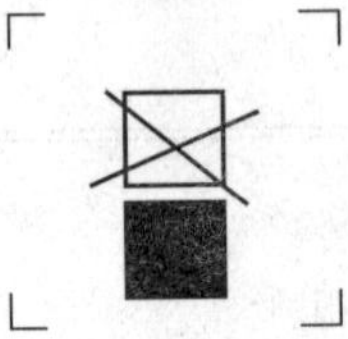	16. 由此吊起 起吊货物时挂链条的位置	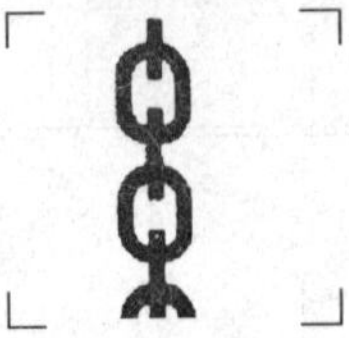
17. 温度极限 表明运输包装件应该保持的温度极限	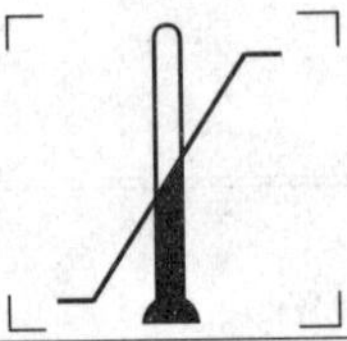		

标志1使用示例

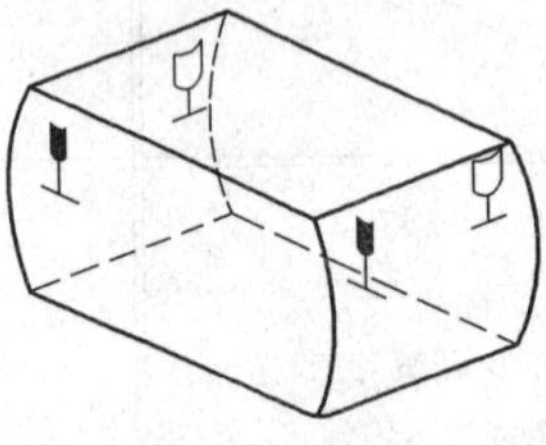

标志3使用示例

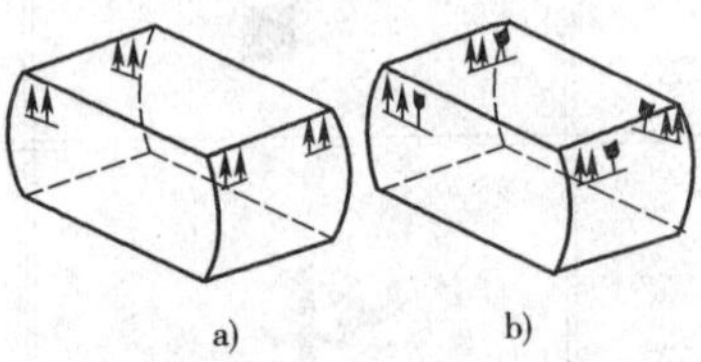

a)

b)

标志7使用示例

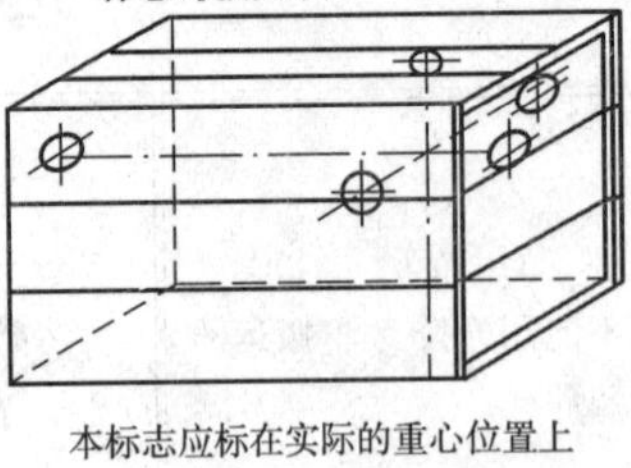

本标志应标在实际的重心位置上

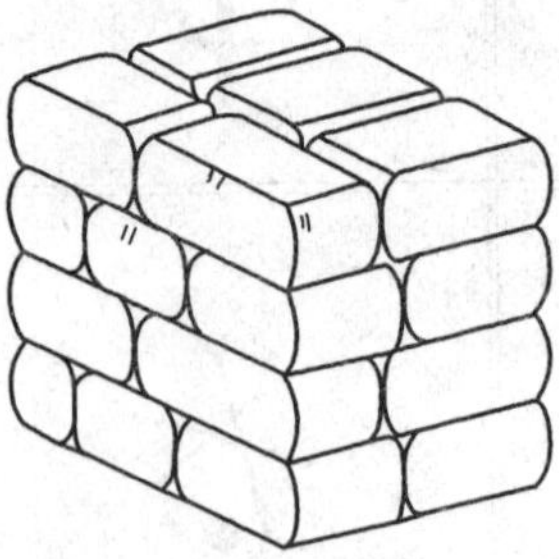

标志16使用实例

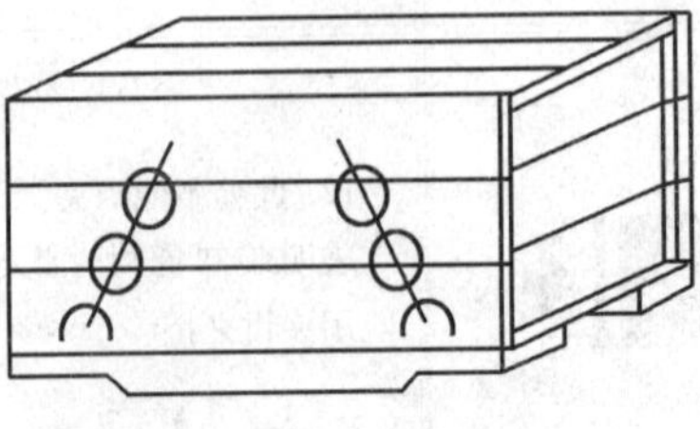

本标志应标在实际的起吊位置上

国内危险货物包装标志　　表 1-4

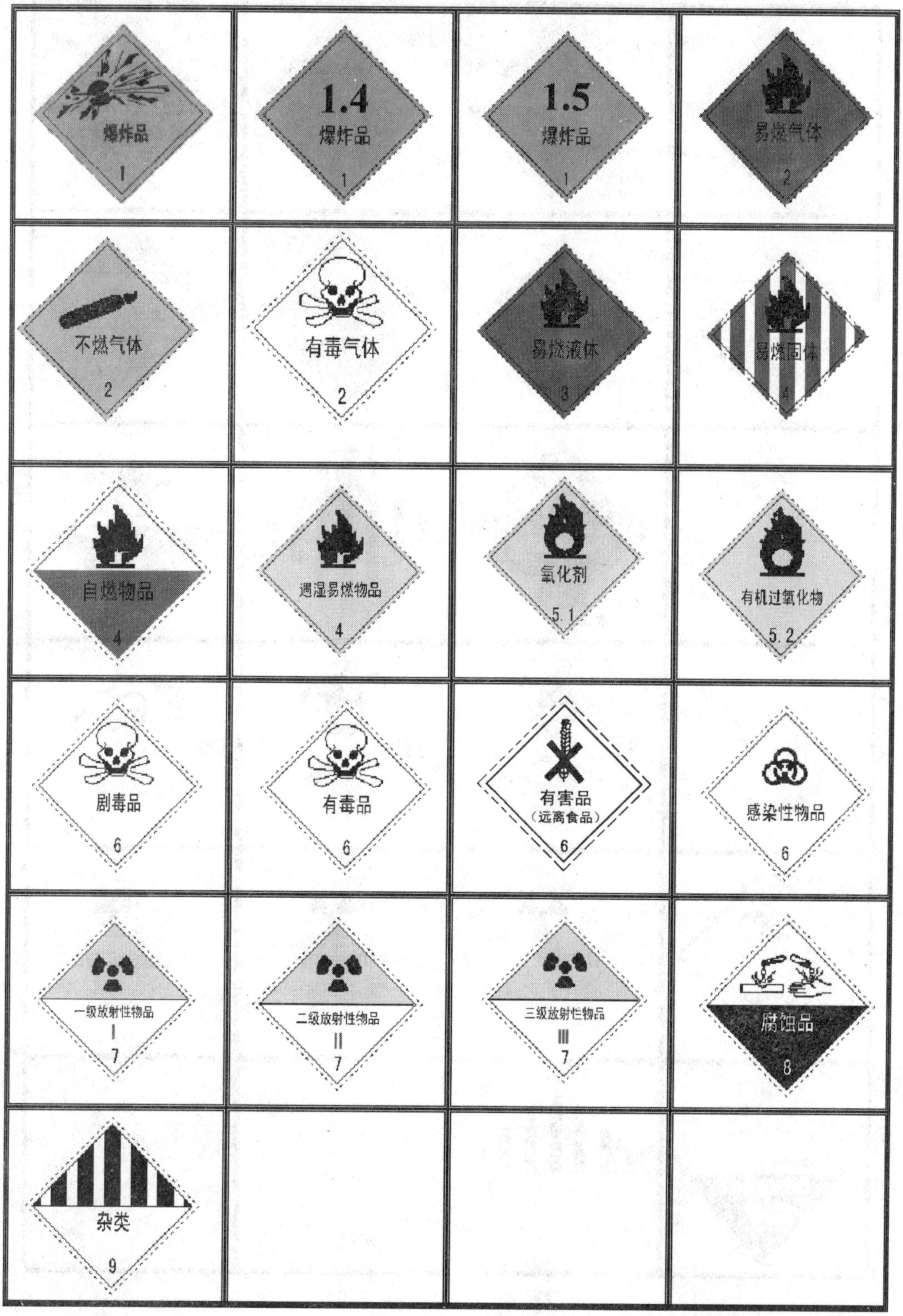

爆炸品 1	1.4 爆炸品 1	1.5 爆炸品 1	易燃气体 2
不燃气体 2	有毒气体 2	易燃液体 3	易燃固体 4
自燃物品 4	遇湿易燃物品 4	氧化剂 5.1	有机过氧化物 5.2
剧毒品 6	有毒品 6	有害品 （远离食品） 6	感染性物品 6
一级放射性物品 I 7	二级放射性物品 II 7	三级放射性物品 III 7	腐蚀品 8
杂类 9			

国际危险货物包装标志 表1-5

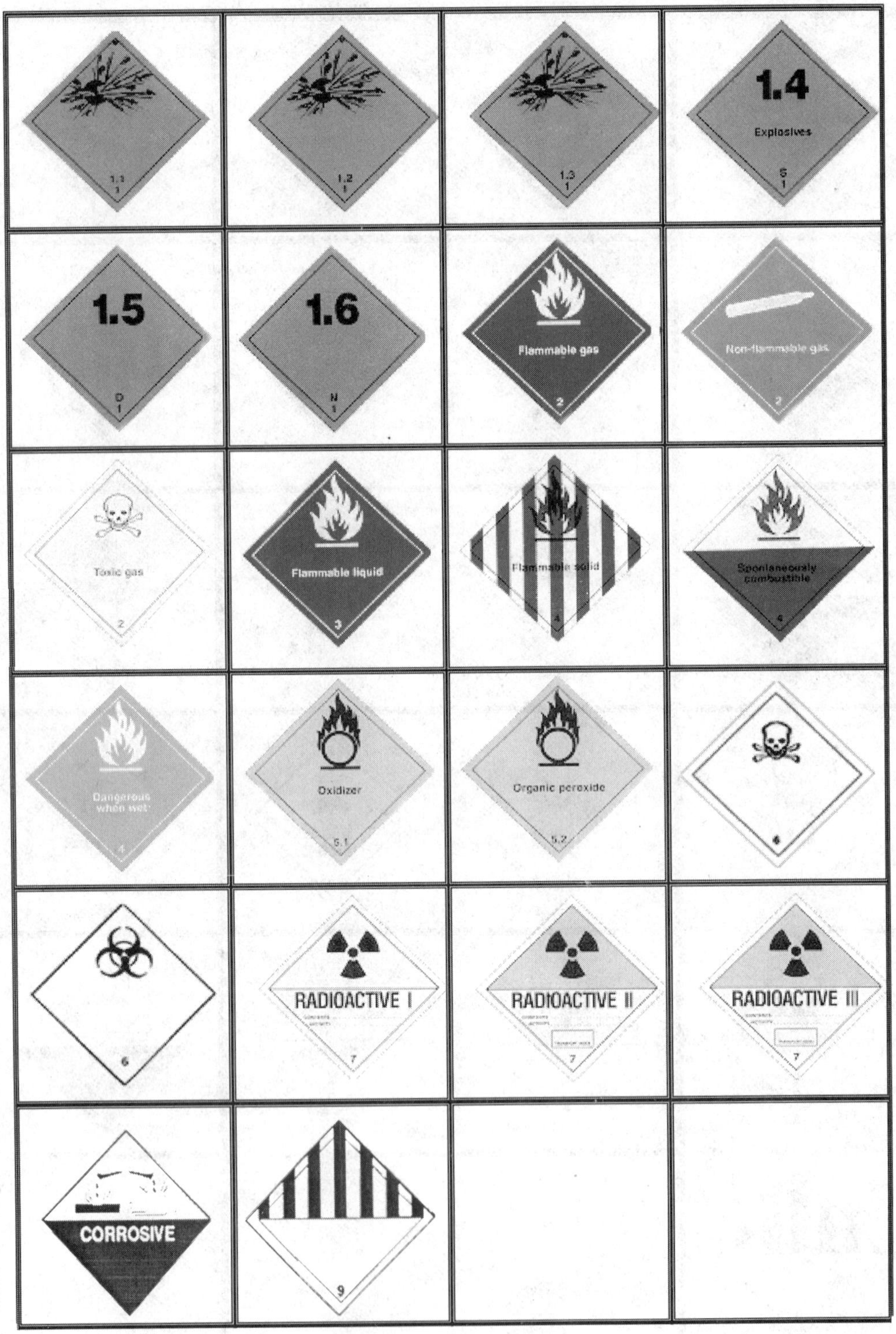

1.1 1	1.2 1	1.3 1	1.4 Explosives S 1
1.5 D 1	1.6 N 1	Flammable gas 2	Non-flammable gas 2
Toxic gas 2	Flammable liquid 3	Flammable solid 4	Spontaneously combustible 4
Dangerous when wet 4	Oxidizer 5.1	Organic peroxide 5.2	6
6	RADIOACTIVE I 7	RADIOACTIVE II 7	RADIOACTIVE III 7
CORROSIVE	9		

(3)每种危险品包装件应按其类别粘贴相应的标志。但如果某种物质或物品还有属于其他类别的危险性质,包装上除了粘贴该类标志作为主标志以外,还应粘贴表明其他危险性的标志作为副标志,副标志图形的下角不应标有危险货物的类项号。

(4)标志应清晰,并保证在货物储运期内不脱落。

出口货物的标志应按我国执行的有关国际公约(规则)办理,如表1-5所示是国际海事组织制定的《国际海运危险品标志》规定的危险货物包装标志。

第六节　货物的计量

一、货物计量的概述

1. 货物计量的作用

货物的计量包括货物丈量和衡重。货物的丈量又称为量尺,是指测量货物的外形尺度和计算体积。货物的衡重是指衡定货物的重量。货物的计量关系到各有关方。

《国内水路货物运输规则》以及《水路货物运输合同实施细则》规定,托运人在货物运单上准确地填写货物的重量或体积。《中华人民共和国港口收费规则》也规定,在进行港口收费时,货物的计费吨分重量吨(W)和体积吨(M)。货物的重量和体积,以提单或装货单所列数量为准。港方对货物的数量可以进行复查。提单或装货单所列数量与复查或抽查数量不符时,以港方与船方、货方或其代理人的复查或抽查数量作为港口计费依据。

在制定船舶配积载过程中,承运人应确切掌握货物的重量和体积,货物的体积和重量不仅直接影响船舶的载重量和载货容积的利用程度,还是制定合理的配积载计划的基础需要。

在港口装卸货物的作业中,港口装卸机械或船舶吊货设备的装卸能力,都规定了安全负荷系数,为了充分利用装卸设备的能力,也需要托运人或承运人提供货物有关重量和体积的准确数据。

在国际贸易合同签订过程中,买卖双方约定多项国际货物的交易条件,以货物的数量作为主要交易条件之一,明确规定所采用的计量单位和货物的数量。在外贸实践中,经常会涉及对于货物所进行的鉴定检验。

2. 货物的计量单位

计量单位是用以量度同类大小的一个标准量称为计量单位。例如;把光在真空中299792458分之1秒的时间间隔内所经过的距离的长度作为量度长度的标准,称为米。这个标准长度就是长度的计量单位。

根据《中华人民共和国计量法》第三条规定:"国家采用国际单位制。国际单位制计量单位和国家选定的其他计量单位,为国家法定计量单位,除个别特殊领域外,不允许再使用非法定计量单位。"

法定计量单位是指由国家以法令形式规定允许使用的计量单位。我国的法定计量单位的内容包括3部分:国际单位制单位、国家规定的其他单位制单位,以及由这两种单位构成的组合单位。可以说,凡是国际单位制单位,都是我国的法定计量单位。但我国的法定计量单位却不一定都是国际单位制单位。

货物的计量单位:就是指在进行货物丈量和衡重中所使用的标准量,或者是指在测量货物的外形尺度、计算体积和衡定货物的重量时所使用的单位。在我国,由于采用法定的计量单位,因此货物的重量和体积单位采用国际单位制单位,如重量以吨(t)表示,体积以米(m^3)表示,这是国际上通用的计量单位。

在对外贸易中,出口货物除合同规定采用米制、英制或美制计量单位者外,也应使用法定计量单位,合同中无计量单位规定者,按法定计量单位使用。一般不进口非法定计量单位的仪器设备,如特殊需要,须经有关省、市、自治区以上的计量管理机构批准。

在国际贸易中,通常采用的计量单位有下列几种:

(1)重量(Weight)。如克、(千克)公斤、盎司、磅、公吨、长吨、短吨等。

(2)个数(Numbers)。如只、件、套、打、罗、令等。

(3)长度(Length)。如米、英尺、码等。

(4)面积(Area)。如平方米、平方英尺、平方码等。

(5)体积(Capacity)。如立方米、立方英尺、立方码等。

(6)容积(Volume)。如升、加仑、蒲式耳等。

3. 货物计量单位的换算

由于各国度量衡制度不同,所使用的计量单位也各异,目前国际贸易中通常使用的有米制、英制和美制以及在米制基础上发展起来的国际单位制。米制单位或国际单位制是国际上通用的计量单位,如重量使用公吨(metric ton),用 m/t 表示,体积用立方米(m^3)表示;英制单位欧美国家多使用,如重量采用长吨(long ton),用 l/t 表示,体积用立方英尺(ft^3)表示,美制单位美洲国家多使用,如重量采用短吨(short ton),用 s/t 表示。

如表 1-6、表 1-7、表 1-8 所示分别为不同计量单位情况下重量换算表、容积换算表和长度换算表。

表 1-6

重 量 换 算 表

单位	公斤(kg)	公吨(m/t)	磅(lb.)	长吨(l/t)	短吨(s/t)	英担(CUT)
公斤	1	0.001	2.2046	0.000984	0.0011	0.01968
公吨	1 000	1	2204.6223	0.9842	1.1023	19.684
磅	0.4536	0.000454	1	0.000446	0.0005	0.00893
长吨	1016.047	1.01605	2240	1	1.12	20
短吨	907.1849	0.90718	2000	0.8929	1	17.857
英担	50.80	0.050800	112	0.050	·0.056	1

表 1-7

容 积 换 算 表

单位	立方米 (cu. m)	升 (L)	立方厘米 (cu. cm)	立方英尺 (cu. ft)	立方英寸 (cu. in)	立方码 (cu. yd)	加仑(英) (gal)
立方米	1	1000		35.3165	61027.1	1.30802	220
升	0.001	1	1000	0.035316	61.0271	0.001308	0.22
立方厘米	0.000001	0.001	1	0.000035	0.061027	0.000001	0.00022

续上表

容 积 换 算 表							
单位	立方米 (cu. m)	升 (L)	立方厘米 (cu. cm)	立方英尺 (cu. ft)	立方英寸 (cu. in)	立方码 (cu. yd)	加仑(英) (gal)
立方英尺	0.028316	28.3168	28316.8	1	1728	0.037037	6.22969
立方英寸	0.000016	0.016386	16.3862	0.000578	1	0.000021	0.003604
立方码	0.764511	764.511	764511	27	46656	1	168.191
加仑(英)	0.004545	4.454596	4545.96	0.160543	277.423	0.005946	1

表 1-8

长 度 换 算 表							
公里 (km)	米 (m)	厘米 (cm)	英里 (mile)	海里(n mile)	码 (yd)	英尺 (ft)	英寸 (in)
1	1000	100000	0.621382	0.539611	1093.63	3280.89	39370.7
0.001	1	100	0.000621	0.000539	1.09363	3.28089	39.3707
0.00001	0.01	1	0.000006	0.000005	0.0109363	0.032808	0.393707
1.60931	1609.31	160931	1	0.868961	1760	5280	63360
1.853	1853	185318	1.1508	1	2025.41	6076.21	72914.6
0.000914	914383	91.4383	0.000568	0.000494	1	3	36
0.000304	0.304794	30.4794	0.000189	0.000164	0.333333	1	12
0.000025	0.025399	2.53995	0.000015	0.000013	0.027777	0.088333	1

二、货物的丈量

1. 货物丈量的原则

货物体积需要通过准确的测量和使用正确的计算方法，才能反映出正确的数值。货物的丈量与货物实际体积计算有着明显的区别。所有进行丈量的货物，其体积的计算不是以货物的实际体积为依据的，而是按货物的最大方形进行丈量和计算体积的。

2. 货物丈量的方法

货物的丈量体积是指货物外形最大处长、宽、高 3 个尺码组成的立方体的体积，即丈量体积 = 最大长度 × 最大宽度 × 最大高度。此方法称为满尺丈量，也称为“逢大量”方法。各类货物的丈量方法如表 1-9 所示。

类货物的丈量方法　　表 1-9

货物种类	丈 量 方 法
袋装货物	将同品种同规格的货物取 12 袋，码成 3 层高，每层二乘以二，中央突出部分略加摊平，进行满尺丈量，求得单袋的平均体积，计算出整票的总体积
捆包、箱装货物	将同品种同规格的货物取数件以单件为单位或将数件码成立方进行满尺丈量，求得单件的平均体积，计算出整票的总体积
托盘货物	取数件成组货物，连同托盘在内，逐件进行满尺丈量，求得单件的体积，计算出整票的总体积

续上表

货物种类	丈 量 方 法
桶装货物	将同品种同规格的桶装货物取单件进行满尺丈量,对上、下底直径大小不同的桶,或两头小、中间大的琵琶桶,应按其最大尺码的直径计算。按直径乘以直径乘以长度的公式,求得单件的体积,计算出整票的总体积
捆束货物	取少量捆束货物堆码成整齐的小垛,进行满尺丈量,求得单件的体积,计算出整票的总体积。对于一头大、一头小的捆束货物,应交叉堆码成平整的小垛,满尺丈量
车辆	对同种车辆取一辆进行满尺丈量,求得单辆的体积,计算出整票的总体积
圆木	抽取不同长短、粗细的圆木,逐根进行满尺丈量,先求得各类每根平均直径(即根头直径加梢头直径的1/2),再按直径乘以直径乘以长度的公式,求得各类每根的平均体积,然后计算出总的平均体积,最后计算出整票的总体积。对于长度比较一致,堆垛较为整齐的圆木,可按堆进行满尺丈量
特殊形状货物	这类货物必须根据装载条件及实际占用舱位的情况,采取酌情减量、免量或分量的方法,求得货物的体积

三、货物的衡重

1. 货物衡重的原则

货物的衡重是指衡定货物的重量,是以货物的毛重为基础。货物的重量分为毛重(Gross Weight)、净重(Net Weight)和皮重。皮重是指货物包装物的重量;净重是指货物的本身重量,即不包括皮重的货物实际重量,毛重是指货物本身的重量加上皮重,即加上包装物的重量。

在国际贸易中,有很多货物按重量计算,其计算方法分为按毛重计算和按净重计算两种。有些单位价值不高的货物,可采用按毛重计算的方法;在合同中未明确规定的,按国际惯例应采用净重计算的方法。但需要注意的是这种方法是将重量作为计算价格的基础,供贸易当事人计算货物价格的,与货物的衡重概念不同。

货物衡重的原则是以货物的毛重为基础,在计算运费、装卸费以及配积载中,都是按照这一原则。如《中华人民共和国港口收费规则》中明确规定"货物的计费吨分重量吨(W)和体积吨(M),重量吨为货物的毛重,以1 000kg为计费吨"。

2. 货物衡重的方法

《水路货物运输合同实施细则》规定:"对起运港具备符合国家规定计量手段的,托运人应按照起运港核定的数据确定货物重量"。货物衡重一般应采取逐件衡重的方法,但如果受条件或时间限制不具备逐件衡重时,可采用整批或分批衡重、抽查衡重、求平均值等方法。货物衡重的方法如下:

(1)对品质、规格相同,定量一致的包装货物,可选出一定数量的货件进行衡量,求得平均重量,推算整批的重量,重量误差控制在2%以内。计算公式为:

$$总毛重 = 抽件总毛重/抽件数量 \times 整批总件数$$

(2)对于由多种包装不同、件重不一的货物组成的一批货,若在包装上标有重量,并且托运单位能提供详细重量明细单者,每批可抽取5~50件,每件实际衡重与提供的重量相差幅度在1%以内,其总重量可按原报重量为准。

(3)对于大型重件货物,可采用大型衡器,如汽车衡、轨道衡等衡取重量。计算公式为:

总毛重 = 重车重量 − 空车重量

(4)散装货物计重。有计重设备的港口可利用各种计量器,如流量计、计量罐等衡取重量。也可采用船舶水尺计量法或油船量尺法确定散装货物的重量。

3. 水运常用衡器

货物的正确重量数据需要利用准确的衡重才能得以衡量,水运使用的衡器种类有很多,衡重是应按货物的种类、货物的大小,选择适应的衡器。水运中常见的衡器有如下几种,如表1-10所示。

四、重货和轻货的确定

正如前面提到,货物的体积和重量,分别采用丈量和衡重得出货物体积和重量的数据,由于每一件货物的体积和重量数据不同,因此,在实际工作中,根据货物体积和重量的具体数据,就有重货和轻货之分。在实际工作中,对重货和轻货的确定关系到计算运费、船舶配积载以及港口收费等,但在不同的业务部门根据各自的标准,确定重货和轻货的依据各有不同。

水运中常见的衡器　　表1-10

序号	名称名称	应　用　场　所
1	轨道衡	供铁路车辆及其装载货物过磅,为港口码头、铁路编组站、水路联运站实现大宗货物快速自动计量创造条件
2	汽车衡	专门用于各种载货汽车、拖车等车辆装载物资的计量,码头主要用于陆路运输进出港的货物和集装箱的称重计量
3	吊钩秤	是一种对被称物品处于自由悬吊状态下进行的计量装置。由于搬运方便灵活被广泛应用于交通运输、港口码头、货物和仓库等处
4	皮带秤	是一种安装在胶带输送机上,并对其输送的散状物料自动地进行快速累计称量的动态称重设备。其用途十分广泛,特别适用于对粒状和粉状物料进行快速动称量以及运输流量的测算和贸易结算
5	定量秤	是一种对粉粒物料进行定量装袋或批量称重的计算设备。在港口主要主要用于粮食、化肥和氧化铝的定量装袋、卸船和装船的计量
6	行李包裹秤	适用于港口客运码头、机场、车站和邮政对行李包裹进行计量
7	容量计	适用于海运或陆运散装液体商品的计量。容量计重工作是先通过对国家计量部门精确标定的计量容器(如岸罐、油池、油船油舱、油驳等)或标准定量容器内所载散装液体货物的测定,包括测定货物的深度/空距、温度等数据,作必要的技术校正,然后依据检定准确的容量计量表,结合货物的比重/密度,计算载运散装液体货物的重量
8	流量计	适用于散装液体进出口商品的计重。在泵出或泵入的主管道口处装置经计量部门检定合格的流量计,当液体流过时,计量设备就自动显示记录,监测人员可以通过显示的记录随时控制所装、卸液体的重量
9	水尺	水尺计重适用船装且价值较低、过磅困难的大宗散装固体商品的计重,是根据"阿基米德定律"的原理,通过检测承运船舶的吃水,求得船体的相应排水量,计算所装卸货物的重量,是简化手续、省时省力和效率较高的一种计重方法

1. 按运费计算和港口收费的标准

在国际航运业务中,承运人所制定的运价表规定了各种不同货物的计算运费的标准,分别有:

(1) *W* (weight)表示该种货物应按其毛重计算运费。米制以1t为1重量吨。

(2) *M* (measurement)表示该种货物应按其满尺丈量的尺码或体积计算运费。米制以 $1m^3$ 为1体积吨。

(3) *W/M* 表示该货物应分别按其毛重和体积计算运费,并按重量吨和体积吨择大计算。

在运费的计算中,根据货物的实际情况选择不同的计算标准,划分重货和轻货。凡是货物的理论积载因数小于1.132 $8m^3/t$ 或 $40ft^3/t$ 的货物,称为重货,货物的理论积载因数大于1.132 $8m^3/t$ 或 $40ft^3/t$ 的货物,称为轻货。

《中华人民共和国港口收费规则》中有关计费单位的标准也有相同的规定。但对无法确定重量的货物,按货物重量换算表的规定计算。表1-11是货物重量换算表,供实际工作中参考。

货物重量换算表 表1-11

货 物 名 称	计算单位	换算重量(kg)
骆驼、牛、马、骡、驴	每头	1 000
猪、羊、狗、牛犊、马驹、骡驹、驴驹	每头	200
散装的猪崽、羊羔	每头	30
笼装的猪崽、羊羔、家禽、家畜、野兽、蛇、卵蛋	每立方米	500
藤、竹制的椅、凳、几、书架	每只	30
鱼苗(秧、种)	每立方米	800
其他不能确定重量的货物	每立方米	1 000
家具(折叠的除外)		自重加2倍
各种材料的空容器(折叠的以及草袋、布袋、纸袋、麻袋、塑料袋除外)		自重加2倍

注:1. 自重加2倍的计算方法,是以货物本身毛重再加2倍。

2. 订有换算重量的货物,实重大于换算重量时,仍按换算重量计算。

2. 按船舶积载的标准

在船舶积载业务中,重货和轻货是指货物实际积载因数与船舶舱容系数相比较而言的。所谓船舶舱容系数,是指船舶货舱总容积与船舶净载重量的比值,即船舶每一净载重吨所占的货舱容积(m^3 或 ft^3)。当货物积载因数小于船舶舱容系数时,称为重货;相反,当货物积载因数大于船舶舱容系数时,称为轻货;货物积载因数与船舶舱容系数相近的则称为普通货。为了适于装运较多的轻泡货物,一般杂货船的舱容系数在 $1.4m^3/t$ 以上。

在编制配积载计划时,为了最大限度地利用船舶的运输能力,应根据货物、包装等因素恰当地处理好轻、重货的搭配积载,使装船的各种货物平均积载因数与船舶舱容系数相接近,这样使全部货物重量等于船舶的净载重吨,全部货物的装舱容积等于船舶货舱总容积,达到满舱满载,从而提高船舶营运的经济效益。

第七节　海上货物运输事故的种类和原因

一、海上货物运输事故的种类

海上货物运输事故是指由于货物在运输、装卸、保管过程中发生货物灭失、残损、短缺等的事故。海上货物运输事故按事故的性质可分货损和货差。

1. 货损

货损(Damage Cargo)是指货物在运输、装卸和保管过程中,质量上的损坏和数量上的确实损失。质量损坏包括货物受潮、污染、破损、串味、变质等。数量确实损失包括海难、火灾、落水无法捞取、被盗、遗失等原因所导致货物的灭失,以及货物的挥发、撒漏、流失等情况所造成的超过货物自然损耗的货物减量,在我国用“货物残损单”进行统计。

2. 货差

货差(Shortlanded and Overlanded)是指货物在运输过程中发生的溢短和货运工作中的差错。差错包括错转、错交、错装、错卸、漏装、漏卸以及货运手续办理错误等原因而造成的有单无货,或有货无单或点数不准等单货不符、件数或重量溢短等。在我国用“货物溢短单”统计。

二、产生货运事故的主要原因

1. 积载不当

由于积载不当而产生货运事故,具体有以下 4 方面原因:

(1)舱位或货位不当。即由于货物的舱位或货位配置不当而造成货物发热、熔解、变质、自燃、受潮、水湿、霉变、污染、压损及其他损坏。

(2)货物在舱内堆码不当。如货物在舱内的堆码不紧密或不符合要求,致使货物倒坍、移位、磨损,货物堆码超过限高,以致底层货物包装破裂,货物受损,要求通风的货物未留出通风道或由于货堆倒坍,致使无法进行通风,造成货物发热、自燃或霉变等。

(3)货物搭配不当。即将性质互抵的货物混装在一起,造成货物沾染异味、受潮、变质、发热或自燃等。

(4)衬垫、隔票不当。如衬垫材料不干净或潮湿而造成货物污染或湿损;衬垫方法不当或该衬垫的部位未加衬垫而造成货物压损、污染、湿损或造成货差;衬垫材料不符合要求,装货后衬垫破损而使货物受损或难以清理等。

2. 货舱及其设备不符合所运货物的要求

(1)货舱不适货。装货前,货舱的状况不符合所装货物的要求,如货舱不清洁、不干燥、有异味、有虫害、未消毒等,勉强装货势必造成货损。

(2)货舱外板、甲板、舱口盖漏水或货舱开口或道门闭锁装置不善,造成货舱进水,引起货损。

(3)货舱设备不完善。如货舱舱壁护板不全、通风设备失灵、舱内管道漏损、通过舱内的电缆漏电、污水沟(井)排水不通畅、船上装货设备的零件及钢丝绳过分磨损等原因造成货损。

3. 装卸过程中值班船员和装卸工人工作疏忽或失职

(1)值班船员看舱松懈,疏于监装、监卸、监督理货计数,造成原损货物进舱、货物堆积符合积载图要求、货物数量短缺或贵重货物失窃等。

(2)装卸工人工作马虎、操作不当或违章作业、野蛮装卸、使用工属具不当、货物堆装质量不符合要求等引起货损。

(3)装卸设备和工具不符合所装货物要求或其技术状态不良造成货损。

(4)装卸不适时或遇有雨雪天气未及时处理、夜间作业照明不符合要求造成货损等。

4. 货物包装不良或包装质量不符合要求

货物包装材料或方法不符合海上运输和多环节装卸、搬运的要求,会造成货物残损。货物包装上缺少明显的注意标志,致使操作中造成货物破损。如:

(1)包装材料承受力不足,承受不了舱内货物的压力。

(2)包装内填充物料不足,或材料不符合要求,起不到缓冲保护作用。

(3)包装加固方法不当或没有加固,致使包装不牢。

(4)箱钉穿透箱板,损及货物。

(5)袋装货物缝口不严,或纸袋强度不够,层数不足。

(6)包装上缺少"怕潮"、"易碎"、"勿用手钩"、"此端向上"等指示标志。

5. 货物本身的特性或潜在缺陷原因

由于货物本身的特性或潜在缺陷在运输途中发生变质、损坏等事故,卸货时经鉴定人证明,承运人对此不负赔偿责任。但仍然要求承运人合理积载,衬垫隔票恰当,航行途中妥善保管,以减少和避免货物受损。

6. 理货工作失误

(1)收、发货时数字不准。如理货、库场人员在收发筹、点垛、抄号、划勾计数等理货过程中数字不准确,少收多报或多收少报等。

(2)错装、漏装、混装。错装是指不该装船的货物误装上船,或将货物误装在开往其他开往其他港口的船舶上。漏装是指将应该装船的整票或部分货物遗漏未装。

(3)混装又称混票,是指装船时,将不同的卸货港、不同收货人、不同提单号的货物混杂堆装。

(4)其他失职原因。如理货人员在工作时间擅离岗位,夜班睡觉,以致发生未经清点就装卸交付,而造成货差事故。

7. 运输途中货物保管不当

(1)货舱通风不当。航行途中对货舱通风不及时或通风措施不当,使舱内产生大量汗水或集聚热量引起货物受潮、霉变或自燃。

(2)对污水沟(井)内污水不及时测量和排除,造成货物湿损。

(3)大风浪来临前防范措施不充分或不当,如对易移动的货物系固措施不力使货物在舱内移位,造成货损甚至重大海损事故。

(4)对特殊货物如冷藏货、危险货的检查、管理不符合要求等。

8. 不可抗力等原因造成货损

由于遇到恶劣天气使船体结构受损，货舱进水造成货损或使货物移位受损，或由于遇到恶劣天气使货舱长时间无法通风使货物受损等货损属于不可抗力所造成。根据有关规定和规则，承运人只要能提出充分的证据，并采取了力所能及的措施，可以免除赔偿责任。

三、保证货物运输质量的主要措施

1. 做好货舱装货准备工作

货舱适货是承运人管理船舶义务的一部分。所谓货舱适货是指货舱必须适合于收受、装运、保管所承运的货物。不同的货物对货舱的要求不尽相同，货舱应根据货物情况做到清洁、干燥、无味、无虫、无漏，舱内设备完好或经检验合格取得验舱证书。这里仅就一般干货舱的准备工作一简要介绍。

1）清洁

舱内无残留的货物、无油漆皮及有害杂质和污秽物质。每航次卸货完毕应对货舱进行清扫或（和）清洗，使之符合要求。

2）干燥

舱内应无积水、汗水和潮湿现象。如不合格，应通过开舱、通风、擦拭或烘烤使其达到要求。

3）无味

舱内应无油漆味、腥味、臭味等足以影响货物质量的异味。如有异味，可以用茶叶、咖啡豆等加热熏蒸或用化学方法除味。

4）无虫

舱内应无虫害和鼠害。如有，可以采用杀虫剂或化学杀虫的方法除虫，或按要求进行熏舱。装运粮食类货物的货舱通常都应进行熏蒸。由于熏蒸剂对人体有害而且熏蒸工作要求具备特殊的设备和专门的技术，因此，熏蒸应由专门人员进行。为了有效地使用熏蒸剂，要求被处理的处所在熏蒸期间保持气密，其密闭时间随所使用的熏蒸剂类型、浓度、害虫种类、货物的类别及温度等的不同而不同，从几小时到几天不等。

5）无漏水和舱内设备完好

货舱必须水密，通过舱内的水管无漏水，舱内的人孔盖无漏水，污水井盖、通风设备等必须完好。装货前应对货舱进行检查，发现问题及时处理，使之符合要求。

2. 做好积载计划编制工作

货物积载计划是货物装船的依据，它的质量直接影响货运质量。因此，认真编好积载计划是一项十分重要的工作。对于装载组件货物（包括件杂货、滚装货、集装箱、重大件、木材等）的船舶还是一项十分细致的工作，它需要考虑诸多因素，积载计划应力求满足以下各项要求：

（1）充分利用船舶的载货能力；

（2）保证满足船舶的强度条件；

（3）保证船舶具有适度的稳性；

（4）保证船舶具有适当的吃水差；

(5)保证货物的运输质量。

3. 做好衬垫和隔票工作

为了保证货物完好、防止产生货损、货差等现象,在货物运输中应选择适合其用途的材料充当货物的衬垫和隔票,采用不同的衬垫和隔票方法。

1)衬垫

在船舶受载部位和舱内四周处,以及货物之间,铺放木板、草席等物料,以减轻船舶受载部位的压力,使货物不直接接触舱底板和船舱四周的舱壁,防止货物受压损、移动及甲板的局部强度遭受破坏,从而达到保证船、货安全的作业,称为衬垫(dunnage)。衬垫是保证货物完好、船货安全的重要措施之一。它的作用有以下几点:

(1)防止货物水湿。如装载包捆类怕湿货物时,应根据货种、航区温度变化的可能性及航行时间的长短,需要在舱底、舱壁、舷壁及露天甲板下面等部位衬垫防水湿的材料,通常在载重水线以上的舷壁和甲板下面、舱口附近、通风筒下面最容易产生较多的汗水。

(2)防振。有些危险货物的底部要衬垫防振的材料,特别是易爆炸的危险货物,为防止撞击产生火花,在铁质舱底上一定要衬垫锯木粉或木屑、碎泡沫塑料、草席等防振动、防撞击材料。有时,每层之间也要求衬垫防振材料。

(3)防止散货撒漏、清洁货物被污染。应视货种情况不同,需要在散装货物和污染扬尘性货物的底部、面部,清洁货物附近的前后舱壁和舷壁的不洁部位,衬垫1~2层油布、帆布等衬垫材料。

(4)防止货物压损、移动及甲板局部强度受损。当底舱高度较大,舱内装载包装不太牢固的货物时,每层或隔几层应衬垫木板,以防止压坏货物;当舱内装载大的箱装货物和裸装的重大件时,为防止货物移动影响船舶安全和损坏货物,常用撑木或木楔支顶固定;在重大件货物的底部,应衬垫一层钢板或厚木板或方木以增加受力面积,减少单位面积负荷量,防止甲板局部强度受损。

2)隔票

将不同装货单(提单)的货物分开装船积载使之不相混淆,称为隔票(separation)。不同装货单(提单)的货物,有不同港口的货物,不同收货人的货物和不同货种的货物,这些货物应根据不同要求和需要,在装船时要分别进行隔票工作。隔票是为提高理货工作效率,减少和防止货差事故,加快卸货速度而进行的一项工作。隔票的具体方法很多,主要有以下几点:

(1)自然隔票。用包装明显不同的货物做分隔,如两票同种箱装货物间用桶装货堆装中间进行隔票。

(2)用专门的隔票材料隔票。用绳网、绳索、草席、帆布等装用隔票材料放置于需隔票的货物上,以区别不同卸货港、不同货主及不同装货单(提单)的货物。

(3)用装运隔票用具隔票。用油漆、标志笔等用具在需隔票的货物上进行标识,以区别不同卸货港、不同货主、不同装货单(提单)的货物,如钢材、木材等可用不同的颜色的油漆写在隔票货物上进行隔票。

4. 做好看舱理货工作

船舶装货和卸货时船员的看舱理货对保证货运质量十分重要。货物在舱内的堆码、衬隔、系固直接影响货物在航行中的安全和质量。虽然多数船舶委托理货公司进行理货，但船员仍有配合和协助做好理货工作的责任，特别是装卸贵重物品和价格较高的货物时，更应发动船员做好这项工作。看舱人员在船舶卸货和装货时应做好以下工作：

(1)船舶卸货作业前，船舷拴挂安全网、片，并做到拴挂合理、可靠、随水位及时调整，及时清理积物。

(2)要求装卸工人按积载计划的要求进行装货作业，如有变化应请示大副。记录货物的实际装载位置和隔票情况。

(3)监督装船货物的质量，作业中轻拿轻放，箭头朝上，重不压轻，木箱不压纸箱；地脚货及时扫清、灌包、归垛。如有残损应报告大副视情况或拒装或批注或进行其他处理并做好记录。

(4)督促装卸工人按操作规程进行作业，制止各种违章作业，坚持“十不”：不装破损包、不使用手钩、不倒关、不拖关、不落水、不堆垛、不挖井留山、不夹包带件、不吊超负荷关、不吊堆码不正关。

(5)装卸散货避免洒漏、落水、混质，按规定平舱；装卸散装液体货不跑、不冒、不滴、不漏、不混。

(6)按票装货，堆码紧密，隔票清楚，并按要求做好组件货物的衬垫、隔票和系固及绑扎牢固，防止货物滚动、位移，做好散装货物的平舱工作。

(7)督促理货人员正确理货、检残，分清原残、工残，做好现场记录及签认，必要时船员参加理货，并与理货人员核对装船货物的数字，如双方数字不符或与装货单数字不符，则应报告大副进行处理。

(8)保证装卸货的工作场所适工，根据天气情况及时开关舱并确保装货安全。

(9)装载危险货物、重大件货物及贵重货物时，应制定防范措施后再作业，大副应到场监装或指导，以保证装载质量和防止货物被窃。

(10)大副应随时掌握全船的装货进度和货损情况，检查货物的堆码、衬垫、隔票、系固、平舱等情况，必要时调整货载，及时签发收货单和做好批注工作。装货结束，大副应会同有关人员检查货舱，当确认一切正常后及时封舱。

(11)货物卸货时应特别注意防止工人挖井、拖关及货物的混票和混卸。

(12)当在卸货时发现货物残损时应分清是原残或工残，原残属于船方管货而产生，而工残则因装卸不当所造成，应与装卸公司共同做好记录并签认。

(13)卸货结束后，大副应会同有关人员检查有无漏卸货物，并安排人员清理货舱和衬垫物料，为下一个航次做好准备。

5. *做好货物的系固和平舱工作*

船舶装载组件货物时，必须做好货物的系固工作。船舶装载固体散货时应做好平舱工作。组件货物是否合理、正确地进行系固，固体散货是否合理平舱不仅影响货运质量，也影响船舶的安全。普通件杂货装舱后的系固，一般采用填塞、支撑等方法，不必使用专门的系固属具，但这项工作也必须认真做好，以防货件在航行中倒塌或移位而造成货损或其他危险。对单件较大的货件的系固必须采用专门的系固属具，其系固方法和要求也较高，因为这些货物如果在航行中发生移位则其后果更为严重。

6. 做好航行途中货物保管工作

航行途中对货物的保管是承运人管理货物的内容之一,主要包括以下3个方面,即:

(1)经常检查货物在舱内的状况、定期测量舱内温湿度及污水、查看烟雾报警器及怕热、怕潮等货物的情况。

(2)做好特殊货物的管理工作,如危险货物的防燃、防爆及防其他重大事故、贵重货物的防窃,保持冷藏货物的温度恒定、易流态化货物的水分游离状况等。

(3)注意气象变化,做好恶劣天气的防范工作,如货物的加固、通风设备的紧固、舱盖的密固及做好货舱的通风。

①货舱通风的目的。航行中做好货舱通风对于保证货运质量十分重要,货舱通风有4个方面的目的:

A. 降低舱内空气的露点温度,防止舱壁和货物表面产生汗水;

B. 降低舱内的温度,防止货物变质受损及自燃;

C. 提供新鲜空气,防止货物腐败变质;

D. 排除有害气体,防止发生燃烧、爆炸和人员伤害事故。

②货舱通风的方式及设备。货舱通风方式有自然通风、机械通风和干燥通风3种,其相应的设备是自然通风装置、机械通风装置和干燥通风装置3种。

A. 自然通风。利用货舱通风筒和自然风力进行的通风叫做自然通风。自然通风又有排气通风和对流循环通风两种。

B. 机械通风。利用安装在货舱的进气和排气通风管道口的鼓风机进行的强力通风,即为机械通风。远洋船上一般均设有这种通风装置。

C. 干燥通风。利用货舱干燥通风装置进行的通风方式即为干燥通风。干燥通风装置由空气干燥机、货舱通风系统及露点指示记录器3部分组成。当外界条件适宜于通风时,可将调节器置于"通风"的位置上。

案例

1. 买卖双方对于合同中约定的货物数量存在分歧

某出口公司在某次交易会上与外商当面谈妥出口大米10 000公吨,每公吨USD 275 F. O. B. 中国口岸。但我方在签约时,合同上只笼统地写了10 000ton。后来,外商来证要求按Long ton(长吨)供货,我方当事人上认为合同上的ton就是指Metric ton(公吨),只能按Metric ton(公吨)供货,双方意见不一。

根据该案例,回答如下问题:

(1)为什么该某出口公司与外商对于货物的重量方面存在分歧?

(2)如果出口公司照证办理,会出现什么后果?为什么?

(3)该案例对你有何启发?

2. 包装使用不当导致货物严重受损

2004年某医院利用德国贷款购买了一套德国生产进口医疗设备,包括CT机、500mA X光机、C形臂X光机。某日这批货物由某运输公司的两辆厢式货车从上海运出,车厢外用雨布防

潮。途中突遇暴雨。到达目的地时,德国公司、运输公司、医院三方同时在场监视卸货。当场发现一部货车的货物外包装被雨水淋湿。当日,检验检疫人员赶到现场,勘查后发现,这个车厢装有4只包装箱:2只木箱、2只纸箱。纸箱被雨水淋湿变形,内部设备可以窥见。其中1只纸箱内无任何防潮保护设施,另1只只有塑料膜保护。

随后检验检疫人员对这批货物开箱检验,确认木质包装中的500mA X光机、C形臂X光机外包装虽然受潮,但内部有塑料真空包装并添加防潮剂,真空包装内还有两层密封包装,设备保护完好,可以开始进入安装检验程序。而纸箱包装箱内均为CT机的核心部件,价值占整套设备的1/3,是最重要的部分,由于严重受潮,已经无法安装。这是一起因包装使用不当,导致货物受损的问题。外方违反了双方签订的合同中关于包装"能适应气候变化、防潮、抗振及防粗鲁搬运"的规定。检验检疫局依法出具对外索赔证书,支持进口单位对外索赔。德国公司坚持认为导致货物残损的原因是天灾,而不是人祸。损失应当由保险公司赔偿。为此,检验检疫人员从维护贸易各方合法权益的立场出发,多次与德国公司相关人员交流,宣传我国的法律和相关惯例,说明检验检疫部门出具证书的依据,坚持应由德国公司承担全部责任。外方终于认赔。后来,1台从德国进口CT机到达目的地,作为德国公司的商业赔偿,价值290万元人民币。经检验发现,此次货物的外包装全部更换为木质包装,内包装增加了防潮防湿保护。(根据《锦程物流网》资料改写)

根据案例,回答下面问题:

(1)案例中德国公司坚持认为导致货物残损的原因是天灾,而不是人祸,你是如何认为的?理由是什么?

(2)本案例中,为什么检验检疫局要求德国公司承担全部事故责任?

(3)本案例对你有何启示?

3. 船舶海运货损货差纠纷案(具体案情见本章引例)

根据案例,回答下面问题:

(1)从本章引例《船舶海运货损货差纠纷案》分析,产生货损货差的原因有哪些?

(2)你认为海事法院能否支持原告的诉讼请求,判令该远洋公司的负责赔偿原告的损失?为什么?

思考题

一、名词解释

1. 船舶排水量、满载排水量、净载重量、船舶常数、载重线标志、登记吨位、舱容系数、货物积载因数、货物积载图、运河吨位。

2. 货物、敏感性普通货物、感染性普通货物、甲板货、舱内货。

3. 化学性质、物理性质、生物性质、机械性质、货物的串味、货物的氧化、货物的爆炸、呼吸作用、微生物作用。

4. 包装、运输包装、销售包装、条形码。

5. 货物包装标志、运输标志、危险货物标志、包装储运指示标志。

6. 法定计量单位、货物的计量单位、货物的丈量、货物的衡重、满尺丈量。

7. 海上货物运输事故、货损、货差、衬垫、隔票。

二、填空题

1. 货物发生物理变化的形式主要有________、________、________、________、________、________、________、________等。

2. 货物发生机械变化的形式主要有________、________、________、________等。

3. 货物发生生物变化的形式主要有________、________、________、________、________、________等。

4. 按材料对包装进行分类，可分为________、________、________、________、________、________、________。

5. 按形态层次对包装进行分类，可分为________、________、________等3种。

6. 按货件形式对包装进行分类，可分为单件运输包装和集合运输包装________、________。

7. 货物包装的标志可分为________、________、________3种。

8. 标准化的运输标志是由________、________组成。

9. 包装储运指示标志共有________种。

10. 有些需要丈量的货物，其体积的计算不是以货物的________体积为依据的，而是按货物的________进行丈量各计算体积的。

11. 货物的丈量体积是指货物外形最大处________、________、________3个尺码组成的立方体的体积。

12. 货物的衡重是以货物的________为基础。

三、简答题

1. 水路运输可分为哪几类？各有什么特点？

2. 水路运输的船舶种类有哪些？

3. 杂货船船舶结构特点有哪些？

4. 货物按性质可分为哪些类？

5. 货物按货物形态可分为哪些类？

6. 特殊货物可分为哪些类？

7. 货物吸湿能力与哪些因素有关？

8. 货物发生串味的原因是什么？应如何避免？

9. 包装的基本功能包括哪些？

10. 货物运输包装有哪些要求

11. 现代包装技术包括哪些？

12. 标准运输标志的内容有哪4个部分组成？

13. 标准运输标志制作和标示的注意事项是什么？

14. 附加信息标志制作和标示的注意事项是什么？

15. 传统的外贸进出口货物运输标志有哪些？

16. 在使用危险货物标志时应注意的要点是什么？

17. 货物计量的作用有哪些？

18. 轻货和重货是如何确定的？
19. 在国际贸易中，通常采用的计量单位有哪几种？
20. 货物衡重的方法有哪些？
21. 水运常用的衡器有哪些？各用在哪些场合？
22. 产生货运事故的主要原因有哪些？
23. 保证货物运输质量的主要措施有哪些？
24. 衬垫的作用有哪些？
25. 船舶积载计划应满足哪些要求？

第二章 普通货物

● 知识目标

1. 解释棉花、茶叶、塑料及其制品，钢材及其制品，化学肥料等普通货物的定义和种类；
2. 描述主要几种普通的运输包装，普通货物装卸、运输、保管注意事项；
3. 识别几种主要普通货物的性质。

● 技能目标

能根据普通货物的性质，进行普通货物装卸、运输、保管。

引 例

尼龙的发明及应用

1935年2月28日杜邦公司基础化学研究所有机化学部的科学家卡罗瑟斯（Wallace H. Carothers，1896～1937）合成出聚酰胺66。这种聚合物不溶于普通溶剂，具有263℃的高熔点，由于在结构和性质上接近天然丝，拉制的纤维具有丝的外观和光泽，其耐磨性和强度超过当时任何一种纤维，而且原料价格也比较便宜。1938年7月杜邦公司完成了聚酰胺66的中试，同月用聚酰胺66作牙刷毛的牙刷开始投放市场。1938年10月27日杜邦公司正式宣布世界上第一种合成纤维正式诞生了，并将聚酰胺66这种合成纤维命名为尼龙（nylon），这个词后来在英语中变成了聚酰胺类合成纤维的通用商品名称。尼龙的强度很高，直径1mm的细丝就可以吊起100kg的物体。尼龙耐污、耐腐蚀的性能也很好。因此，尼龙一问世就受到了全世界的瞩目。第二次世界大战期间美国陆军收购了全部尼龙产品，用以制造降落伞和百余种军事装备。而1940年尼龙长筒女袜刚一投放市场就轰动了世界，4天之内400万双袜子一抢而空。尼龙是真正投入大规模生产的第一种合成纤维。在我国尼龙也被称为锦纶，因为在我国是锦州化工厂最早开始生产尼龙的。

从那以后，各种新型纤维一个接一个地被合成出来。聚酯纤维——涤纶（的确良）、聚丙烯腈纤维——腈纶、聚丙烯纤维——丙纶、聚乙烯醇缩甲醛纤维——维尼纶的相健出现，使纺织工业大为改观。

第一节 纺织品原料

我国是全球最大的纺织品服装生产国以及出口国,我国的纺织品服装行业发展迅猛,在国民经济中占有很重要的地位。同时纺织品服装是我国最为主要的出口产品种类之一,也一直是我国贸易顺差的主要来源。

本节主要是介绍纺织品的基本知识以及纺织品重要原料棉花的分类、性质以及运输、装卸、保管注意事项。

一、纺织品基本知识

1. 纺织品定义

从广义上说,凡是以纺织纤维作原料,经过纺纱、织造、染整、成衣等部分或全部加工环节形成的产品,统称为纺织品。

2. 纺织品纤维分类

制造纺织品的原材料主要是各种纤维原料。在纺织纤维分类的方法中,最常用的分类方法是根据纤维的来源分类,然后按照化学组成、生物属性等分成小类。

1)天然纤维

天然纤维是指自然界生长或形成的适合于纺织用途的纤维。它又可分为植物纤维、动物纤维和矿物纤维。

(1)植物纤维。是从植物的种子、叶、茎、果实上获得的纤维。其主要成分是纤维素,可分为种子纤维,如棉、木棉等;叶纤维,如剑麻、蕉麻等;茎纤维,如苎麻、亚麻、黄麻、大麻、罗布麻等;果实纤维,如椰子纤维等。

(2)动物纤维。是从动物身上或体内获得的纤维。主要成分是蛋白质。动物纤维主要分为毛纤维,如绵羊毛、山羊毛、骆驼绒、兔毛等;丝纤维,如桑蚕丝、柞蚕丝等。

(3)矿物纤维。是从纤维状结构的矿物岩石中获得的纤维,如石棉纤维等。

2)化学纤维

化学纤维是用天然的或合成的高分子化合物作原料,经过化学和物理方法加工而制得的纤维的统称。因所用高分子化合物的来源不同,可分为人造纤维和合成纤维两大类。

(1)人造纤维。是指用纤维素和蛋白质等天然高分子物质为原料,经化学加工制成高分子溶液,再经纺丝和后处理制得的纺织纤维。人造纤维包括人造纤维素纤维,如粘胶纤维、铜氨纤维、醋脂纤维等;人造蛋白质纤维,如大豆纤维、酪素纤维等,如:人造棉、人造丝、人造毛、虎木棉、富强棉。

(2)合成纤维。是指以石油、煤、天然气及一些农副产品等低分子物质作为原料,经化学合成和机械加工制得的纺织纤维。合成纤维可分为聚酰胺纤维(锦纶或尼龙)、聚酯纤维(涤纶)、聚丙烯腈纤维(腈纶)、聚丙烯纤维(丙纶)、聚乙烯醇纤维(维纶)、聚氨酯纤维(氨纶)等。按纺织工业要求,合成纤维还分为长丝和短纤维两种形式。所谓长丝,是长度为千米以上的丝,长丝卷绕成团。短纤维是几厘米至十几厘米的短纤维。

化学纤维具有强度高、耐磨、密度小、弹性好、不发霉、不怕虫蛀、易洗快干等优点,但其缺点是染色性较差、静电大、耐光和耐候性差、吸水性差。几种化学纤维的主要性能如表2-1所示。

化学纤维的性能 表2-1

纤维种类	习惯名称	主要性能
纤维素	粘胶纤维	柔软，吸湿性好，耐碱不耐酸，湿强度和弹性差
聚酰胺纤维	锦纶(尼龙)	强度和耐磨性突出，弹性好，吸湿、耐热性差
聚酯纤维	涤纶	抗皱和耐热性突出，强度和耐磨好，易生静电
聚丙烯腈纤维	腈纶	弹性和保暖性好，耐晒性突出，不耐磨，生静电
聚丙烯纤维	丙纶	密度小，强度、弹性好，热稳定性差，生静电
聚乙烯醇纤维	维纶	吸湿性好，化学稳定性好，比重轻
聚氨酯纤维	氨纶	拉伸弹性和回弹性突出，强度、耐热优于橡胶丝

3. 合成纤维的主要鉴别方法

1)显微镜法

利用显微镜，观察纤维的横截面和纤维纵向外观的形状特征的方法。

2)燃烧法

根据纤维的燃烧速度、燃烧火焰的颜色、燃烧时所散发出的气味、燃烧后灰烬的颜色、形状等特性来鉴别纤维的方法如表2-2所示。用燃烧法鉴别纤维，只能用以区别大品种，对差别化纤维利用燃烧法鉴别并不适宜。

3)溶解法

利用纤维在不同化学试剂中的溶解性能不同，来鉴别各种纤维的方法。

常见纤维燃烧特性表 表2-2

纤维	燃烧情况	气 味	灰烬颜色及形状
棉	易燃、黄色火焰	有烧纸气味	灰烬少、灰末细软、浅灰色
麻	易燃、黄色火焰	有烧纸气味	灰烬少、灰末细软、浅灰色
羊毛	冒烟起泡燃烧	有烧毛发臭味	灰烬少、黑色块状、质脆
蚕丝	燃烧慢	有烧毛发臭味	易碎、黑褐色小球状
涤纶	边熔化、边燃烧	有芳香气味	易碎、黑褐色块状
腈纶	边熔化、边燃烧	有鱼腥气味	易碎、黑褐色硬块
锦纶	边熔化、边燃烧	有特殊臭味	坚硬、褐色小球状
丙纶	边收缩边熔化燃烧	有烧蜡气味	黄褐色硬块
维纶	燃烧缓慢	有特殊臭味	易碎、褐色硬块

4)着色法

利用纤维在着色剂中着色后的颜色不同来鉴别各种纤维的方法。将不同种纤维放在通用着色剂中，各种纤维颜色为:涤纶红玉腈纶桃红锦纶朱红丙纶无色维纶橘红。

4. 纺织品的分类

1)按形成织物加工方法分

(1)机织物。指用经纱和纬纱以有梭或无梭织机加工而成的织物。其布面有经、纬向之分。

(2)针织物。指采用一根或一组纱线为原料,以纬编机或经编机加工形成线圈串套而成的织物。

(3)非织造织物。指不经传统的纺纱、织造工艺过程,由纤维层直接构成的纺织品(包括由线纱层构成的缝编非织造织物)。

2)按织物的纺纱系统分

(1)棉织物按纺纱工艺不同分为如下3种:精梳织物、普梳织物和废纺织物。其中:采用精梳工艺生产的棉纱加工的织物是精梳织物,多为高档织物;采用普梳工艺生产的棉纱加工的织物是普梳织物,主要是普通中档织物和工业用布;采用废纺工艺生产的棉纱加工的织物是废纺织物。

(2)毛织物按纺纱工艺不同分为如下两种:粗梳毛织物和精梳毛织物。其中:采用粗梳工艺生产的毛纱加工的织物是粗梳毛织物;采用精梳工艺生产的毛纱加工的织物是精梳毛织物。

3)按原料结构状况分类

(1)纯纺织物。是指形成织物所使用的纱线是由单一品种纤维纺制的,如纯棉织物、全毛织物、纯涤纶织物等。

(2)混纺织物。是指形成织物所使用的纱线是由两种或两种以上不同纤维按一定的比例混合后纺制的。混纺织物的命名原则是:混纺比大的在前、混纺比小的在后;混纺比相同时,天然纤维在前,合成纤维在其后,人造纤维在最后。如涤棉织物、涤粘中长织物、毛涤粘三合一花呢等。

(3)交织织物。是指形成机织物所使用的经纬纱分别由某一种纤维组成的,如涤棉纬长丝织物、线绨被面、富春纺等。

(4)交并交织织物。是指形成机织物所使用的经纱(或纬纱)是由两种或两种以上不同原料的纱线并合再与纬纱(或经纱)交织的,如丝绸织物中的工农绸、色织物中的涤粘低弹仿毛花呢等。

4)按原料和生产工艺不同分

(1)棉型织物。商业上简称为"棉布",是用棉纱或棉与化纤混纺纱线织成的织物。

(2)毛型织物。商业上简称为"呢绒",是以动物毛和毛型化纤为原料织成的织物。

(3)丝型织物。商业上简称为"丝绸",以桑蚕丝为原料织成的织物叫真丝绸;以柞蚕丝为原料织成的织物叫柞丝绸。

(4)麻型织物。主要有苎麻织物和亚麻织物。黄麻等其他品种麻一般不作衣料使用,只用作包装材料或工业用布。

(5)纯化纤织物。主要有中长纤维仿棉、仿麻、仿毛、仿丝织物、化纤长丝织物、人造鹿皮和人造毛皮等。

5)按印染加工方法分

(1)本色布。亦称"坯布",指未经染整加工而保持原来色泽的织物,本色布可直接市销,但大多数是用作印染厂的坯布。

(2)漂白布。经过漂白处理的织物。

(3)染色布。本色织物经过染色工序染成单一颜色的织物。

(4)印花布。经过印花工序使织物表面有花纹图案的织物。

(5)色织布。经、纬纱用不同颜色的纱线织成的织物。

(6)色纺布。是先将部分纤维或毛条染色,再将染过色的纤维或毛条与本色纤维按一定比例混合成纱再织成的织物。

二、棉花

棉花是离瓣双子叶植物,属锦葵目锦葵科木槿亚科棉属。棉纤维是生长在棉籽上的种子纤维,属于天然纤维。棉株长在农田,棉铃是其果实,内含种籽,籽上长着棉纤维。从棉铃摘取后,经过轧棉机加工去掉棉籽,留下的棉纤维就是原棉或皮棉,原棉经过打包后,送往纺织厂加工制成纱,是纺织工业的主要原料。我国盛产棉花,棉花栽培历史悠久,是世界上种植棉花较早的国家之一,产量约居各国之首。

1. 棉花的分类

1)按纤维长度分类

按纤维长度分类可分为长绒、棉细绒棉、粗绒棉。

(1)长绒棉。又称海岛棉,纤维细长柔软,富有丝光,强度较高,纤维长度多在33mm以上。按长度和经济价值又可分为两种:纤维长度在35mm以上的特长绒棉和纤维长度在33~35mm的中长绒棉,在我国,新疆还种植长绒棉。

(2)细绒棉。又称陆地棉,品质较长绒棉稍差,正常成熟的细绒棉,色精白、洁白或乳白,纤维柔软有丝光,一般细绒棉的纤维长度在25~33mm,具有产量高,棉纤维较优良、适应性强等特点,目前广大棉区所种植的棉花多为陆地棉种(细绒棉),在世界这种棉花产量占总产量的85%,我国有98%的棉田种植。

(3)粗绒棉。亚洲棉和非洲棉都属于粗绒,亚洲棉纤维长度在15~25mm,非洲棉纤维长度在17~23mm,其主要特点是纤维粗短,色泽暗淡,耐旱、耐磨、弹力高、产量低。只能用于纺粗特(粗支)纱或与细绒棉搭配纺中特(中支)纱,织造粗厚的棉织物。纤维弹性较强,适于制造起绒织物和用作棉絮。中国几百年来栽培的土棉属这一品种,故又称"中棉",现已很少种植。

2)按棉花的初步加工分类

按棉花的初步加工分类可分为锯齿棉和皮辊棉。

(1)锯齿棉。使用锯齿轧花机加工出来的皮棉叫锯齿棉。锯齿轧棉是依靠高速旋转的锯齿滚筒钩取纤维,使纤维与棉籽分离,从而得到皮棉。锯齿棉的特点是:皮棉状态松散,纤维的长度较整齐,但长度偏短;含杂率较低,但疵点较多;棉结索丝,带纤维籽屑的含量较高。锯齿轧棉产量高,大型轧棉厂都使用锯齿式轧棉机进行加工,目前我国棉花市场上绝大多数棉花(细绒棉)为锯齿棉。

(2)皮辊棉。使用皮辊轧花机加工出来的皮棉叫皮辊棉。皮辊棉是依靠皮辊粘附棉纤维后,将纤维与棉籽分离,从而得到皮棉。皮辊棉的特点是:皮棉呈片状,纤维的长度损伤小,但

长度整齐度较低含杂率较高,但疵点较少,黄根较多。皮棉轧棉产量低,但因为纤维损伤小,长绒棉一般都用皮辊轧棉。

3)按原棉的色泽分

(1)白棉。正常成熟、正常吐絮的棉花,不管原棉的色泽呈洁白、乳白或淡黄色,都称白棉。棉纺厂使用的原棉,绝大部分为白棉。

(2)黄棉。棉花生长晚期,棉铃经霜袭击后枯死,铃壳上的色素染到纤维上,使原棉颜色发黄,这种原棉称为黄棉或霜黄棉。黄棉一般都属低级棉,棉纺厂仅有少量应用。

(3)灰棉。棉花在多雨地区生长时,棉纤维在生长发育过程中或吐絮后,由于雨量多、日照少、温度低,使纤维成熟受到影响,原棉颜色呈现灰白,这种原棉称为灰棉。灰棉强力低、质量差,棉纺厂很少使用。

(4)彩棉。天然彩色棉花简称"彩棉"。它是利用现代生物工程技术选育出的一种吐絮时棉纤维就具有红、黄、绿、棕、灰、紫等天然彩色的特殊类型棉花。用这种棉花织成的布不需染色,无化学染料毒素,质地柔软而富有弹性,制成的服装经洗涤和风吹日晒也不变色。耐穿耐磨、穿着舒适,有利人体健康。因不需要染色,所以可大大降低纺织成本,防止了普通棉织品对环境的污染。

根据细绒棉的成熟程度、色泽特征、轧工质量,将细绒棉品级分为7个级,即一至七级。细绒棉品级条件如表2-3所示。

细绒棉品级条件

表2-3

品级	籽棉	皮辊棉			锯齿棉		
		成熟程度	色泽特征	轧工质量	成熟程度	色泽特征	轧工质量
一级	早、中期优质白棉,棉瓣肥大,有少量一般白棉和带淡黄尖、黄线的棉瓣,杂质很少	成熟好	色洁白或乳白,丝光好,稍有淡黄染	黄根、杂质很少	成熟好	色洁白或乳白,丝光好,微有淡黄染	索丝、棉结、杂质很少
二级	早、中期好白棉,棉瓣大,有少量雨锈棉和个别半僵棉瓣,杂质少	成熟正常	色洁白或乳白,有丝光,有少量淡黄染	黄根、杂质少	成熟正常	色洁白或乳白,有丝光,稍有淡黄染	索丝、棉结、杂质少
三级	早、中期一般白棉和晚期好白棉,棉瓣大小都有,有少量雨锈棉和个别僵瓣棉,杂质稍多	成熟一般	色白或乳白,稍见阴黄,稍有丝光,淡黄染、黄染稍多	黄根、杂质稍多	成熟一般	色白或乳白,稍有丝光,有少量淡黄染	索丝、棉结、杂质较少
四级	早、中期较差的白棉和晚期白棉,棉瓣小,有少量僵瓣或轻霜、淡灰棉,杂质较多	成熟稍差	色白略带灰、黄,有少量污染棉	黄根、杂质较多	成熟稍差	色白略带阴黄,有淡灰、黄染	索丝、棉结、杂质稍多

续上表

品级	籽 棉	皮辊棉			锯齿棉		
		成熟程度	色泽特征	轧工质量	成熟程度	色泽特征	轧工质量
五级	晚期较差的白棉和早、中期僵瓣棉,杂质多	成熟较差	色灰白带阴黄,污染棉较多,有糟绒	黄根、杂质多	成熟较差	色灰白有阴黄,有污染棉和糟绒	索丝、棉结、杂质较多
六级	各种僵瓣棉和部分晚期次白棉,杂质很多	成熟差	色灰黄,略带灰白,各种污染棉、糟绒多	杂质很多	成熟差	色灰白或阴黄,污染棉、糟绒较多	索丝、棉结、杂质多
七级	各种僵瓣棉、污染棉和部分烂桃棉,杂质很多	成熟很差	色灰暗,各种污染棉、糟绒很多	杂质很多	成熟很差	色灰黄,污染棉、糟绒多	索丝、棉结、杂质很多

2. 棉纤维的形态、结构与成分

1)棉纤维的形态、结构

在显微镜下观察,正常成熟的棉纤维纵向具有天然转曲,呈扁平带状,截面腰圆形,有中腔,一端封闭,一端开口,两头细中间粗的管状物,由许多同心层组成,主要的有初生层、次生层、中腔3个部分。

(1)初生层。是棉纤维的外层,即棉纤维细胞的初生部分。初生层的外皮是一层极薄的蜡质与果胶,表面有细丝状皱纹。初生层与棉纤维的表面性质密切相关,例如棉蜡使棉纤维具有良好的适宜于纺纱的表面性能,但在棉纱、棉布漂染前要经过煮炼以除去棉蜡,保证染色均匀。

(2)次生层。是在初生层的下面,由三层基本同心的环状层叠合,构成棉纤维的主体,全部为纤维素组成。这一层为网状结构,相互镶嵌,中间形成空隙,使棉纤维具有多孔性。次生层决定了棉纤维的主要物理机械性质。

(3)中腔。是棉纤维生长停止后遗留下来的内部空隙。中腔内留有少数原生质和细胞核残余物,对棉纤维颜色有影响。

2)棉纤维的成分

棉纤维主要组成物质是纤维素,其余为纤维素伴生物。棉纤维素及其伴生物的含量取决于棉纤维的成熟程度。完全成熟的棉纤维其纤维素的含量约占棉纤维总重的94%,此外含有少量多缩戊糖、蜡质、蛋白质、脂肪、果胶物质、灰分等伴生物。

棉纤维素是一种天然碳水化合物,是在棉花生长过程中由二氧化碳和水经过光合作用而形成的。纤维素是由碳素(C)、氢(H)、氧(O)三元素组成,其组成比例为碳44.4%;氢6.2%、氧49.4%。纤维素的分子式可以写成(C_6HIOO_5)n,其中n为聚合度,是指一个纤维素分子中含有的基本单元即(C_6HIOO_5)的个数。棉纤维素的分子量和聚合度并不是每一个分子都是一样的,这是高分子化合物的特征之一。棉纤维素的聚合度最少在6 000以上,一般可达10 000~15 000。棉纤维素的聚合度越高,分子量越大,棉纤维的某此物理机械性能也就

越好。伴生物的存在对棉纤维的加工使用性能有较大影响，它能保护棉纤维不易受潮并增润棉纤维的光泽，含量适当时在纺纱过程中能起润滑作用，但它妨碍棉纤维及其制品的着色能力，在棉纱、棉布漂染前要经过煮炼，除去棉蜡，以保证染色的均匀；含糖较多的棉纤维在纺纱过程中容易引起绕罗拉、绕皮辊、绕皮圈等现象，影响纺纱工艺及产品质量。果胶物质会妨碍棉纤维的毛细管作用，除去果胶物质后的棉纤维吸湿性高。

3. 棉花的性质

1）吸湿性

棉纤维在水中膨胀但不溶解。棉纤维的主要成分纤维素分子中有大量亲水基团，纤维素层内有许多孔隙，而且棉纤维内部有空腔，因此，棉纤维具有较大的吸湿能力。在商业贸易中，纤维的含水量必须用回潮率表示，回潮率是纤维所含水分重量对纤维干重的百分比。棉纤维的回潮率在标准状况下为8%～13%。人体要求衣着回潮率大于7%，以便将人体分泌物和汗液及时吸收散发出去，因此，棉织物穿着感觉舒适。但棉花吸湿含量在14%以上时，容易引起发热、霉烂、使棉花散失光泽，染上黑斑，纤维强度减弱，影响质量。

2）怕酸性

棉纤维化学稳定性较好，对碱和有机酸抵抗力很强，但抗无机酸的能力弱，棉纤维分子在无机酸溶液中易水解，致使棉纤维强力下降。盐酸、硝酸、硫酸等强无机酸对纤维素破坏作用最强烈。

3）染尘性

棉花是绒毛性纤维，很容易沾染灰尘，沾染灰尘杂质后，容易造成污损，降低纺织性能，还会引起生霉、虫蛀以及自燃。

4）易燃性

棉花是一种易燃物质，棉纤维表面的蜡质尤为易燃，微小的火星都会引起棉花着火，当棉包边缘散乱、花絮外露时，更易着火。棉纤维具有中腔，纤维素层内有许多空隙，存有空气，一旦起火，蔓延迅速，不易扑灭就是断绝外界空气，仍能继续燃烧。干棉花在《国际危规》中被列为易燃固体。

5）保温性

棉纤维内有空腔，纤维素层多孔，均可贮存空气，因此棉纤维是热的不良导体，具有良好的保温性。但这种性质却容易引起棉花的自燃。

6）自燃性

棉纤维在110℃以下时不会损伤；1 120℃时变黄，强力下降；125℃时碳化：潮湿的棉花、渗油的棉花、焦棉、再生棉和乱包棉，以及沾有易氧化物的棉花特别受氧化影响，热量积聚不散，当棉花温度超过230℃时，可引起自燃。

棉花自燃往往是先在棉包内隐火暗燃，除能嗅到一些窒息气味外，在外表一时不易看出，这在运输保管中应特别注意。潮湿或含油的、焦的棉花及其他动植物纤维在《国际危规》及《国内危规》中被列为易自燃物质。

7）抗氧化能力较弱

棉纤维长时间在空气中受阳光照射或某些氧化剂的作用，能使纤维素化生成氧化纤维素，以致棉纤维变脆，强力下降。实验证明，棉纤维经阳光暴晒940h后，强度下降50%。

8）能被微生物破坏

在一定湿度下,棉纤维易遭受微生物(如霉菌)损害,产生霉斑,以致机械性能下降。

4. 棉花的运输包装

皮棉不能散放,以捆包形式作为运输包装,棉花捆包规格比较复杂,不同国家、地区的棉花捆包均有不同。根据中华人民共和国国家标准《棉花包装》(GB/T 6975—2001)规定:国家标准皮棉包装有3种包型:85kg/包(±5kg)、200kg/包(±10kg)、227kg/包(±10kg);棉包外形尺寸、质量规定见表2-4。目前我国棉包绝大部分为85kg,而国外则以227kg的棉包(480磅)居多。

棉包外包装应用白色纯棉布进行包装,棉包外形尺寸、质量规定如表2-4所示,捆扎材料及捆扎根数如表2-5所示。棉包捆扎好后,应用纯棉绳将接缝缝严,针距不大于25mm。其他包装方法(如套法、袋法)均不得有露棉、破损及污染现象。棉包包索排列要均匀且相互平行,包索结扣应牢固、可靠。钢丝结扣方法通常采用双圈套结法。钢带的结扣方法通常采用子母搭结法。

棉包标志内容包括:棉花产地(省、自治区、直辖市和县)、棉花加工单位、棉花质量标识、批号、包号、棉包质量(毛重)、生产日期。

棉包外形尺寸、质量规定 表2-4

棉包型号	L (mm)	W (mm)	H (mm)	质量 (kg)	质量偏差 (kg)
Ⅰ	1400	530	700	227	±10
Ⅱ	1060	530	780	200	±10
Ⅲ	800	400	600	85	±5

捆扎材料及捆扎根数 表2-5

型号	低碳镀锌钢丝（直径mm）			高碳防腐镀锌钢丝（直径mm）			碳钢钢带（截面mm^2）	高强度钢带（截面mm^2）
	2.5	2.8	4.0	2.5	3.2	4.0	1×(19-20)	(0.7-1)×(19-20)
Ⅰ、Ⅱ			11~12		10~11	10~11	10~11	8~9
Ⅲ	10~12	10~11		10~11				

5. 棉花的运输、装卸和保管注意事项

(1)棉花的防火安全措施是运输中极为重要的问题。装载或存放棉花的场所应在醒目处悬挂“禁止吸烟”的牌子,严禁携带火种;不准在现场使用明火灯具及电焊作业;船库机械的电器设备、电源线路应完好,舱内灯泡要有防护罩;流动机械进入棉花作业区域要加设排气防火罩,没有防火罩的机械不得进行作业;装卸时禁止使用钢丝绳吊具,吊货钩不得挂到棉包的铁皮上,舱口的金属部位应加衬垫,不能滑装滑卸,以免产生撞击,摩擦火花。

(2)运输棉花的船舱内,要求清洁、干燥。装舱时,舱底以木板、帆布等衬垫,排水管系畅通,舱盖完好。

(3)棉花积载时,不能装载在机炉舱、厨房附近的舱位。水湿、油渍、含有杂质的棉花不能装运。棉花不能与酸类、油脂、湿货、染料、易燃货等同舱装载。运输几个批次等级的,要做到批次、等级分舱、分层装运。

(4)装卸时禁用手钩。不可将棉包在地上任意翻滚,以免造成破包、污损。雨雪天不得进

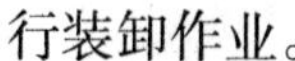

行装卸作业。

(5)棉花一般存放在专业的棉花储备库内储存,存库要求交通便利、防火、通风、防潮、防霉变等,特别是防火,棉花储备库都是特级防火单位。库内堆垛应做到分品级、分批号、分标志,便于清点交接,堆垛要垫好垫基(枕木或石块),露天货垛要堆人字顶,并封盖严密,垛底必须通风,以防潮湿霉烂,堆垛时包应平放,上下层交叉压缝。垛与垛之间应留出必要的通道。应根据天气的变化和库内外温湿度差异,应适时采取通风散湿或关闭仓库等措施。一般库内温度应保持在30℃以下,最高不得超过35℃,相对湿度不得超过70%,保管中的棉花含水率不得超过10%。

第二节 茶 叶

一、茶叶的分类

茶叶是用茶树的鲜叶、嫩芽和嫩枝加工而成。茶叶历史悠久,是世界三大饮料之一,也是我国的主要饮料,其保健、抗衰老及药用功效已日益受到国内外重视。茶叶品种繁多,目前茶叶分类尚未有统一的方法,按照不同的标准有不同的分类方法,我国所产的茶叶分红、绿、青(乌龙)、黄、黑、白六大类以及花茶、紧压茶。

1. 绿茶

绿茶是不经过发酵的茶,即将鲜叶经过摊晾后直接下到一二百度的热锅里炒制,以保持其绿色的特点,是我国产量最多的一类茶叶,其花色品种之多居世界首位。绿茶具有香高、味醇、形美、耐冲泡等特点。其制作工艺都经过杀青—揉捻—干燥的过程。由于加工时干燥的方法不同,绿茶又可分为炒青绿茶、烘青绿茶、蒸青绿茶和晒清绿茶。

绿茶是我国产量最大的一类茶叶。我国传统绿茶——眉茶和珠茶,一向以香高、味醇、形美、耐冲泡,而深受国内外消费者的欢迎。龙井、碧螺春、黄山毛峰等都属于绿茶。

2. 红茶

红茶与绿茶不同,是一种全发酵茶(发酵程度大于80%)。红茶的名字得自其汤色红。红茶与绿茶的区别,在于加工方法不同。红茶加工时不经杀青,而且萎凋,使鲜叶失去一部分水分,再揉捻,然后发酵,使所含的茶多酚氧化,变成红色的化合物。这种化合物一部分溶于水,一部分不溶于水,而积累在叶片中,从而形成红汤、红叶。红茶主要有小种红茶、工夫红茶和红碎茶三大类。

3. 乌龙茶

乌龙茶也就是青茶,是一类介于红绿茶之间的半发酵茶。即制作时适当发酵,使叶片稍有红变。它既有绿茶的鲜浓,又有红茶的甜醇。乌龙茶为我国特有的茶类,主要产于福建的闽北、闽南及广东、台湾三省,如铁观音、水仙、乌龙等都属于乌龙茶。

4. 黑茶

黑茶原来主要销往边区,像云南的普洱茶就是其中一种。普洱茶是在已经制好的绿茶上浇上水,再经过发酵制成的。普洱茶具有降脂、减肥和降血压的功效。

5. 黄茶

黄茶的制法有点像绿茶,不过中间需要闷黄3天;在制茶过程中,经过闷堆渥黄,因而形成黄叶、黄汤。著名的君山银针茶就属于黄茶。

6. 白茶

白茶则基本上就是靠日晒制成的。白茶和黄茶的外形、香气和滋味都是非常好的,是我国的特产。它加工时不炒不揉,只将细嫩、叶背满茸毛的茶叶晒干或用文火烘干,而使白色茸毛完整地保留下来。白茶主要产于福建的福鼎、政和、松溪和建阳等县,有“银针”、“白牡丹”、“贡眉”、“寿眉”几种。

7. 花茶

花茶,亦称熏花茶、香花茶、香片。花茶是以绿茶、红茶、乌龙茶茶坯及符合食用需求、能够吐香的鲜花为原料,采用窨制工艺制作而成的茶叶。一般根据其所用的香花品种花茶不同,划分为茉莉花茶、玉兰花茶、珠兰花茶等类,其中以茉莉花茶产量最大。

8. 紧压茶

紧压茶是以黑毛茶、老青茶、做庄茶及其他适制毛茶为原料,经过渥堆、蒸、压等典型工艺过程加工而成的饼形、砖形或其他形状的茶叶。紧压茶的多数品种比较粗老,干茶色泽黑褐,汤色澄黄或澄红。在少数民族地区非常流行。紧压茶有防潮性能好,便于运输和储藏,茶味醇厚,适合减肥等特点。普洱茶、千两茶、茯砖、黑砖、六堡茶等均为代表性紧压茶品。

茶叶主要分类简明表如表2-6所示。

茶叶主要分类简明表　　表2-6

绿茶	炒青绿茶	眉茶(炒青、特珍、珍眉、凤眉、秀眉、贡熙等),珠茶(珠茶、雨茶、秀眉等),细嫩炒青(龙井、大方、碧螺春、雨花茶、松针等)
	烘青绿茶	普通烘青(闽烘青、浙烘青、徽烘青、苏烘青等),细嫩烘青(黄山毛峰、太平猴魁、华顶云雾、高桥银峰等)
	晒青绿茶	滇青、川青等
	蒸青绿茶	煎茶、玉露等
红茶	小种红茶(正山小种、烟小种等),工夫红茶(滇红、祁红、川红、闽红等)红碎茶(叶茶、碎茶、片茶、末茶)	
青茶	闽北乌龙(武夷岩茶、水仙、大红袍、肉桂等),闽南乌龙(铁观音、奇兰、水仙、黄金桂等)广东乌龙(凤凰单枞、凤凰水仙、岭头单枞等),台湾乌龙(冻顶乌龙、包种、乌龙等)	
白茶	白芽茶(银针等),白叶茶(白牡丹、贡眉等)	
黄茶	黄芽茶(君山银针、蒙顶黄芽等),黄小茶(北毛尖、沩山毛尖、温州黄汤等),黄大茶(霍山黄大茶、广东大叶青等)	
黑茶	湖南黑茶(安化黑茶等),湖北老青茶(蒲圻老青茶等),四川边茶(南路边茶、西路边茶等)滇桂黑茶(普洱茶、六堡茶等)	
花茶	玫瑰花茶、珠兰花茶、茉莉花茶、桂花茶	
紧压茶	黑砖、方茶、茯砖、饼茶	

二、茶叶的主要成分

据已有的研究资料表明，茶叶的化学成分有500种之多，其中有机化合物达450种以上，无机化合物约有30种。茶叶的成分中有水分、蛋白质、氨基酸、生物碱、茶多酚、糖类、有机酸、类脂类、芳香物质、维生素、酶类、无机化合物，在这些成分中茶多酚、生物碱、芳香物质是形成茶叶质量的重要因素。

1. 茶多酚

茶多酚是茶叶中30多种多酚类物质的总称，茶多酚又称作茶鞣质、茶单宁。包括儿茶素、黄酮类、花青素和酚酸等四大类物质。茶多酚的含量11% ~24%。而在茶多酚总量中，儿茶素约占70%，它是决定茶叶色、香、味的重要成分。

2. 生物碱

茶叶中的生物碱包括咖啡碱、可可碱和条碱。其中以咖啡碱的含量最多，约占2% ~5%；其他含量甚微，所以茶叶中的生物碱含量常以测定咖啡碱的含量为代表。咖啡碱易溶于水，是形成茶叶滋味的重要物质。咖啡碱对人体有多种药理功效，如提神、利尿、促进血液循环、助消化等。

3. 芳香物质

茶叶中的芳香物质是指茶叶中挥发性物质的总称。在茶叶化学成分的总含量中，芳香物质含量并不多，一般鲜叶中含0.02%，绿茶中含0.005% ~0.02%，红茶中含0.01% ~0.03%。茶叶中芳香物质的含量虽不多，但其种类却很复杂。据分析，通常茶叶含有的香气成分化合物达300余种，鲜叶中香气成分化合物为50种左右；组成茶叶芳香物质的主要成分有醇、酚、醛、酮、酸、酯、内酯类、含氮化合物、含硫化合物，碳氢化合物、氧化物等十多类。

4. 色素

茶叶中的色素包括脂溶性色素和水溶性色素两部分。脂溶性色素不溶于水，有叶绿素、叶黄素、胡萝卜素等。水溶性色素有黄酮类物质、花青素及茶多酚氧化产物茶黄素、条红素和茶褐素等。脂溶性色素是形成干茶色泽和叶底色泽的主要成分。绿茶、红茶、黄茶、白茶、乌龙茶、黑茶六大茶类的色泽均与茶叶中色素的含量、组成、转化密切相关。

5. 蛋白质与氨基酸

茶叶中的蛋白质含量占干物质量的20% ~30%，能溶于水直接被利用的蛋白质含量仅占1% ~2%。这部分水溶性蛋白质是形成茶汤滋味的成分之一。氨基酸是组成蛋白质的基本物质，含量占干物质总量的1% ~4%。茶叶氨基酸，尤其是茶氨酸是形成茶叶香气和鲜爽度的重要成分，对形成绿茶香气关系极为密切。

三、茶叶的特性

1. 吸湿性

茶叶含水量在5% ~8%之间最适宜保管。茶叶是多孔性的组织结构，茶叶中又存在着很多亲水性的成分(如糖分、蛋白质、茶多酚等)，物理结构又疏松多孔，所以具有吸湿性。当外界温度超过30℃，湿度超过70%，包装不严，茶叶含水量在10%时质量下降，超过12%，因茶叶中含有蛋白质、维生素等多种营养成分，霉菌很容易大量滋生，就容易发霉变，失去饮用的价值。

2. 吸收异味性

茶叶的多孔性组织和存在胶体性的物质，其物理结构疏松多孔，使茶叶具有较强的吸收异味的特性，茶叶吸收异味后，就不易使异味消除，会降低茶叶的质量乃至不能饮用。因此，茶叶在保管和运输过程中不得与有散味货物存放在一起，以免串味。贮存茶叶应避免放在用樟木、杉木等具有较大异味的木材制作的箱、柜内，红、绿、花茶分类密封存贮。

3. 陈化性

茶叶的质量是以色、香、味、形决定的，一般均以新茶质量上乘。茶叶储存时间过长，香气就会慢慢地自然失去，引起茶叶质量不断下降，如色泽灰暗、香气消失、汤色暗浑、茶味淡薄等，这种变化称为茶叶的陈化。茶叶陈化的主要原因是茶多酚氧化和芳香物质的挥发，茶叶陈化快慢与保管时间长短、含水量大小、装密封程度和仓库温湿度高低有着密切关系。

4. 怕热性

茶叶适宜在低温情况下存放，茶叶在温度过高的环境中会散失水分和气味，使茶叶干燥易碎、香味减少，绿茶色泽泛黄，有损于茶叶的质量。含水量过多的茶叶在温度过高时；会加速细菌繁殖发霉变质。在温度0～5℃的条件下，能长时间保持其原有的色泽与香味不变。在10℃左右时，其色泽变化缓慢，且无质变气味；在15℃以上时，其色泽变化加快，开始出现老化现象，并伴有陈茶气味。

四、茶叶的运输包装

茶叶的运输包装材料应干燥、清洁、无异味，不影响茶叶品质。包装要牢固、防潮、整洁、能保护茶叶品质，便于装卸、仓储和集装化运输。同一批次，同一花色品种应采用相同的包装。红茶、绿茶、花茶常见的运输包装如表2-7所示，在贸易中有特定要求的箱和袋可由供需双方商定。

红茶、绿茶、花茶常见的运输包装 表2-7

<table>
<tr><th colspan="2">包装种类</th><th>外形尺寸(mm)</th><th>最大载重量</th><th>备　注</th></tr>
<tr><td rowspan="2">胶合板箱</td><td>搭攀箱</td><td>4160×460×4154
435×435×460</td><td rowspan="2">小于46kg</td><td rowspan="2">内衬箱内壁铝箔和的牛皮纸贴衬和包裹，箱体外用一层麻布包裹。箱内应装满茶叶，摇实，内衬封口良好，箱盖钉合牢固，接缝严密。捆扎采用铁皮打包带按“十”字形打包</td></tr>
<tr><td>包角铁皮箱</td><td>500×400×600
400×400×600</td></tr>
<tr><td rowspan="2">纸箱</td><td>瓦楞纸箱</td><td>460×435×435
460×460×400
600×400×400
600×500×400
575×385×385</td><td>小于40kg</td><td>箱内衬以一层铝箔或铝箔和牛皮纸黏合制成的铝箔——牛皮纸袋，或箱内衬聚乙烯塑料袋。箱内必须装满茶叶，摇实，内衬应封口良好。箱的捆扎采用塑料打包带按“廿”字形打包</td></tr>
<tr><td>牛皮纸板箱</td><td>460×460×400
400×400×600
500×400×600
460×460×460</td><td>小于45kg</td><td>内衬箱内壁铝箔和的牛皮纸贴衬和包裹或箱内衬聚乙烯塑料袋。箱内应装满茶叶，摇实，内衬应封口良好，箱盖钉合牢固，严密。捆扎采用塑料打包带按“十”字形打包</td></tr>
</table>

续上表

包 装 种 类		外形尺寸(mm)	最大载重量	备　　注
袋	麻袋	1070×740		适用于红茶、绿茶的片末茶包装,袋内衬以聚乙烯塑料袋。袋内装茶后摇实,内衬袋袋口扭结或用绳扎紧,麻袋袋口折裹成牛耳状或卷袋口,用麻线往处长双道缝合
	塑料编织袋	1070×740		适用于红茶、绿茶的片末茶包装袋内衬以聚乙烯塑料袋。袋内装茶后摇实,内衬袋袋口扭结或用绳扎紧,塑料编织袋折叠袋口,用麻线往复双道缝合

此外还使用篓装作为茶叶的运输包装材料。篓装主要用于紧压茶的运输包装。篓选用无异味、无虫蛀竹篾以人字形斜纹编织而成,内衬使用竹叶或棕片或笋衣(春末夏初时竹笋生长过程中所掉胞衣)。远距离运输毛茶(原料茶)也用篓装。每篓装茶叶的重量和篓形因各产地的习惯而异,一般不超过100kg。

五、茶叶的运输、装卸和保管注意事项

(1)茶叶运输时应稳固、防潮、防雨、防曝晒。应在舱内积载,货舱应清洁、干燥、无异味。舱内水管无渗漏,排水系统畅通,舱盖板应严密完好。在实践中船舱舱盖漏入海水是造成茶叶货损的原因之一。严禁与有毒、有害、有异味、易污染的物品混装、混运。装过有气味的货物或毒害品,必须经过彻底洗舱、除味、消毒后方能装载茶叶。

(2)舱壁四周护货板要齐全,并衬垫洁净的麻袋片,以防汗水浸湿。整舱铺垫干席,衬垫材料应清洁、干燥、无异味。

(3)茶叶不宜积载机炉舱、厨房等热源附近的舱内,以防温度过高引起茶叶质量下降。

(4)茶叶积载须远离有气味或潮湿的货物,以及一切有碍食用卫生的货物。如椰干、糖、姜黄、桂皮,各种油(尤其是香料油)、化肥、皮张等货物,不能与茶叶在同一货舱积载。散味道、散湿货还不能在与茶叶舱有通风筒相连的货舱积载。多种不同类别、不同等级的花茶不可混放,防止互相串味。茶叶串味是常见的货损事故,应起注意。

(5)茶叶属轻泡货,不可重压,尤其是袋装茶叶,受重压容易致碎,影响质量。茶叶宜与重货类配搭积载,以充分利用舱容及重量。装卸中应避免遭受剧烈撞击,不能抛、掷、扔,不能使用手钩作业,以免损坏包装。

(6)茶叶不宜露天堆存,仓库应干燥、清洁、阴凉,无异气味,仓库周围应无异气污染,最好专库保管。茶叶仓库温度应控制在0~25℃,相对湿度应控制在70%为宜,如果库内湿度大,又不能通风时,可以采用块石灰和氧化钙吸潮,降低库内湿度。库内茶叶的堆码应按票分别码垛,切忌混堆,堆码时要垫垛。垛底要干燥,以免垛底层的茶叶受潮变质,包装完好的茶箱可以堆垛较高,而篓装、袋装茶叶不宜堆码过高,如有破损,切不可将散落在地的茶叶归入原包装内,应另行灌包。

第三节 塑料及其制品

一、塑料的定义

塑料是以合成树脂为主要成分,加入或不加入其他添加剂,在一定温度和压力下,塑制成一定形状并在常温下保持形状不变的材料。"塑料"即可塑性材料的简称。

塑料由合成树脂和添加剂(如增塑剂、稳定剂、发泡剂、填充剂、润滑剂、着色剂等)两部分组成,其中合成树脂是塑料的主要成分,约占塑料的40%~100%。合成树脂决定着塑料的类型、化学性质和物理机械性能,并起胶粘剂的作用,能将塑料其他组分粘结成一个整体。

合成树脂是是以石油、煤、天然气、食盐、石灰石等原料,通过化学加工方法,合成的具有天然树脂特性的一种高分子聚合物。

合成高分子聚合物的命名,一种是在单体前加"聚"字。如聚乙烯、聚氯乙烯;另一种是在简化的单体名称后面加上"树脂"二字,如酚醛树脂、环氧树脂、脲醛树脂等。此外,聚合物还经常使用商品名称及简写代号。常见高分子聚合物之商品名称及简写代码如表2-8所示。

常见高分子聚合物的商品名称、简写代码 表2-8

聚合物	商品名称	简写代码	聚合物	商品名称	简写代码
聚乙烯	乙纶	PE	聚对苯二甲酸乙二酯	涤纶(的确良)	PET
聚氯乙烯	氯纶	PVC	聚甲基丙烯酸甲酯	有机玻璃	PMMA
聚丙烯	丙纶	PP	聚苯乙烯	聚苯乙烯树脂	PS
聚四氟乙烯	氟纶	PTFE	酚醛树脂	电木	PF
聚丙烯腈	腈纶	PAN	脲醛树脂	电玉	VF
聚酰胺	尼龙(或锦纶)	PA	聚丙烯腈—丁二烯—苯乙烯	ABS树脂	ABS
聚乙烯醇缩甲醛	维尼纶	PVAC	三聚氰胺甲醛	密胺树脂	MF

注:表中纤维名称是指相应的聚合物为原料纺制成的纤维。

二、塑料的分类

1. 按塑料的用途分类

1)通用塑料

通用塑料指用途广、产量大、价格低的一类塑料。通用塑料占世界塑料总产量的75%以上,多为民用,如聚乙烯塑料、聚氯乙烯塑料、聚苯乙烯塑料、聚丙烯塑料、酚醛塑料等。

2)工程塑料

工程塑料指适用于工程构件、机械零部件、化工设备等方面的塑料,如聚甲醛塑料、聚酰胺(尼龙)塑料、ABS塑料等。

3)耐高温塑料

它是指适合于特殊用途的塑料,如用作火箭壳体的塑料等。

2. 按塑料的受热特性分类

1)热塑性塑料

热塑性塑料是用线型高聚物制成的塑料,受热能软化熔融,塑成一定形状,冷却后固结成型。其主要优点是成型工艺简便,具有较高的物理机械性能,且废旧材料可回收再次利用;缺点是耐热性差。常见的热塑性塑料品种有聚乙烯塑料、聚氯乙烯塑料、聚丙烯塑料、聚苯乙烯塑料、有机玻璃、ABS 塑料等。

2)热固性塑料

热固性塑料是用成型后受热不再软化变形,仍能保持其形状不变的塑料。其主要优点是耐热性高,受压不易变形,但柔韧性差,废材料不能回收利用。常见的热固性塑料有酚醛塑料、脲醛塑料、密胺塑料等。

三、塑料的主要性能

由于塑料是一种人工合成的可塑性材料,又可以通过物理、化学方法获得多种多样的性能,具有其他材料不可比拟的特性。

塑料不像金属那样重,不像木材那样容易腐烂,不像玻璃那样脆弱。在耐热耐寒、耐老化性能等方面也比橡胶好,而且上述材料的优点,塑料均兼而有之。

1. 比重小

塑料的比重一般在 0.9 ~ 2.3 之间,大大小于金属与玻璃。泡沫塑料的比重只有 0.33,仅为水的 1/3。塑料这一特性,与其制品的性能用途有着密切关系,适于制作轻巧美观、携带方便的制品。

2. 电绝缘性好

大多数塑料都具有良好的电绝缘性能,它的介电常数小,介电耗损低,可与玻璃、陶瓷、橡胶相媲美,广泛用于电机材料,各种电器开关和家用电器的零件。

3. 耐腐蚀性好

塑料对酸、碱、盐有一定的抵抗能力,且不生锈,适合制作各种塑料制品。如聚四氟乙烯,它的化学稳定性胜过黄金,放在“王水”中煮十几个小时也不会变质,故俗称其为塑料王。酚醛树脂耐酸、石棉酚醛塑料可作盛装盐酸和磷酸的设备,对 160 ℃的氢氟酸还很稳定。用硬聚氯乙烯塑料制造化工设备,可耐 90% 浓硫酸、浓盐酸和 60 ~ 80℃的碱液。

4. 透光性良好

很多塑料有一定的透光性,被称为“有机玻璃”的聚甲基丙烯酸甲酯,其透光性可与普通无机玻璃相比,广泛用作飞机、车船的门窗玻璃。在透过紫外线方面,塑料薄膜比普通玻璃透过的比例高,农用塑料薄膜的普遍应用,就是利用塑料的这一特性。

5. 热的不良导体具有消声、减振作用

一般来讲,塑料的导热性是比较低的,相当于钢的 1/75 ~ 1/225,泡沫塑料的微孔中含有气体,其隔热、隔声、防振性更好。

6. 具有多种不同的机械强度

塑料的机械性能可以通过不同途径来调整,有的塑料坚硬如石,有的塑料柔软如棉。特别是玻璃纤维增强塑料的拉伸强度比钢还高。此外,塑料还有较好的不透水、不透气和易加工性能,适用于防水、隔潮、气密性要求高的制品。如各种雨具、容器及各类商品的包装。

塑料也有不足之处,例如:耐热性比金属等材料差,一般塑料仅能在100℃以下使用;塑料的热膨胀系数要比金属大,容易受温度变化而影响尺寸的稳定性;在载荷下,塑料会缓慢地产生黏性流动或变形;此外,塑料在大气、阳光、长期的压力或某些介质作用下会发生老化等。

四、常见塑料性能及用途

1. 热塑性塑料的主要品种

1)聚乙烯塑料(PE)

聚乙烯是由乙烯单体聚合反应而制得的。聚乙烯塑料是成本低廉、产量最大,是目前用途最广泛得塑料。分为低密度聚乙烯塑料和高密度聚乙烯塑料两种。低密度聚乙烯塑料的密度仅0.91~0.93,是做薄膜的良好材料,常用作食品包装、农用薄膜以及制造软性日用品(如奶瓶、皂盒、杯子、玩具、塑料花等);高密度聚乙烯塑料密度为0.94~0.97,强度和硬度较好,而抗冲击强度、弹性、透明度均较差(与低密度聚乙烯塑料相反),多用作绳索、打包带、增强薄膜等。将高密度和低密度聚乙烯按一定比例混合,可制得具有一定硬度、不易变形、耐冲击的日用品(如保温瓶壳、面盆、提桶、玩具等),还可制作用于包装的泡沫缓冲材料,用于家具的合成木材以及用于地图、商标、邮票、包装的合成纸。

聚乙烯塑料无毒、无嗅、无味,容易燃烧,有一定透气性,耐化学腐蚀,较耐寒,在-70℃温度下性能变化甚少。但聚乙烯塑料耐热性差,而且油墨、圆珠笔油等油溶性染料和汽油、煤油等能对其进行渗透而发生溶胀,因此,聚乙烯塑料不宜作香味浓郁或含油货物的包装,不宜盛装热食品,而且要避免日晒、火烤。

2)聚氯乙烯塑料(PVC)

聚氯乙烯是由氯乙烯单体经聚合反应而制得的,在我国其产量占首位。聚氯乙烯塑料分为硬质聚氯乙烯塑料和软质聚氯乙烯塑料两种。硬质聚氯乙烯塑料不含或含有少量(约5%)的增塑剂,其质地坚硬,机械强度、不透水性均好,用于制作各种颜色、透明或半透明、带珠光的制品,如皂盒、梳子、洗衣板、文具盒、包装容器等,由于它轻便、易洗、耐腐蚀,还常用于制作各种小农具。软质聚氯乙烯塑料含有30%~50%的增塑剂,质地柔韧,具有良好的弹性、透光性、不透水性,常用于制作各种日用塑料制品,如雨衣、雨靴、台布、窗纱、票夹、手提袋、发泡或不发泡塑料鞋以及人造革和地板革材料等。

聚氯乙烯塑料结构较致密,密度可达1.3。强度高,坚固耐磨。有较好的气密性、不透水性和耐化学腐蚀性(耐酸碱)。有较高的透光性,透光率达90%,而且表面有光泽。难燃烧并有自熄性。

聚氯乙烯塑料不耐寒,低温下变硬、发脆。也不耐热,受热易老化,使用温度宜在5~45℃。其增塑剂和稳定剂常含有一定毒性,不宜直接用作食品包装材料;易吸尘而且难以清洗,影响外观和使用;与樟脑易发生溶胀现象而致塑料发黏、变质。

3)聚丙烯塑料(PP)

聚丙烯是由丙烯单体经聚合反应而制得的。聚丙烯塑料无味、无毒,密度0.90~0.91,是最轻的日用塑料。具有特别好的耐弯曲性能,其耐热性好,在沸水中不软化、不变形,可耐120℃高温,在80下寿命可达40年。耐化学腐蚀性好,耐油性能良好,硬度、强度、弹性和抗冲击强度均较好。有一定的透光性和透气性，容易燃烧。

聚丙烯塑料不耐低温，在低温下弹性逐渐消失，抗冲击强度较差，-13℃以下变硬、发脆。长期光照后易老化，染色性差。

聚丙烯塑料应用广泛，可制作饭碗、汤勺、口杯、脸盆、保温瓶壳、提桶、澡盆、点心盒、调味品容器、文具盒、仪器盒、书架、梳子、玩具、洗衣板、洗衣机槽桶、电扇电动机罩、卷发器、电视机壳等生活日用品，也可制作医用注射器、泡沫片材、包装薄膜和容器以及塑料藤椅、手提篮等。它特别适宜制作包扎绳索，装重物的编织袋、渔网等。但不宜用作香味浓郁货物的包装材料。

4)聚苯乙烯塑料(PS)

聚苯乙烯是由苯乙烯经聚合反应而制成的。聚苯乙烯塑料无毒、无嗅、无味，质轻；强度较高，表面坚硬，敲打时会发出金属般清脆声音；光泽好，且透光性好，透光率达88%~92%。着色性好，且着色稳定性好；耐酸、碱、盐腐蚀，容易燃烧，有一定透气性。

聚苯乙烯塑料脆性大，易碎裂；较不耐热，高于90℃会发生变形，易光热氧化；不耐磨、表面易被擦毛而失去光泽，不耐油。

聚苯乙烯塑料用于制作仪表外壳、电讯零件、茶盘、糖缸、食品盒、梳子、皂盒、纽扣、衣架以及包装盒、学生用尺等。

5)ABS塑料

ABS塑料是由丙烯腈(A)、丁二烯(B)、苯乙烯(S)共聚而成，属聚苯乙烯改性塑料。

ABS塑料机械强度高，表面硬度好，不易碎裂，坚韧抗压，耐磨性好，兼有韧、硬、刚特性和易与金属结合、可在其表面进行喷涂或电镀的特性。ABS塑料无毒，光亮度高、耐化学腐蚀，染色性、加工性能良好。

但ABS塑料不耐热，温度高于90℃时变形，易燃烧。长期光照后易老化，不透明。

ABS塑料是重要的工程塑料之一，广泛用于制作汽车、仪表和机械的零部件。还大量用于制作生活日用品，如各种家用电器的外壳、餐具、牙刷、梳子、纽扣、茶盘、脸盆、保温瓶壳、箱子、家具、玩具等。尤其是ABS塑料的电镀制品看上去更像金属，表面硬度、耐热性均得到提高，还不易老化，且消除了静电吸尘的缺点。

6)有机玻璃(PMMA)

有机玻璃是聚甲基丙烯酸甲酯塑料的俗称。有机玻璃无毒，质轻，密度1.18，强度高，脆性小，不易破碎，抗冲击强度比普通玻璃大10倍；透光度高，能透过93%普通光线和76%紫外线，比无机玻璃(透光率分别为80%~91%和60%)优越；表面光滑，有光泽，可制成珠光有机玻璃(又称珠光塑料)，其着色性好，外观美丽；耐酸、碱、油脂等化学腐蚀，耐-50~-60℃低温；易加工成型，宜制造形状复杂的制品。

但有机玻璃耐热性差，超过100℃即软化变形、损坏，宜在80℃以下使用，且硬度低，耐磨性差，容易擦伤起毛；受潮后，透明度降低，遇火容易燃烧。

有机玻璃是高级装潢装饰材料，可用于制作车船、飞机的舷窗或挡风玻璃，也可用于制作仪表外壳、光学仪器(如照相机镜头)、眼球和假肢。在生活日用品中，常用其制作纽扣、发卡、眼镜架、手表玻璃罩、伞柄、牙刷柄、门把手、台灯、三角板、量角器、图章等。

7)尼龙塑料(PA)

尼龙塑料是聚酰胺塑料的俗称，可以是一种在工程塑料中的产量居上的材料。它无毒、无味,有极高的耐磨性和强度,硬度也较好,坚韧牢固。能自行润滑,易染色,易成型,耐油、耐盐、耐弱酸和弱碱,耐 -40℃低温。

尼龙塑料不耐强酸,易溶于苯酚,耐热性差,耐光性差,升温吸湿后的强度、耐热性和绝缘性均下降。

尼龙塑料可用于制作耐磨耐用的日用品,如梳子、牙刷、搭扣、拉链、衣架、雨衣、表带、网带、球拍、绳索、窗帘导轨滑轮,也可用于制作收音机和电度表外壳以及自动门滑轮、自动扶梯栏杆、安全帽等。透明尼龙塑料用于制作窗玻璃以及手表外壳等。

8)赛璐珞(CN)

赛璐珞是硝酸纤维素塑料的俗称。属于纤维素塑料。纤维素塑料不用于其他通过单体聚合而制成的塑料,它是将天然高分子化合物纤维素,通过化学处理,得到各种纤维素的衍生物,加入增塑剂、稳定剂、填充剂,经过成型加工而制成的塑料。赛璐珞无毒,有樟脑气味,质轻,弹性好,强度较高,韧性好。表面平滑,富有光泽,着色性好,可制成各色透明或不透明、夹色及带珍珠花纹的制品,易于加工成型。

赛璐珞的化学稳定性差,耐热性差,容易老化,极易燃烧。在贮存中易分解、放热,当局部温度升到130~140℃时,开始冒棕色烟,到170℃时,可自燃,受潮后表面易发黏变质。

赛璐珞用于制造乒乓球、玩具、发卡、梳子、皂盒、伞柄、刀柄、眼镜架、纽扣等制品。

2. 热固性塑料的主要品种

1)酚醛塑料(PF)

酚醛塑料俗称电木。酚醛塑料具有较高的硬度,不易变形,表面光滑且有光泽,耐磨性好。有较好的耐热、耐寒性,不易导热,受热不熔融,不易燃烧。不易发生化学变化,耐化学腐蚀,不易老化,不溶于任何溶剂。低频电绝缘性能好。酚醛塑料韧性低,脆性和吸湿性较大,吸湿后易生霉。不透明,色泽单调,只能生产黑色、棕色制品。有一定毒性,不宜存放食品。酚醛塑料适宜制作耐热、绝缘制件。如生活日用品瓶盖、纽扣以及铝壶和烧锅的把手柄,也可制作日用电器灯头、电门、插座以及电信、仪表、交通电器的绝缘结构件。

2)密胺塑料(MF)

密胺塑料是三聚氰胺甲醛塑料的俗称。密胺塑料无毒、无嗅、无味,易于清除污渍,外观和手感极似瓷器,具有较高的强度、表面硬度和抗冲击强度,耐磨性亦较强。其制品不易变形、不易划伤、破损,从1m高处落地不破裂,抗冲击强度是瓷器的3倍;耐热性、耐水性均好,在110℃水中不开裂、不褪色,可在沸水中消毒,烟头的余火也不会将其烫焦;可任意着色,色彩鲜艳,透光性强,光泽好;加工性能良好,还耐酸、耐碱,不易燃烧,但不耐暴晒(影响色泽等)。

密胺塑料可制成似玻璃的全透明塑料或珠光密胺塑料,制作装饰贴面板、电器开关、灯罩以及各种杯、碗、碟、筷、汤勺等餐具,盛放酒、油、酱油、醋等的容器,以及烟灰缸等日用制品。密胺制品的价格较高。

3)脲醛塑料(VF)

脲醛塑料俗称电玉,它是由尿素与甲醛在酸性催化剂的作用下,经缩聚而制成的。脲醛塑料耐磨性好,制品表面硬度高,光滑不起毛,光泽度好,越用越亮,半透明,形似玉石,晶莹剔透,遇热不易变形;着色力好,色泽艳丽;耐光、耐油、耐弱碱和有机溶剂,不易燃烧;低频绝缘性好。

脲醛塑料较易吸水,其制品吸湿后易龟裂破损,脆性大;不耐酸,较不耐热,在水中煮时会

析出有毒性的甲醛。

脲醛塑料用于制作纽扣、发卡、盒、盘、瓶盖、手把柄、烟灰缸、琴键和钟表外壳,也可制作地板、家具贴面板、电器开关、插头、灯座、收音机外壳等。由脲醛塑料制成的泡沫塑料,是保温、隔声的好材料,也是戏剧和影视中雪的代用品。

3. 环保塑料

被丢弃的废旧塑料制品(固形物)要降解成为对环境无害化的碎片或变成二氧化碳和水,回归自然循环,需经历几百年的时间。因此,对环境造成了世界性固形废弃物的"白色污染"问题。国外从20世纪70年代开始研究开发降解塑料,现已有光降解塑料、生物降解塑料、氧化降解塑料、水解降解塑料,它们之间又可以相互结合成光生物降解塑料、生物氧化降解塑料等。

五、塑料制品的鉴别方法

塑料的种类可用直观法、燃烧法、比重法和溶剂法来鉴别。其中燃烧法方法简便易行,是日常生活中常见的方法。燃烧鉴别法是利用小块塑料燃烧时的特征,区别和判断塑料种类的方法,各种塑料的燃烧特征如表2-9所示。

塑料的燃烧特征 表2-9

种类	燃烧难易	离火后情况	气味	火焰及烟的性状	燃烧中的性状
聚乙烯(PE)	易燃	继续燃烧	与石蜡燃烧气味相同	尖部黄色底部蓝色烟少	燃烧时熔融滴落
聚丙烯(PP)	易燃	继续燃烧	石油气味	尖部黄色底部蓝色烟少	熔融滴落
聚氯乙烯(PVC)	难燃	离火后即灭	发出刺激性酸味	黄色火焰下端绿色白烟	软化
聚苯乙烯(PS)	易燃	继续燃烧	发出特殊的苯乙烯单体味	火焰呈黄色有浓黑烟炭味	软化起泡
有机玻璃(PMMA)	难着火且能缓慢燃烧	继续燃烧	发出强烈花果臭和腐烂的蔬菜臭味	火焰呈浅蓝色顶端白色	燃烧时融化起泡有声响
赛璐珞(CV)	极易燃烧	迅速完全燃烧离火继续	有樟脑气味	火焰呈黄色少烟	少残渣
电木(PF)	难燃	熄灭	有苯酚气味	黄色	与火焰接触部分开裂
电玉(VF)	难燃	熄灭	有臭味	尖部浅绿色	与火焰接触部分发白开裂
密胺(MF)	难燃	熄灭	有甲醛刺激味	黄色	膨胀有裂纹或烧焦

六、塑料制品的种类

塑料制品是以塑料为材料,采用各种制造方法制成的产品。塑料的制造方法有许多,其中常见的有注塑法、吹塑法、挤塑法、压塑法。在实际生产中,还有以塑料为材料进行电镀、真空镀膜、上光烫金、粘接以及车、刨、切割、抛光、焊接等机械加工方法。塑料制品主要品种有下面各类:

1. 鞋类

塑料鞋是塑料制品中的主要品种之一。塑料鞋的原料,除少数用聚塑料乙烯外,大部分采用聚氯乙烯塑料。市场销售的品种有全塑料凉鞋、发泡凉鞋、硬聚氯乙烯拖鞋、发泡聚氯乙烯拖鞋、聚乙烯发泡拖鞋、合成革凉鞋等。

2. 日用器皿类

塑料代替搪瓷、白铁皮、玻璃等材料生产日用器皿。目前的品种有塑料面盆、塑料水桶、塑料痰盂、塑料茶盘、塑料皂盒、塑料梳子、衣架及各类杂件制品。这些品种主要是用聚乙烯、聚丙烯、聚苯乙烯和聚氯乙烯塑料生产的。

3. 薄膜及其复制品类

塑料薄膜具有轻盈透明、防潮抗氧化、气密性好、有韧性耐折、表面光滑、能保护商品,而且能再现商品的造型、色彩等优点。随着石化工业的发展,塑料薄膜的品种越来越多,以聚氯乙烯、聚乙烯塑料为多。主要品种有机制印花薄膜、薄膜雨衣、塑料票夹、塑料钱包、薄膜台布、各种塑料玩具等。这类产品易老化,使用寿命短。

4. 人造革、合成革制品类

以人造革、合成革代替皮革生产箱、包、袋类制品。人造革的质量也逐步提高,合成革品种多样,性能更优异。还可用于生产手套、夹克衫等。其产品系用缝纫机加工,所以品种式样变化快。

5. 中空容器类

以塑料代替玻璃、陶瓷生产各种液体的包装容器。此类产品一般是由低密度聚乙烯和高密度聚乙烯为原料生产的。制品具有耐冲击、耐酸碱等特点,所以成为包装容器及家用盛酱油桶瓶等理想的用品。

6. 线、带、绳类

以塑料代替棉、麻等原料生产包扎材料。主要有聚丙烯撕裂薄膜包扎带、聚丙烯打包带和塑料绳等三大品种。

7. 薄膜包装类

用聚乙烯为原料生产吹塑薄膜,主要用于生产方便袋、小食品袋及其他各种包装袋、成卷的包装薄膜等。

8. 其他小制品及各种产品配件类

除以上七类外,还有以塑料为原料的小制品及各种配件的产品,如铝锅的手柄、镜子的外框、各种纽扣等。

七、塑料制品运输、使用和保管注意事项

塑料一般都具有易燃烧、易老化、易变形的特点。由于各种塑料制品的形状结构、性能特

点不尽相同，在运输、使用和保管过程中应具体对待，概括起来，应注意以下事项。

1. 舱内清洁、干燥

塑料制品应在舱内积载，货舱应清洁、干燥。舱内水管无渗漏，排水系统畅通，舱盖板应严密完好。

2. 处理好与其他货物的关系

塑料不得与酸、碱、盐、溶剂和易燃物混存。在运输、保管中防止接触有机溶剂及化学药品。聚氯乙烯、聚苯乙烯、聚酰胺、有机玻璃制品也不能接触萘等防虫药剂，以免变色和粘连。聚氯乙烯制品、人造革和合成革制品要防止串色串味。聚丙烯制品勿与铜等金属放在一起，以免加速老化。不得与沙土等污染物混合装运。

3. 防止重压或碰撞

硬质塑料制品多性脆怕撞，不得重撞或抛卸；软质塑料制品多怕压变形。薄膜制品长期受压易粘结；薄壁或空心制品既怕重压又怕碰撞。

4. 防止受热和曝晒

除聚丙烯塑料外，一般热塑性塑料的耐热性都较差，一般塑料制品只能在100℃以下使用，受热易软化变形，有的甚至熔化或燃烧；日晒易使增塑剂挥发，使分子结构发生变化；如发生脆裂、老化、变色。所以塑料制品必须远离热源，不宜积载机炉舱、厨房等热源附近的舱内。

5. 防止低温脆裂

低温虽不会使塑料制品解体，但影响其寿命和使用。很多热塑性塑料制品，在低温下会降低柔曲性而发硬变脆，甚至折叠不能复原，受力易撕裂。如塑料雨衣，冬季易发硬脆裂。

6. 防止化学侵蚀

塑料制品的成分比较复杂，虽有一定的化学稳定性，但不一定对各种溶剂和化学药品都很稳定。必须根据制品的化学性质，防止强酸强碱的侵蚀。尤其对挥发性有机溶剂，应尽量隔离。

7. 防止霉变

不添加辅助材料的塑料是不会霉变的。但电木、电玉、聚氯乙烯等塑料制品，由于加入增塑剂、稳定剂、纸浆、木粉等助剂和填料，往往会引起霉菌的生长，产生塑料霉变。

8. 慎用塑料包装

滥用塑料包装袋和容器盛装食品，易污染受害，故不得以非食用聚氯乙烯包装物来包装食物。

9. 库房应干燥、通风、阴凉、清洁

塑料制品应储存在干燥、通风、阴凉、清洁的库房内。不宜露天存放，避免受热和曝晒。适宜储存温度15～20℃，适宜相对湿度80%以下，避免日光直接照射，距离热源不得少于1m。塑料制品应存放在货架上；若需就地堆放，堆码可根据库房地面干燥程度，下垫15～30cm，以利通风散潮；货垛一般以2～3m高为宜，避免重压。装卸要轻拿轻放，避免剧振、碰撞。

10. 做好防火安全工作

赛璐珞制品要放在危险品库或专用仓库。库房要远离火源和具备消防设备，库温不宜超过30℃。入库时不能穿带钉子的鞋,并避免用铁制工具操作,以免产生火花造成火灾。

11. 定期抽查库存状况

热塑性塑料制品每月应抽查一次,热固性塑料每季一次。首先注意货垛有无歪斜,包装是否完整。在炎热天气要多注意货垛上层的货物,雨季多查垛底的货物,若发现制品出汗、发黏、起皱、掉色、变形、发硬等情况,不宜再继续贮存。在雨后的炎热天气里要突击检查,防止发生自燃。

12. 防止货物保管过期

塑料制品不宜久贮,以免变质,要注意先进先出。含增塑剂的制品保管期限不超过一年,其他制品不超过两年。

第四节 橡 胶

橡胶是一种具有高弹性能和多种特性的有机高分子化合物。橡胶是生产和生活上必需的重要物资,也是国防、交通运输、机械、电机等工业不可缺少的材料。因为它具有高度的弹性、电绝缘性、不易传热、不渗水及不透气等优良性能,所以它的应用很广泛,在国民经济中占有重要的地位。

一、橡胶的种类

橡胶按其来源可分为天然橡胶和合成橡胶两大类。

1. 天然橡胶的种类

天然橡胶(NR)是将三叶橡胶树采集到的乳白色鲜胶乳液体,经过去杂质、凝聚、干燥等加工程序,而制得具有弹性的固体橡胶。由于它是由橡胶树天然生成的,所以称天然橡胶。天然橡胶的可分为标准胶(Standard Rubber)、烟胶片(Ribbed Smoked Sheet)、浓缩胶、绉胶片、胶清橡胶和风干胶片等,其中最常用的是标准胶和烟胶片。橡胶树只能生长在热带、亚热带的一些气候条件适宜的地方,受自然条件影响很大,成长周期长,年产胶量增长速度受到极大限制。全球生产天然橡胶的国家主要集中在马来西亚、泰国、印度尼西亚、印度和菲律宾等东南亚国家,产量累计占世界总产量的85%左右。我国进口的天然橡胶多为烟片胶。我国国产的天然橡胶基本上为标准胶。

此外,天然橡胶还有另一种类即野生橡胶,野生橡胶是利用巴拉塔胶、古塔波胶(杜仲胶)银胶菊胶糖胶树胶等天然树胶制成的橡胶,是三叶橡胶树橡胶的替代产品。

1)标准胶

标准胶又称为颗粒胶,标准胶的生产过程有有机械法和化学法。机械法:以鲜胶乳为原料经过滤稀释,沉降然后加酸、凝固、压薄、压皱、造粒、干燥而制成高质量的产品。化学法是以杂胶为原料,经浸泡、洗涤、压炼、压皱、造粒、干燥而制成的产品,最后压块分级包装成标胶成品,适于大规模生产。

2)烟胶片

烟胶片是指天然胶乳加酸凝固,压片、熏烟干燥而制得的胶片,是天然胶中最具代表性的品种,曾是用量最大,应用最广的一个品种。

3)浓缩胶乳

由橡胶树割胶流出天然胶乳呈乳白色,新鲜的天然胶乳含30%～40%的橡胶,其余为水、蛋白质、天然树脂、糖类、灰分。为防止天然胶乳因微生物、酶的作用而凝固,常加入氨和其他稳定剂。为便于运输及加工,天然胶乳采用离心或蒸发等方法,浓缩至固含量60%以上,称为浓缩胶乳。天然胶乳主要用于海绵制品、压出制品和浸渍制品等。

4)绉片

分为白绉片及褐绉片两类。白绉片系将漂白脱色剂加入胶乳中,然后加酸凝固、压片并在热空气中干燥而得,最宜于制备浅色制品。褐绉片系将割胶的自然凝胶加以混合、压片、干燥而成,其品质较差,只宜用于对质量要求不高的制品。

5)胶清橡胶

胶清橡胶是胶乳生产过滤留下的残渣经处理后得到胶清橡胶。胶清橡胶颜色青绿,拉伸强度较差,不过干燥、杂质少、耐老化、耐摩擦,适用于各种内外轮胎、输送带、胶板、胶管、密封件、胶鞋等各种工业橡胶制品和生活橡胶制品的生产。

6)风干胶片

胶乳中加入化学催干剂,然后加酸凝固、压片、风干。其颜色比烟片浅,适宜制备浅色制品。

2. 合成橡胶的种类

合成橡胶(SR)是以石油、天然气、煤炭或农副产品为初始原料,通过多种化学方法先制取合成橡胶的单体,再经过聚合或缩合反应以及凝聚、洗涤、脱水、干燥、成型等工序,制得具有弹性的高分子化合物。其性能类似或超过天然橡胶的新型有机高分子弹性体。

合成橡胶的出现,弥补了天然橡胶数量上的不足,而且有的合成橡胶在某些性能方面超过了天然橡胶,具有一些特殊用途。

合成橡胶种类有很多,按合成橡胶的主要用途可分为通用合成橡胶、特种合成橡胶、其他橡胶三大类。合成橡胶主要产品如表2-10所示。

合成橡胶主要产品 表2-10

合成橡胶种类	主要产品	备注
通用合成橡胶	丁苯橡胶(SBR)、顺丁橡胶(丁二烯橡胶)(BR)、丁基橡胶(IIR)、氯丁橡胶(氯丁二烯橡胶)(CR)、丁腈橡胶(NBR)、异戊橡胶(异戊二烯橡胶)(IR)、乙丙橡胶(EPR)	综合性能全、产量大、用途广
特种合成橡胶	硅橡胶、氟橡胶、聚氨酯橡胶、丙烯酸酯橡胶、聚硫橡胶等	特异的优良性能、应用于专用领域
其他橡胶	热塑性弹性体(如丁苯热塑橡胶SBS)	兼有橡胶和塑料性质
	合成胶乳(如丁苯胶乳SBRL、丁腈胶乳NBRL)	通用和特种橡胶都有其对应的胶乳
	液体橡胶	组成与固体橡胶相似,但分子量低得多
	粉末橡胶	是固态橡胶

二、几种合成橡胶的性能和用途

1. 丁苯橡胶(SBR)

丁苯橡胶是丁二烯和苯乙烯两种单体经共聚合反应而生成的弹性体共聚物,性能接近天然橡胶,是目前产量最大的通用合成橡胶。其特点是耐磨性、耐老化和耐热性超过天然橡胶,质地也较天然橡胶均匀。缺点是:弹性较低,抗屈挠、抗撕裂性能较差;加工性能差,特别是自黏性差、生胶强度低。使用温度范围:约 -50 ~ +100℃,主要用于代替天然橡胶制作轮胎、胶板、胶管、胶鞋及其他通用制品。

2. 顺丁橡胶(BR)

顺丁橡胶(BR)是由丁二烯聚合而成的顺式结构橡胶。顺丁橡胶其主要优点是耐磨性与耐温性能好、弹性高,在动态负荷下发热量小,耐屈挠龟裂性能好,适用与制造汽车轮胎及耐寒橡胶制品。其主要缺点是强度较低,撕裂强度和拉伸强度较低,加工性能与自黏性差。使用温度范围:约 -60 ~ +100℃。一般多和天然橡胶或丁苯橡胶并用,主要制作轮胎胎面、运输带胶管、胶板、胶鞋和特殊耐寒制品。

3. 异戊橡胶(IR)

异戊橡胶是由异戊二烯单体聚合而成的一种顺式结构橡胶。化学组成、立体结构与天然橡胶相似,性能也非常接近天然橡胶,故有合成天然橡胶之称。它具有天然橡胶的大部分优点,耐老化优于天然橡胶,弹性和强力比天然橡胶稍低,加工性能差,成本较高。使用温度范围:约 -50 ~ +100℃ 可代替天然橡胶制作轮胎、胶鞋、胶管、胶带以及其他通用制品。

4. 氯丁橡胶(CR)

氯丁橡胶是由氯丁二烯做单体乳液聚合而成的聚合体。这种橡胶分子中含有氯原子,所以与其他通用橡胶相比:它具有优良的抗氧、抗臭氧性,不易燃,着火后能自熄,耐油、耐溶剂、耐酸碱以及耐老化、气密性好等优点;其物理机械性能也比天然橡胶好,故可用作通用橡胶,也可用作特种橡胶。主要缺点是耐寒性较差,比重较大、相对成本高,电绝缘性不好,加工时易粘滚、易焦烧及易粘模。此外,生胶稳定性差,不易保存。使用温度范围:约 -45 ~ +100℃。主要用于制造要求抗臭氧、耐老化性高的电缆护套及各种防护套、保护罩;耐油、耐化学腐蚀的胶管、胶带和化工衬里;耐燃的地下采矿用橡胶制品,以及各种模压制品、密封圈、垫、粘结剂等。

5. 丁基橡胶(IIR)

丁基橡胶(IIR)是异丁烯和少量异戊二烯或丁二烯的共聚体。最大特点是气密性好,耐臭氧、耐老化性能好,耐热性较高,长期工作温度可在 130℃ 以下;能耐无机强酸(如硫酸、硝酸等)和一般有机溶剂,吸振和阻尼特性良好,电绝缘性也非常好。缺点是弹性差,加工性能差,硫化速度慢,粘着性和耐油性差。使用温度范围:约 -40 ~ +120℃。主要用作内胎、水胎、气球、电线电缆绝缘层、化工设备衬里及防振制品、耐热运输带、耐热老化的胶布制品。

6. 丁腈橡胶(NBR)

丁腈橡胶(NBR)丁二烯和丙烯腈的共聚体。特点是耐汽油和脂肪烃油类的性能特别好,仅次于聚硫橡胶、丙烯酸酯和氟橡胶,而优于其他通用橡胶。耐热性好,气密性、耐磨及耐水性等均较好,黏结力强。缺点是耐寒及耐臭氧性较差,强力及弹性较低,耐酸性差,电绝缘性不好,耐极性溶剂性能也较差。使用温度范围:约 -30 ~ +100℃。主要用于制造各种耐油制品,如胶管、密封制品等。

7. 乙丙橡胶(EPR)

乙丙橡胶是乙烯和丙烯的共聚体,一般分为二元乙丙橡胶(EPM)和三元乙丙橡胶(EPDM)。特点是抗臭氧、耐紫外线、耐气候性和耐老化性优异,居通用橡胶之首。电绝缘性、耐化学性、冲击弹性很好,耐酸碱,比重小,可进行高填充配合。耐热可达150℃,耐极性溶剂(酮、酯)等,但不耐脂肪烃和芳香烃,其他物理机械性能略次于天然橡胶而优于丁苯橡胶。缺点是自黏性和互黏性很差,不易黏合。使用温度范围:约 -50 ~ +150℃。主要用作化工设备衬里、电线电缆包皮、蒸汽胶管、耐热运输带、汽车用橡胶制品及其他工业制品。

8. 硅橡胶(Q)

硅橡胶为主链含有硅、氧原子的特种橡胶,其中起主要作用的是硅元素。硅橡胶的特性是既能耐高温又能耐低温,其最低使用温度为 -100℃,最高使用温度达 300℃。同时电绝缘性优良,对热氧化和臭氧的稳定性很高,化学惰性大。缺点是机械强度较低,耐油、耐溶剂和耐酸碱性差,较难硫化,价格较贵。使用温度:-60 ~ +200℃。硅橡胶制作的密封垫圈、薄膜、胶管及缓冲防振层等最适用于宇航工业中的部件。在电气工业上也常用硅橡胶制作高绝缘性、耐高温和不粘水的电缆和电线的外层绝缘材料。由于其无毒无味,还用于食品工业的运输带、罐头垫圈以及医药卫生方面常见的某些橡胶部件。

9. 氟橡胶(FPM)

氟橡胶是由含氟单体共聚而成的有机弹性体。氟橡胶的特性是耐热、耐油和耐化学品侵蚀性优异。耐温高可达 300℃,其耐酸碱、耐油性是耐油橡胶中最好的;抗辐射、耐高真空性能好;电绝缘性、机械性能、耐化学腐蚀性、耐臭氧、耐大气老化性均优良。缺点是加工性差,价格昂贵耐寒性差,弹性透气性较低。使用温度范围:-20 ~ +200℃。主要用于国防工业制造飞机、火箭上的耐真空、耐高温、耐化学腐蚀的密封材料、胶管或其他零件及汽车工业。

10. 聚氨酯橡胶(AU/EU)

聚氨酯橡胶是聚氨基甲酸酯橡胶的简称,是聚合物主链上含有较多的氨基甲酸酯基本团的弹性体材料。其特点是耐磨性好,在各种橡胶中是最好的;强度高、弹性好、耐油性优良。耐臭氧、耐老化、气密性等也优异。缺点是耐温性能较差,耐水和耐碱性差,耐芳香烃、氯化烃及酮、酯、醇类等溶剂性较差。使用温度范围:约 -30 ~ +80℃。制作轮胎紧挨由零件、垫圈、防震制品,以及耐磨、高强度和耐油的橡胶制品。

三、天然橡胶的成分与性质

1. 天然橡胶的成分

天然橡胶是一种以聚异戊二烯为主要成分的天然高分子化合物,分子式是$(C_5H_8)N$,其橡胶烃(聚异戊二烯)含量在90%以上,还含有少量的蛋白质、脂肪酸、糖分及灰分等。天然橡胶具高弹性、绝缘性、不透水、比重低等优良性能,且经过适当处理后还具有耐油、耐酸、耐碱、耐热、耐寒、耐压、耐磨等优良性能。

2. 天然橡胶的性质

1)溶解性

天然橡胶不溶于水、酒精和丙酮,但溶于汽油、苯、乙醚、二硫化碳和松节油等溶剂中,可成为胶体溶液,待溶剂挥发后,橡胶又恢复成为具有弹性的固体。天然橡胶在酸、碱、油类的作用下,表面产生花斑。变黏、溶涨,失去弹性等现象。

2)绝缘和隔热性

天然橡胶不透气,其导电和传热的性能也很低,所以是制造绝缘和隔热器材的良好材料。如电线接头外包的绝缘胶布就是纱布浸 NR 胶糊或压延而成的。

3)耐磨性

耐磨性与橡胶的强度有关。由于橡胶的强度高,耐磨性好。

4)高弹性

天然橡胶在加入其他配合剂并经硫化作用改进其物理机械性能后,表现出良好的性能,在常温下柔软而富有弹力,能减弱振动。揉曲性很大,不易毁坏。

5)老化性

天然橡胶是一种化学反应能力较强的物质,光、热、臭氧、辐射、屈挠变形和铜、锰等金属都能促进橡胶老化,如当橡胶曝露在空气中,特别是在日光、高温、潮湿等条件的影响下,会发生表面龟裂、弹性消失、物理机械性能降低的变质现象。不耐老化是天然橡胶的致命弱点,但是,添加了防老剂的天然橡胶,有时在阳光下暴晒两个月依然看不出多大变化,在仓库储存 3 年后仍可以照常使用。

6)硫化作用

天然橡胶与硫磺在一定条件下相互作用进行硫化。硫化作用能改进天然橡胶的物理机械性能。

7)腐败性

天然橡胶在保管过程中,由于微生物的繁殖能引起腐败现象,最后即会发霉,腐败过程的同时,也会引起橡胶分子的分解而老化。

8)吸湿性

天然橡胶中的蛋白质使橡胶具有吸湿性,容易吸收水分,使天然橡胶发霉变质,因此存放处应保持干燥。

9)热变性

天然橡胶的耐寒性好,在 -50℃仍具有很好的弹性,但耐热性较差,受热易变形,加热后慢慢软化,当升高到 50℃以上,表面就会变软发粘,在 130 ~ 140℃时开始软化,200℃开始分解,270℃剧烈分解。其长期使用温度为 90℃,短期最高使用温度为 110℃。

10)散味性

在天然橡胶的生产过程中,添加了其他化学物质如浓缩胶乳中添加了氨或甲醛,烟片胶采用烟熏,有着浓厚的烟熏气味等,使天然橡胶具有特殊的气味。

11)易燃性

天然橡胶中聚异戊二烯含量在 90% 以上,橡胶耐热性较差,在高温下剧烈分解,分解为闪点很低的易燃液体——聚异戊二烯单体,容易引起燃烧,燃烧生产的高温使天然橡胶进一步分

解,发生的火灾很难扑救,因此,要注意防火。

四、橡胶的运输包装

1. 天然橡胶包装

我国《天然生胶标准橡胶包装、标志、贮存和运输》中规定,标准橡胶采用内包装为聚乙烯薄膜,外包装为聚丙烯编织袋的双层包装,每个胶包净重为33.3kg或35kg,对于质量为33.3kg的胶包(30包构成1t),其尺寸为670×330×200(mm),对于质量为35kg的胶包,外形尺寸为680×340×200(mm)。

对于采用紧缩包装的进口大包包装(如马来西亚标准胶,简称S.M.R,通常为33.3kg/包、30包构成1t或35kg/包、36包构成1.26t)的托板或疏格木箱,不得传带检疫性有害生物和有毒有害物质。

在每个胶包外袋最大一面应标志注明:标准橡胶级别代号、净重、生产厂名或厂代号、生产日期和生产许可证编号。国产标准橡胶使用"SCR"代号(其中S代表"标准",C代表"中国",R代表"橡胶",即标准中国橡胶),使之与国际常用的代号对应。八个级别的橡胶代号分别为SCR CV(恒粘胶)、SCR L(浅色胶)、SCR WF(全乳胶)、SCR5(5号胶)、SCR10(10号胶)、SCR20(20号胶)、SCR 10CV(10号恒粘胶)、SCR 20CV(20号恒粘胶)。

浓缩乳胶包装主要是以桶装和罐装为主。每桶净重190kg。漕罐分小罐和大罐两种,小罐一般可装19~20t,大罐一般装25~27t。

胶清橡胶单件产品净重每包净重40 kg或50kg,外形尺寸600×400×200(mm),采用聚乙烯薄膜袋和聚丙烯编织袋双层包装。在胶包最大的一面,用黑色字体标明:胶清橡胶、级别、净重、生产厂名或代号、生产日期。

烟胶片采用裸皮包装,进口的烟胶片每件重量一般为101.6kg和113.4kg。

2. 合成橡胶的包装

通用橡胶一般以内衬聚乙烯薄膜,外套牛皮纸或聚丙烯编织袋包装,每袋净重25kg或35kg;胶乳一般以镀锌铁桶包装,每桶净重190kg及180kg;液体橡胶采用小铁桶包装,每桶净重有3kg、5kg、15kg等多种;粉末橡胶采用纸箱包装或每箱纸桶或牛皮袋,重量有10kg、20kg、25kg等。包装物上应清楚地标明产品名称、牌号、等级、净质量、生产厂(公司)名称、注册商标、生产批号、生产日期等标志。

五、橡胶的运输、装卸和保管注意事项

(1)船舱要求清洁、干燥,舱内管系、污水沟畅通,舱盖严密。垫舱物料要清洁、干燥、无油污。装舱时可撒放滑石粉,并可在堆叠一定层数后采取垫板措施,以减轻压力。

(2)积载时,要远离机舱、锅炉房,严禁装入深舱。装载在有地轴弄的底舱,应用木格衬垫,注意通风和防热。橡胶不能与可使其溶解的物质(如汽油、苯、松节油等)及含水量大、酸碱类和颗粒细小易被粘附的货物(如煤、铜、铁屑等)混装一舱。橡胶有异味也不宜于怕异味货物(如茶叶、烟叶、粮谷等)同装一舱。

(3)在一般情况下,橡胶不堆装在其他货物上面,橡胶货堆上面也不堆装其他货物。不得已而需将橡胶装载于其他货物上面,或在橡胶上面装载其他货物,则必堆装必须平整,并须有

有效地铺垫与上面的货物分隔。

(4)橡胶有高弹性,装卸时不可从高处向下扔或滑落,以免伤人或落水。操作时严禁在现场吸烟和电焊,严防各种火源。浓缩胶乳腐败时能分解出有毒气体,装卸时应注意开舱通风。

(5)装运时应按不同品种、等级、标志及收货单位分隔清楚,防止混票混货。进口天然橡胶理货时,要会同有关部门按票取出样品胶件。

(6)船舶装载橡胶在海上航行时,应加强货舱消防和通风管理,同时应注意不能时橡胶遭受海水冲刷或浸泡,以免橡胶老化发脆。

(7)橡胶保管不宜露天堆存。仓库要清洁,通风、干燥、阴凉。储存时应注意避免污染、雨淋、水浸和日光直射,严格保持包装密封,应按不同品种、等级分别堆垛。堆垛不宜过高,注意稳固,防止倒塌,对发霉胶件要分开堆放,以免受细菌感染。

(8)胶包要分级别堆放,置于离地高30cm以上和离墙30~50cm的木板上。胶包不得与铜和锰的盐类或氧化物接触,不得与油类和易燃物一起存放,注意防火。

(9)装运胶包的车厢需清洁和干燥,要有遮盖,以防日晒和雨水淋湿而导致橡胶霉变。

第五节 钢铁及钢铁制品

钢铁是重要的金属种类,在国民经济中占有极其重要的地位。钢铁制品的使用之处非常之多,使用范围包括家里的冰箱、厨具、洗衣机,交通的汽机车、铁道、电车、铁桥、船只,输电铁塔、住家大楼、工厂厂房、机械制造等。

一、钢铁及钢铁制品的种类

在工业生产中,按工业生产的要求将金属分为有色金属和黑色金属。有色金属又称非铁金属,指除黑色金属外的金属和合金,如铜、锡、铅、锌、铝以及它们的合金等。黑色金属是对铁、铬和锰的统称,亦包括这3种金属的合金,如、生铁、熟铁、铁合金、钢、铸铁等。

1. 钢铁的种类

1)生铁

生铁是指含碳量在2.11%以上的铁碳合金,是把铁矿石放到高炉中冶炼而成的产品。根据生铁里碳存在形态的不同,又可分为炼钢生铁、铸造生铁、球墨铸铁、合金铸铁等几种。

(1)炼钢生铁。炼钢生铁里的碳主要以碳化铁的形态存在,其断面呈白色,通常又叫白口铸铁。这种生铁性能坚硬而脆,炼钢生铁是炼钢的原料之一。

(2)铸造生铁。把铸造生铁放在熔铁炉中熔炼,即得到铸铁(液状);把液状铸铁浇铸成铸件,这种铸铁叫铸铁件。铸造生铁中的碳以片状的石墨形态存在,它的断口为灰色,通常又叫灰口铸铁。由于石墨质软,具有润滑作用,因而铸造生铁具有良好的切削、耐磨和铸造性能。但它的抗拉强度不够,故不能锻轧,只能用于制造各种铸件,如铸造各种机床床座、铁管等。

(3)球墨铸铁。球墨铸铁里的碳以球形石墨的形态存在,其机械性能远胜于灰口铁而接近于钢,它具有优良的铸造、切削加工和耐磨性能,有一定的弹性,广泛用于制造曲轴、齿轮、活塞等高级铸件以及多种机械零件。

(4)合金铸铁。合金铸铁是含硅、锰、镍或其他元素量特别高的生铁,常用做炼钢的原料。

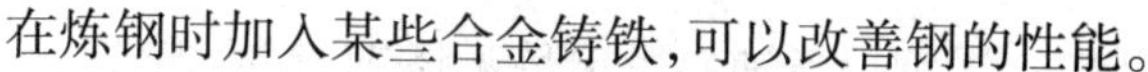

在炼钢时加入某些合金铸铁,可以改善钢的性能。

2)熟铁

熟铁是指含碳量在0.03% ~0.04%以下的铁碳合金。它富有延展性,易于弯曲,不易折断,可以锻接,用于制造铁链、铁锚和铁锅等。

3)铁合金

铁合金是指由一种或一种以上的金属或非金属元素与铁组成的合金。铁合金是炼钢和铸钢的重要原料,可以改善钢的理化性能和铸件的机械性能,机械、国防、精密制造、日用家电等行业对材料的要求越来越高,对铁合金的要求也越来越高。

铁合金主要用来作为炼钢过程中的脱氧剂、合金剂。炼钢时需要添加一些与氧结合力比较强,且其氧化物又能顺利的从钢和金属材料液中排除,从而使钢和金属材料液中的氧含量降低。常用的脱氧剂有硅铁、锰铁、铝铁、硅锰铁等。在碳素钢中加入各种铁合金调整其化学成分,可生产出各种合金钢和新金属材料。常用的合金剂主要有:硅铁、锰铁、铬铁、钼铁、钨铁、钛铁、铌铁、钒铁、镍铁等。

(1)锰铁。根据其含碳量不同分为如下3类:

①低碳类。含碳量不大于0.7%;

②中碳类。含碳量在0.7% ~2.0%;

③高碳类。含碳量在2.0% ~8.0% 。

锰铁作为炼钢脱氧剂或合金元素添加剂,中低碳锰铁广泛应用于特殊钢生产,是炼钢的重要原料之一,同时也应用于电焊条的生产。

(2)硅铁。即硅与铁的合金,按含硅量有45%、65%、75%和90%多种品级。硅和氧很容易化学合成二氧化硅(SiO_2),所以硅铁常用于炼钢作脱氧剂,同时由于SiO_2生成时放出大量的热,在脱氧的同时,对提高钢水温度也是有利的。硅铁作为合金元素加入剂广泛用于低合金结构钢、合结钢、弹簧钢、轴承钢、耐热钢及电工硅钢之中。

(3)钒铁。钒铁是通过还原而得到的钒和铁中间合金,其钒含量不小于35.0%,不大于85.0%。钒铁是钢铁工业重要的合金添加剂。钒可提高钢的强度、韧性、延展性和耐热性。含钒高强度低合金钢以其强度大而广泛用于输油管道、输气管道、建筑、桥梁、钢轨、压力容器、车厢架等生产建设中。

(4)铬铁。铬铁是铬与铁的合金,铬是重要的战略物资之一,由于它具有质硬、耐磨、耐高温、抗腐蚀等特性,在冶金工业、耐火材料和化学工业中得到了广泛的应用。自然界不存在游离状态的铬,主要含铬矿石是铬铁矿。不锈钢中含有12%以上的铬。

(5)钨铁。钨铁是钨与铁的合金,用于炼钢和铸造中作为钨元素的加入剂,钨是生产特殊钢的最重要的合金元素之一。钨可使钢的延伸率减少程度不大的同时,提高钢的强度极限和屈服点,还可提高钢的硬度和耐磨性。特别重要的是钨对钢的高温机械性能具有良好的影响,它能提高耐热性及回火稳定性。

(6)钼铁。钼铁是钼与铁的合金,主要用途是在炼钢中作为钼元素的加入剂。钢中加入钼可使钢具有均匀的细晶组织,并提高钢的淬透性,有利于消除回火脆性。在高速钢中,钼可代替一部分钨。钼同其他合金元素配合在一起广泛地应用于生产不锈钢、耐热钢、耐酸钢和工具钢,以及具有特殊物理性能的合金。钼加于铸铁里可增大其强度和耐磨性。

(7)铌铁。铌铁是铌与铁的合金,用于制作不锈钢焊条辅料及冶炼不锈钢、耐磨钢等。

(8)镍铁。镍是具有铁磁性的金属元素,它能够高度磨光和抗腐蚀,主要用于制造不锈钢和其他抗腐蚀合金,如镍、铬镍钢及各种有色金属合金,可用来制造货币等,含镍成分较高的铜镍合金,就不易腐蚀。也作加氢催化剂和用于陶瓷制品、特种化学器皿、电子线路、玻璃着绿色以及镍化合物制备等。

各种铁合金根据合金含量(按重量计)或含碳量以及其他杂质情况,分为不同的等级,用不同的牌号表示,比如,锰铁根据其含碳量的不同,分为低碳类、中碳类和高碳类3类。表2-11是锰铁的牌号及化学成分表,表2-12是钒铁的牌号及化学成分表。

锰铁的牌号及化学成分表 表2-11

类别	牌 号	化学成分(%)						
		Mn	C	Si		P		S
				Ⅰ	Ⅱ	Ⅰ	Ⅱ	
			≤	≤	≤	≤	≤	≤
低碳锰铁	FeMn88C0.2	85.0~92.0	0.2	1.0	2.0	0.10	0.30	0.02
	FeMn84C0.4	80.0~87.0	0.4	1.0	2.0	0.15	0.30	0.02
	FeMn84C0.7	80.0~87.0	0.7	1.0	2.0	0.20	0.30	0.02
中碳锰铁	FeMn82C1.0	78.0~85.0	1.0	1.5	2.5	0.20	0.35	0.03
	FeMn82C1.5	78.0~85.0	1.5	1.5	2.5	0.20	0.35	0.03
	FeMn78C2.0	75.0~82.0	2.0	1.5	2.5	0.20	0.40	0.03
高碳锰铁	FeMn78C8.0	70.0~82.0	8.0	1.5	2.5	0.20	0.33	0.03
	FeMn74C7.5	70.0~77.0	7.5	2.0	3.0	0.25	0.38	0.03
	FeMn68C7.0	65.0~72.0	7.0	2.5	4.5	0.25	0.40	0.03

钒铁的牌号及化学成分表 表2-12

牌号	化学成分(%)								
	V	Si ≤	Al ≤	C ≤	P ≤	S ≤	As ≤	Cu ≤	Mn ≤	Ni ≤
FeV40	35.0~50.0	2.0	4.0	0.10	0.10	0.10				
FeV60	50.0~65.0	2.0	2.5	0.06	0.05	0.05	0.06	0.10		
FeV80	75.0~85.0	2.0	1.5	0.06	0.05	0.05	0.06	0.10	0.50	0.15
FeV80Al2	75.0~85.0	1.5	2.0	0.06	0.05	0.05	0.06	0.10	0.50	0.15
FeV80Al4	70.0~80.0	2.0	4.0	0.10	0.10	0.10	0.10	0.10	0.50	0.15

4)钢

钢是铁、碳和少量其他元素的合金。其他元素包括碳(Carbon)、铬(Chromium)、锰(Manganese)、钼(Molybdenum)、镍(Nickle)、硅(Silicon)、钨(Tungsten)、钒(Vanadium)等。钢的含碳量一般在0.0218%~2.11%,它坚韧、有弹性和延展性,可以锻打、压延和拉丝。钢的分类方法多种多样,其主要方法有如下几种:

(1)按钢的品质分类:

①普通钢(P≤0.045%,S≤0.050%或P(S)≤0.05%);

②优质钢(P(S)均≤0.04%);

③高级优质钢(P≤0.030%,S≤0.020%)。

(2)按化学成分分类:

①碳素钢。低碳钢(C≤0.25%)、中碳钢(C≤0.25~0.60%)、高碳钢(C>0.60%);

②合金钢。低合金钢(合金元素总含量≤5%)、中合金钢(合金元素总含量>5~10%)、高合金钢(合金元素总含量>10%)。

(3)按成形方法分类:按成形方法分为锻钢、铸钢、热轧钢、冷拉钢。

(4)按用途分类:

①建筑及工程用钢。如普通碳素结构钢、低合金结构钢、钢筋钢。

②结构钢。

③工具钢。如碳素工具钢、合金工具钢、高速工具钢。

④特殊钢。如不锈耐酸钢,耐热不起皮钢、耐磨钢、磁钢等。

⑤专业钢。如桥梁用钢、船舶用钢、锅炉用钢、低温压力容器用钢、农机用钢、汽车大梁用钢等。

2. 钢铁制品的种类

1)钢材

钢材是由钢锭、钢坯或钢材通过压力加工制成的各种形状、尺寸和性能的材料。钢材应用广泛、品种繁多,根据断面形状的不同,可分为型材、板材、管材、金属制品4大类,如表2-13所示。为便于采购、订货和管理,我国目前将钢材分为16大品种:

钢材分类表 表2-13

<table>
<tr><th>类别</th><th>品种</th><th>说明</th><th>主要用途</th></tr>
<tr><td rowspan="9">型材</td><td>重轨</td><td>每米大于30kg的钢轨</td><td>用做建筑物、起重机、电线架、火车、电车等钢轨</td></tr>
<tr><td>轻轨</td><td>每米小于或等于30kg的钢轨</td><td></td></tr>
<tr><td>大型型钢</td><td rowspan="3">普通钢圆钢、方钢、扁钢、六角钢、工字钢、槽钢、等边和不等边角钢及螺纹钢等。按尺寸大小分为大、中、小型</td><td rowspan="3">工字钢、槽钢、角钢广泛应用于工业建筑和金属结构,如厂房、桥梁、船舶、农机车辆制造、输电铁塔,运输机械。扁钢在建筑中用作桥梁、房架、栅栏等。圆钢、方钢用作各种机械零件、农机配件、工具</td></tr>
<tr><td>中型型钢</td></tr>
<tr><td>小型型钢</td></tr>
<tr><td>线材</td><td>直径5~10mm的圆钢和盘条</td><td>大多通过卷线机卷成盘卷供应,也称盘条或盘圆线材,主要用作钢筋混凝土的配筋和焊接结构件或再加工(如拔丝、制钉等)原料</td></tr>
<tr><td>冷弯型钢</td><td>将钢材或钢带冷弯成型制成的型钢</td><td>用于制造及其零件、工具、钢轴、农具、钉子、螺钉</td></tr>
<tr><td>优质型材</td><td>优质钢圆钢、方钢、扁钢、六角钢等</td><td></td></tr>
<tr><td>其他钢材</td><td>包括重轨配件、车轴坯、轮箍等</td><td></td></tr>
<tr><td rowspan="4">板材</td><td>薄钢板</td><td>厚度等于和小于4mm的钢板</td><td rowspan="2">钢板分类:还可按生产方法可分为热轧钢板、冷轧钢板;按表面特征可分为镀锌板(热镀锌板、电镀锌板)、镀锡板、复合钢板、彩色涂层钢板。钢板用途:薄钢板用于制造门窗、箱框、冲压各种日用制品、食品罐头容器等;厚钢板用于制造船舶、车辆、农机等的材料</td></tr>
<tr><td>厚钢板</td><td>厚度大于4mm的钢板。可分为中板(厚度大于4mm小于20mm)、厚板(厚度大于20mm小于60mm)、特厚板(厚度大于60mm)</td></tr>
<tr><td>钢带</td><td>也叫带钢,实际上是为了适应不同工业部门需要而生产的一种窄而长的成卷供应的薄钢板</td><td>带钢按加工方法分热、冷轧两种。它广泛用于生产焊接钢管,作冷弯型钢的坯料,制造自行车车架、轮圈、卡箍、垫圈、弹簧片、锯条和刀片等</td></tr>
<tr><td>电工硅钢薄板</td><td>也叫硅钢片或矽钢片</td><td>主要用作各种电机、发电机和变压器的铁芯</td></tr>
</table>

续上表

类 别	品 种	说 明	主要用途
管材	无缝钢管	用热轧、热轧—冷拔或挤压等方法生产的管壁无接缝的钢管	大量用作输送流体的管道，如输送石油、天然气、煤气、水及某些固体物料的管道等。包括地质钻探用钢管，金刚石岩芯钻探用无缝钢管，石油钻探管用无缝钢管和结构用不锈钢无缝钢管
	焊接钢管	将钢板或钢带卷曲成型，然后焊接制成的钢管	随着优质带钢连轧生产的迅速发展以及焊接和检验技术的进步，焊缝质量不断提高，焊接钢管的品种规格日益增多，并在越来越多的领域代替了无缝钢管用于输送水、煤气、空气油及取暖蒸汽、暖水等或工业与民用建筑、安装机器设备等电气安装工程中用于保护电线的钢管
金属制品	金属制品	包括钢丝、钢丝绳、钢绞线等	优质低碳钢丝用途：用于排钉、电焊网、轧花网、勾花网，建筑行业作捆绑丝及绑线 钢丝绳适用于起重机、电铲、旋挖钻机、石油、煤炭开采、索道等方面 钢绞线是用配制好的钢丝在机器上按规定一次多根捻制成绞线称钢绞线，分为镀锌钢绞线、预应力混凝土用钢绞线、铝包钢绞线。主要用于吊架、悬挂、通信电缆、架空电力线和固定物件、拴系等预应力混凝土结构、岩土锚固以及用于架空电力线路的地线和导线及电气化线路承力索

2）五金制品

这里指的是除钢铁材料以外的小现代五金制品。可按用途分为三大类：用于日常生活的日用五金；作为生产和生活用辅助工具的手工工具；作为建筑物和构筑物中的连接件、紧固件和配套设施的建筑五金，包括各类钉子、门窗附件（合页、插销、拉手、窗钩、锁类、碰珠等）、刀子、叉子、剪子和绞肉器、钳、螺丝锥、手锯、手锤、斧子、刨刀、锉刀和钻孔器等。

3）铸铁制品

铸铁制品主要有铸铁管（如雨水管等）、铸铁盖板、汽车配件类产品（差速器壳、减速器壳、前后轮毂及变速器箱体）等。管件、盖板、阀体、城市装饰、农机配件、畜牧产品、汽车配件、箅子、井盖等。

二、钢材和钢材制品的运输包装

1. 散装

对于生铁，大多铸成锭块（如图 2-1 所示）进行运输，可用配备电磁吸盘吊货工夹具的起重机或用生铁抓斗进行装卸。散装生铁成组运输时，用钢丝网络组成货组。特种生铁锭使用木箱或金属桶装运。

2. 裸装或捆扎包装

型钢大多以裸装或简易捆束为单位运输；厚钢板（如图2-2所示）不加包装，有的以卷筒状（称卷钢）（如图2-3所示）运输；直径小管不加包装，以捆束（如图2-4所示）为单位，直径大的金属管裸装运输；钢丝通常是盘成圈状，俗称盘圆（如图2-5所示），以扎为单位运输。铸铁制品外捆草绳进行运输。

图2-1　生铁锭块

图2-2　厚钢板

图2-3　卷钢

图2-4　捆束

3. 桶装

各种铁合金采用铁桶（如图2-6所示）包装，每桶净重50kg或100kg，包装外面应有明显标志。

图2-5　盘圆

图2-6　桶装

4. 袋装

以块状或粒状的铁合金也采用集装袋或编织袋(如图2-7、图2-8所示)包装,或将集装袋装入集装箱进行运输。袋装或集装箱包装时,包装外面应有明显标志。

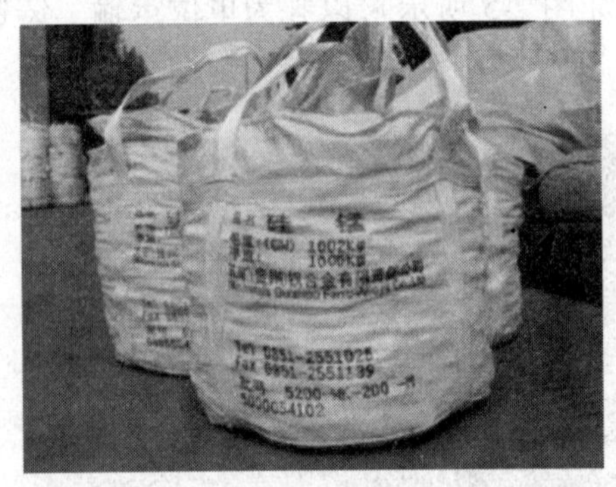

图2-7 集装袋

图2-8 编织袋

5. 箱装

日用小五金制品通常用油纸或纸盒互相隔开,装入木箱内运输;铁合金也可以根据合同预定,将铁桶装入木箱(如图2-9所示)进行运输。

三、钢铁及钢铁制品的特性

1. 质量大、长度长

钢铁特别是钢材如钢轨、钢管等尺寸较长大,卷钢单件较重,一般属于长大重件货;散装或钢丝网络成组的生铁、桶装或集装袋的铁合金以及其箱装的五金制品,货物的比重都比较大,积载因数小,属于积载中的重货,因此在配积载时,应注意与其他轻货合理搭配,以充分利用货舱的装载能力,尽量做到满舱满载。

图2-9 木 箱

2. 易引起锈蚀

钢铁及制品的主要化学成分是铁,在运输、装卸和保管过程中,钢铁及制品与空气、水、酸、碱和盐等接触后,容易发生腐蚀而出现锈蚀现象,钢铁制品大多为裸装或捆扎包装,更容易受到外界的影响特别是受到海水或雨水浸湿后更容易生锈。薄钢板、马口铁、白铁皮和钢丝等生锈则后果较为严重。

3. 易发生机械形变

由于大多数钢铁及制品采用裸装或捆扎包装,货物本身的重量较重或长度较长,装卸、运输、存储过程中,在外力作用下容易发生机械变化。卷筒状的薄钢带、薄钢板容易出现卷边、断边、开卷,生铁容易出现断裂、残缺;钢管出现弯曲、凹陷、螺纹受损脆;铁合金金属包装桶出现外包装凹陷,编织袋或集装箱外包装破损,造成货物外露、外漏等。

4. 其他特性

涂有防锈油的小五金制品受热后会发生渗油现象,房盖钢皮、钢丝、圆钢等忌油污以及铁合金要严防包件内渗水或混入杂物。

四、钢铁及钢铁制品的运输、装卸和保管

1. 合理安排垂向货载,以避免船舶重心过低引起急剧摇摆

钢铁及钢铁制品大多数较重且又是长大件货物,应选用结构坚固和舱口尺寸大的船舶装运。货物的质量大,积载因数小,所占用舱容少,如果在装载时没有与轻泡货物合理搭配,就会产生较大的亏舱;在考虑货载垂向分配时,装载的位置可以考虑底舱、两层舱底部或舱面上,不能将钢铁及钢铁制品全部集中在各舱的底舱,否则会造成船舶重心过低,稳性过大从而引起船舶急剧摇摆,容易引起舱内货物绑扎松动,对船舶航行不利。所以,为了保证适当的稳性并充分利用舱容,对货物重量的分配一般在底舱装7/10,在二层舱装3/10较为适宜。如需要在甲板装货,则二层舱占2/10,甲板货不超过1/10。

2. 注意纵向货载均衡,避免船体纵向变形

纵向货载分配不均匀,会影响船体的纵向结构强度。如果船首尾舱装载过多会引起船体中拱,中舱装载过多会发生中垂变形。为使船舶纵向各部分的负荷均衡,应按舱容比考虑分配各舱的装载重量,允许有±10%的调整量,由于中舱的舱容较大,可以在中舱应多装货物,首尾舱少装些,以取得船舶重力和浮力的相应平衡。当然,在考虑各舱货载分配上,还要考虑到前后吃水差的要求以及码头作业时装卸速度的均衡问题。

3. 分散局部负荷,避免船体局部损伤

在船舶货运工作中要确保所有部位(如各层甲板、舱口盖、平台、舱底等)所承载的货物及其他载荷的重量不超过局部强度允许的极限值,因此在考虑装载钢铁及制品时,其重量不能超过单位负荷量,重量不能太集中于某一部分,特别是一些他强度较弱的开口结构附近,并且还要留有足够的安全余地,以免发生甲板被压塌、裂等事故。为减轻局部负荷载,对重件应采用方木厚板铺垫,采用井型垛,底层钢材必须垫3~4道方木,不但能扩大受压面积,减轻局部负荷,还可以提高舱内的堆积高度,以提高重心。

4. 加强防移措施,避免货物移动

钢铁及制品,特别卷钢容易易滑动,如在航行中船舶因遇到风浪发生摇摆,如果货物随船体摇动而移动会造成撞裂或使船舶倾覆的危险。所以,在装货时必须特别注意做好在舱内和甲板上的防移措施。装载的货物要堆码紧密整齐,用衬垫物、木楔等垫牢卡稳,在上面压装其他货物。甲板上的怕湿货物应覆以油布后绑扎,以免风浪袭击受水湿。必要时可设置止动板、隔壁、支柱等防移装置。钢轨、糟钢、角钢和钢管等长大在舱内应顺着船首尾方向堆放,若采用格子垛型,横向的两端应衬垫好,以防碰伤船体。卷钢易于滚动,应特别注意堆积的稳固,采用横放,两端向着两舷,用骑缝方法堆高,做好衬垫加固工作。钢轨应采取平扣(又称仰伏交错)方法堆码,这样使货物不易移动又不会受压变形。管头较管体大的大口径金属管,其管头要交替排列,且每层间要用木条衬垫。

5. 选用合适装卸吊具,避免产生货损和安全事故

在进行装卸货之前,必须根据钢铁及制品的种类、规格、质量和装卸工艺选择相应的工属具。装卸作业最大载荷必须在起重机和工属具的安全负荷下,严禁超负荷作业。对于散装生铁,可用配备电磁吸盘吊货工夹具的起重机或用生铁抓斗进行装卸。对于长钢材,可以使用挂钩,但挂钩位置要对称,对于规格长度不一致的钢材,钩捆位置应保证起吊平稳、牢靠。有缺口

边缘角钢、槽钢、工字钢等型钢与钢丝绳钩捆处要加麻布、橡皮等衬垫,以防钢材从钢丝绳扣中滑出。装卸厚钢板时应选用链条并带有辅助爪的吊具(钢板钳);薄钢板装卸不能使用钢板钳,以免发生卷边、断边等,可改用带钩的钢丝索吊具。装卸卷钢时如用钢丝索具穿入卷钢内孔进行吊装,应在卷钢和钢丝绳受力处需加橡皮衬垫,以避免钢丝绳易与卷钢的边角发生摩擦而出现被切断的危险,并会造成卷钢内侧受损伤;最好使用专用吊具(C 型钩),但在使用时,需将钩体塞足,钩上下唇要与卷钢平行。作业时,应操作平稳,稳起稳落,密切注视周围环境,注意发生货物脱落、折断、下滑或卷钢滚动或因带钢的捆扎断裂等情况而发生意外事故。

6. 防止金属制品混唛,避免发生货差

为防止钢铁及制品混唛,对于承运的成束、捆、卷、盘的货物,货方应用铁丝将模压标牌或铁标牌牢固系扎在货物上做标志,不得仅以粘贴纸标牌做标志,防止脱落引起混唛。不能系挂小牌的锭块、轧坯,应在货件上用不同颜色的油漆划出线条或其他识别记号,作为发货标志,方便理货分唛。钢铁及钢铁制品承运前应认真逐项核对,装舱时应严格隔票,数量不准时应有记录或批注再接受装船。卸货时薄钢板、马口铁、钢丝等发生锈蚀、弯曲、断边、散捆和残缺等,应加以签证或编制记录后方能卸货。不同品种生铁、钢材应分别堆放,防止混唛。

7. 防止金属制品受腐蚀及其他损害

钢铁及钢铁制品应装载在干燥场所并加以衬垫,不应与湿货或散发湿气的货物混装混堆,严防受海水(雨、雪)或舱内“汗水”的浸湿而生锈。钢铁及制品不能与酸、碱、盐类等化工品和化肥混装混存,也不能与易挥发腐蚀性气体的货物同装一舱(库),堆放前需认真清除有腐蚀性的残留地脚。钢丝、圆钢等有油污会影响制作混凝建筑物的质量,不宜与油类货混装。对贵重和极怕潮湿的钢铁制品,如冷轧钢带、镀锌(锡)铁皮、进口优质钢材和稀有铁合金等应入库保管。硅铁受潮湿,会产生剧毒易燃的磷化氢气体,因此要保持环境干燥、通风、防火,严防中毒、自燃,产品应存放库房内,露天存放或敞车发运时,须用篷布盖好,严防包件内渗水或混入杂物,产品包装件上应涂有明显标志,包装件内应附有成品标签。

第六节 化学肥料

化学肥料(简称化肥)也叫做无机肥料,是以煤炭、焦炭、石油、天然气、水、矿石等为原料,用化学方法合成或机械加工而成的肥料。化肥与有机肥相比,具有养分含量高,肥效快,便于贮运和施用等优点,是一种重要的农业生产资料。

一、化学肥料的分类

1. 单元肥料

单元肥料是指只含有氮(N)、磷(P)、钾(K)中一种营养元素的化学肥料。根据其营养元素含量不同,包括有氮肥、磷肥、钾肥。

1)氮肥

氮是蛋白质构成的主要元素。氮肥增施能促进蛋白质和叶绿素的形成,使叶色深绿,叶面积增大,促进碳的同化,有利于产量增加,品质改善。常见的氮肥有:

(1)硫酸铵($(NH_4)_2SO_4$)。简称硫铵,白色或淡褐色结晶体。含氮 20% ~21%,易溶于

水，吸湿性小，便于贮存和使用。硫铵是一种酸性肥料，长期使用会增加土壤的酸性。

(2)碳酸氢铵(NH_4HCO_3)。简称碳铵，白色或浅色结晶，含氮17%，有强烈的刺激性臭味，易溶于水，易被作物吸收，易分解挥发，挥发出氨气、二氧化碳和水，呈弱碱性。

(3)尿素($CO(NH_2)_2$)。也称脲、碳酰胺、碳酰二胺脲，为白色圆粒状，含氮量46%。尿素不如硫铵肥效高，但尿素是固体氮肥中含氮量最高的一种。尿素为中性肥料，不含副成分，连年施用也不致破坏土壤结构。

(4)硝酸铵(NH_4NO_3)。简称硝铵，为白色或淡黄色结晶细粒或球形颗粒，含氮量为33%~35%，呈中性。具有强烈的吸湿性，在一般条件下就能吸湿。在温度较高，相对湿度较大的情况下，则会严重吸湿，甚至完全溶化而流失，温度越高，吸湿性越强。当空气干燥时，又会因失去水分而结块。

2)磷肥

磷是形成细胞核蛋白、卵磷脂等不可缺少的元素。磷元素能加速细胞分裂，促使根系和地上部加快生长，促进花芽分化，提早成熟，提高果实品质。常用的磷肥有：

(1)过磷酸钙($Ca(H_2PO_4)_2 \cdot H_2O$)。也称普钙，为灰白色或浅灰色粉末，也有颗粒状的，含有效磷(P_2O_5)12%~18%，具有吸湿性和腐蚀性。

(2)重过磷酸钙($Ca(H_2PO_4)_2$、$CaHPO_4$)。也称重钙，含有效磷(P_2O_5)约45%左右，是一种高效磷肥。

(3)磷矿粉。含有效磷(P_2O_5)为14%以上，常呈灰、棕、褐色，不溶于水，呈中性至微碱性，有吸湿性，化学性质稳定。

3)钾肥

钾元素的营养功效可以提高光合作用的强度，促进作物体内淀粉和糖的形成，增强作物的抗逆性和抗病能力，还能提高作物对氮的吸收利用。常见的钾肥有：

(1)氯化钾(KCl)。是易溶于水的速效性钾肥，含钾60%左右，呈白色、淡黄色或紫红色结晶。易溶于水，有吸湿性和结块性。呈中性，在酸性土壤上施用氯化钾应配合石灰和有机肥料。

(2)硫酸钾(K_2SO_4)。含钾50%~52%左右，为白色结晶，易溶于水，吸湿性小，不易结块，呈中性。

2. 复混肥料

复混肥料是一种氮、磷、钾三种养分中，至少有两种养分标明量的由化学方法和(或)掺混方法制成的肥料。化学方法制成的复混肥料称为复合肥料，由机械采取干混方法制成的复混肥料称为掺和肥料。复混肥按含有成分不同，可分为二元复肥和三元复肥。它具有养分含量高，副成分少，养分释放均匀，肥效稳而长，便于贮存和施用等优点。常见的复混肥料有：

(1)磷酸铵。是以磷为主的氮磷复合肥料，含氮12%~18%，含有效磷(P_2O_5)46%~56%，适用于各种作物和多种土壤，易溶于水，水溶液为中性，有一定的吸湿性。

(2)氮磷钾复合肥。含氮磷钾各约10%，淡褐色颗粒。氮钾均为水溶性，有一部分磷是水溶性的。

(3)磷酸二氢钾(KH_2PO_4)。含P_2O_5 24%、K_2O 21%，白色易溶于水。

3. 微量元素肥料

微量元素肥料通常简称为微肥,就是将植物正常生长发育不可缺少的那些微量营养元素,通过工业加工过程所制成的肥料。微量元素肥料的种类很多,性质和特征也各不相同。按所含营养元素的不同分有锌肥、硼肥、锰肥、铁肥、铜肥、钼肥等。

二、化学肥料的性质

1. 吸湿性

吸湿性是化肥暴露在大气中吸收水分的性质。化肥一般都具有吸湿性,当其吸收的水分超过本身的贮水能力时就会靠毛细管作用把水分转移到相邻的颗粒,使肥堆表面吸收的水分渗透到肥堆内部,使肥堆深处结块。不同的化肥品种在不同的温度、湿度下,吸湿的程度有所不同。硝酸铵具有强烈的吸湿性,在温度高,相对湿度大的情况下,受潮后会化成"水"流失;过磷酸钙受潮会结成硬块,且难溶,还会增强腐蚀性以及体积膨胀,造成包装袋破裂。

2. 挥发性

有些氮肥容易分解、挥发,如液氨在常温下挥发出氨气;硫酸铵在低温干燥条件下比较,挥发性很小,但硫酸铵有吸湿性,吸湿以后或气温高于20℃时,挥发性就大大增强;硫酸铵吸湿结块性小,也不会自身分解挥发,但能与石灰、草木灰和碱性物质作用,引起挥发;硝酸铵与在高温时剧烈分解而导致爆炸;石灰氮吸湿或遇水会分解出乙炔气体。

3. 燃烧爆炸性

硝酸盐类化肥如硝酸铵、硝酸钾、硝酸钠等属于危险货物中的氧化剂,硝酸铵与其他物质作用释放出氧气,具有助燃作用,被有机物料污染或在高温时剧烈分解而导致爆炸,还有石灰氮和液氨都具有燃烧爆炸性。因此在运输、装卸、保管时,应根据化肥的性质,采取安全防范措施。

4. 腐蚀性

化肥一般都具有腐蚀性,特别是过磷酸钙、氯化铵等酸性肥料,在贮存过程中极易产生挥发酸,对人的肌肤、包装物、金属、有机物等均能造成伤害和破坏作用。如液氨是强腐蚀性有毒物质,对皮肤和眼睛有强烈腐蚀作用,产生严重疼痛性灼伤。液氨蒸气强烈刺激黏膜和眼睛,对呼吸道有窒息作用。液氨的处理,应在通风良好的条件下进行。

5. 有毒性

石灰氮化肥具有毒性,且粉末容易飞扬,吸入呼吸器官、消化器官或接触皮肤过久,或飞入眼睛都能引起危害。

6. 结块性

化肥结块是常见的现象,其产生的机制是化肥颗粒晶体结合键增长所致。含氮量越高的化肥越容易结块,化肥结块不仅造成减重、降质,而且给运输、装卸带来困难。贮运过程中控制温度、湿度、掌握贮存压力等都有利于缓解结块现象发生。

7. 扬尘性

粉状化肥当包装破损或散装时具有扬尘性,如磷矿粉、过磷酸钙、石灰氮等。

8. 散发异味性

有的化肥有强烈的异味,如碳酸氢铵、氨水、石灰氮等化肥。尤其铵态化肥分解、挥发出氨

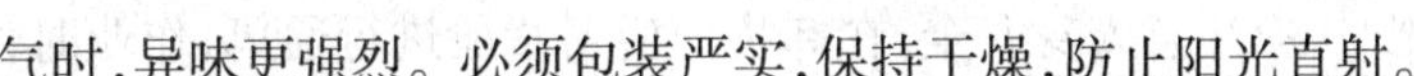

气时，异味更强烈。必须包装严实，保持干燥，防止阳光直射。

三、化学肥料的包装

按照国家固体化学肥料包装的标准规定，化肥应采用多层袋或复合袋包装，多层袋的外袋为塑料编织袋，内袋为塑料薄膜袋；复合袋一般为塑料编织布和膜复合在一起。化肥包装的上口一般应卷边缝合，卷边宽度为10mm；缝线应采用合成纤维线。

我国制定了国家标准《固体化学肥料包装》（GB 8569—1997），对氮肥、磷肥、钾肥、复合肥料、复混肥料等固体化学肥料的包装材料选用作出了规定，如表2-14所示，袋装化肥的重量一般为每袋净含量（25 ±0.25）kg、（40 ±0.4）kg、（50 ±0.5）kg。每批产品平均每袋净含量不低于25.0kg、40.0kg、50.0kg。

包装袋上应涂以牢固的标志，其内容包括产品名称、本标准号、商标、生产厂名称、批号、净重、含量等，如果在运输、贮存、使用过程中不当，易造成财产损坏或危害人体健康和安全的化肥，还应有警示说明。如硝酸铵化肥在包装袋上应标有“氧化剂”以及“怕热”和“怕湿”标志（见图2-10）。液氨用钢瓶灌装，钢瓶必须有安全帽，瓶外用橡皮圈或草绳包扎，防止激烈撞击和振动，以黑色油漆标明生产厂名称、产品名称和毛重，并标有“有毒气体”规定标志。有些化肥采用散装运输。

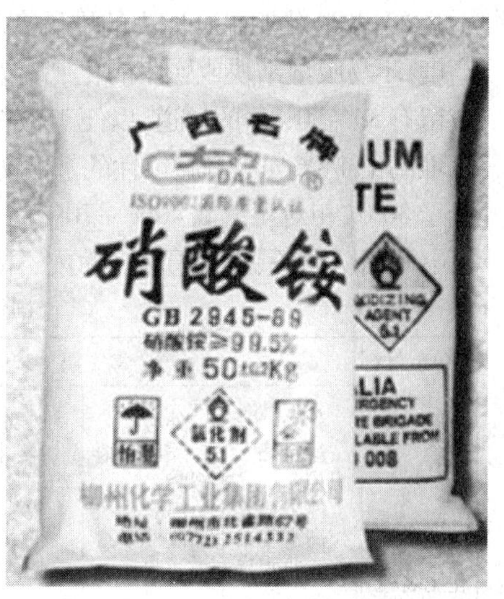

图　2-10

化肥运输、装卸和保管积载特点：

（1）船舶的货舱应清洁、干燥，平整、无突出的尖锐物，以免刺穿刮破包装件，舱盖板应完整和水密；污水沟应畅通；通过该舱内的管道应完好。所使用的衬垫材料都必须干燥。

（2）承运化肥时要向托运人索取货物说明书，了解所要运输的化肥的品种、性质以及包装等，属于危险货物的品种，应按危险货物运输的要求办理承运手续。化肥的包装应具有完整的防水隔潮的包装，符合国家有关规定。

（3）铵态化肥不能与不能与石灰氮、草木灰等碱性肥料或碱性货物混装，以免相互起化学反应，放出氨，降低肥效。也不能与水泥混装，因为化肥如混入水泥后，在使用时会降低肥效和影响土质；铵态化肥能分解放出氨，水泥受氨的作用后会加速凝固，影响水泥质量。

（4）化肥不能与金属及其制品混装，以防锈蚀。化肥不得与食品混装混存，以防串味或中毒；也不能与散湿货、清洁货、吸味货配装。

（5）凡属危险货物的化肥，如硝酸铵是无机氧化剂，与硫磺、硫铁矿、酸、过磷酸钙、漂白粉和粉末金属作用时，会分解析出有毒的氮氧化物和氧，所析出的氧可以引起燃烧而导致火灾；硝酸铵被有机物料污染的情况下，或在高温状态时，将剧烈分解而导致爆炸。因此，应避免与金属性粉末、油类、有机物质、木屑等易燃、易爆的物品混合贮运；隔绝热源，防止高温、避免撞击，注意防火。

(6)装卸有毒性、腐蚀性化肥时,应注意人身安全,在卸货前应对货舱进行通风,作业时作业人员穿戴防护品。如在装卸液氨时,应戴好橡皮手套、橡皮围裙和装有滤氨罐的防毒面具,并有人监护,避免灼伤和中毒事故发生。受液氨损伤的皮肤应立即用水冲洗,然后以3%~5%硼酸、乙酸或柠檬酸溶液湿敷。严重时立即送医院处理。

(7)化肥在搬运过程中注意轻搬轻放,防止包装袋破裂。装卸时禁用手钩,不能用钢丝网等损坏运输包装的吊货工具。对结块的硝酸铵应用木质工具粉碎,不能用铁质工具。对结成"山头"的散装尿素等非危险品的化肥可采用机械或膨胀破碎剂粉碎,作业时要防倒塌伤人。装卸时注意防雨防潮,作业完毕后做好清扫工作。

(8)化肥应贮存于场地平整、阴凉、通风干燥的仓库内。不允许露天贮存,防止日晒雨淋。有特殊要求的产品贮存,应符合相应的产品标准规定。不同性质的化肥不能混堆。

(9)袋装化肥在仓库内的堆码高度,根据化肥性质与包装材料而定。一般认为20袋为适中高度,不易吸湿结块或膨胀的化肥,包装结实的可以堆高些,为30~40袋,堆垛不宜靠墙。垛间应留有30~50 cm的通道,以便于检查。散装化肥堆存高度,按不同化肥容许的贮存压力相应地可堆高至4~6 m。有腐蚀性的散装化肥要注意防止腐蚀库壁和隔板。化肥入库后,库内温度应低于30℃,相对湿度以40%~70%为宜。应经常进行检查。化肥仓库应通风设备,备有干沙或灭火器等消防设备、急救用品。库内不能存有可燃、易燃物品以及食品、饲料、种子等。

固体化学肥料包装材料选用表 表2-14

包装材料 化肥名称		多层袋				复合袋			
		外袋:塑料编织袋 内袋:高密度聚乙烯薄膜袋	外袋:塑料编织袋 内袋:改性聚乙烯薄膜袋	外袋:塑料编织袋 内袋:低密度聚乙烯薄膜袋	外袋:塑料编织袋 内袋:聚氯乙烯薄膜袋	二合一袋(塑料编织布/膜)	二合一方底袋(塑料编织布/膜)	三合一袋(塑料编织布/膜/牛皮纸)	二合一袋(塑料编织布/牛皮纸)
尿素		√	√	√	—	√	√	—	—
硫酸铵		√	√	√	—	√	√	—	—
碳酸氢铵		√	√	√	√	—	—	—	—
氯化铵		√	√	√	—	√	√	—	—
过磷酸钙		√	√	√	—	√	√	—	—
钙镁磷肥		√	√	—	—	—	—	√	√
硝酸铵	结晶	√	√	√	—	—	—	√	—
硝酸铵	颗粒	√	√	√	—	√	—	√	—
磷酸铵		√	√	√	—	√	√	—	—
硝酸磷肥		√	√	√	—	√	√	—	—
复混肥料		√	√	√	—	√	√	—	—
氯化钾		√	√	√	—	√	√	—	—

注:表中带"√"者,为允许使用的包装材料;表中带"—"者,为不允许使用的包装材料。

思考题

一、名词解释

1. 纺织品、天然纤维、化学纤维、机械性质、串味、呼吸作用、微生物作用。

2. 茶叶、绿茶、红茶、乌龙茶、茶叶陈化性。

3. 塑料、通用塑料、工程塑料、热塑性塑料、热固性塑料、聚乙烯塑料(PE)、聚氯乙烯塑料(PVC)。

4. 天然橡胶、合成橡胶。

5. 黑色金属、生铁、熟铁、铁合金、钢、钢材。

6. 化肥、单元肥料、复混肥料。

二、填空题

1. 天然纤维可分为________、________矿物纤维。

2. 化学纤维是可分为________和________等。

3. 合成纤维的主要鉴别方法有________、________、________、________4种。

4. 合成纤维可分为________、________、________、________、________、________等。

5. 按原棉的色泽,棉花可分为________、________、________、________4种。

6. 茶叶的主要成分包括________、________、________、________、________等。

7. 根据加工时干燥的方法不同,绿茶又可分为________、________、________、________4种。

8. 塑料的种类可用________、________、________、________4种方法来鉴别,其中________方法简便易行,是日常生活中常见的方法。

9. 环保塑料现已有________、________、________、________塑料,以及它们相互结合成光生物降解塑料、生物氧化降解塑料等。

10. 橡胶按其来源可分为________和________两大类。

11. 天然橡胶可分为________、________、________、________、________、________等,其中最常用的是标准胶和烟胶片________、________。

12. 合成橡胶按主要用途可分为________、________、________3大类。

13. 马来西亚标准胶,代号是________,"SCR"代号表示________。

14. 常用的铁合金主要有:________、________、________、________、________、________、________、________、________等。

15. 根据其含碳量不同,锰铁分为3类:低碳类:含碳量不大于________%;中碳类:含碳量在________%;高碳类:含碳量在________%。

16. 钢材根据断面形状的不同,可分为________、________、________、________4大类。

17. 常见的氮肥有________、________、________、________等。

18. 常见的钾肥有________、________、________等。常见的磷肥有________、________等。

三、简答题

1. 棉花是如何分类的?

2. 棉花的性质有哪些?

3. 棉花的运输、装卸和保管注意事项有哪些?

4. 化学纤维的性能有哪些?

5. 根据本章引例《尼龙的发明及应用》,结合本节内容,简述化学纤维对纺织工业的影响作用。

6. 茶叶是如何分类的?

7. 茶叶的性质有哪些?

8. 茶叶的运输、装卸和保管注意事项有哪些?

9. 茶叶的运输包装包括哪些?

10. 茶叶称为吸味货的原因是什么? 举例说明茶叶有哪些忌装货物?

11. 塑料的主要性能有哪些?

12. 塑料制品的种类包括哪些?

13. 热塑性塑料的主要品种包括哪些?

14. 热固性塑料的主要品种包括哪些?

15. 塑料制品运输、使用和保管注意事项有哪些?

16. 通用合成橡胶的种类有哪些?

17. 天然橡胶运输包装包括哪些?

18. 橡胶的运输、装卸和保管注意事项有哪些?

19. 钢的分类方法有哪些?

20. 锰铁牌号 FeMn88C0.2 所代表的意义是什么?

21. 钢材和钢材制品的运输包装种类有哪些?

22. 钢铁及钢铁制品的特性有哪些?

23. 钢铁及钢铁制品的运输、装卸和保管应注意的事项?

24. 化学肥料的分类包括哪些?

25. 简述化学肥料对作物作用。

26. 化学肥料的性质有哪些?

27. 我国对固体化学肥料包装有何具体规定?

28. 化肥运输、装卸和保管积载应注意事项?

第三章　特殊货物

● **知识目标**

1. 解释危险货物、冷藏货物、重大件货物、木材等特殊货物的定义和种类；
2. 描述特殊货物的运输包装，特殊货物装卸、运输、保管注意事项；
3. 识别各种特殊货物的性质。

● **技能目标**

能根据特殊货物的性质，进行特殊货物装卸、运输、保管。

引　例

危险货物错误积载引发的事故

1974年一艘集装箱船穿越大西洋，由于船员不知道其中一个集装箱内装有一些砷化氢（联合国编号2188，又称砷化三氢，分子式为AsH_3）的容器，造成错误积载致使其中一个容器泄漏。该物质属于2.3类有毒气体，带有大蒜气味，易燃、有毒、无色气体，其密度远比空气为重。泄漏的气体沉积在集装箱的底部，并沿底部向四周蔓延，从而使接触该货物的船员中毒，甚至20年后有些船员仍不能正常工作。

第一节　危险货物

危险货物（Dangerous goods or Dangerous cargo）系指具有燃烧、爆炸、毒害、腐蚀、污染、放射性等特性的货物，在运输、装卸和储存中，如处理不当，容易造成人身伤亡、财产毁损以及对海洋有环境污染，需要特别防护的货物。

海上危险货物运输具有运量大、品种多、涉及部门广，风险大和运价高的特点。因此，世界许多国家都以立法形式制定了本国的危险货物运输规则。为方便并促进危险货物的国际运输，国际海事组织（IMO）制定出版了国际统一的危险货物海运规则——《国际海运危险货物规则》（International Maritime Dangerous Goods Code，缩写为IMDG Code，以下简称《国际危规》)。该规则于1982年被我国宣布承认。我国交通部以《国际危规》为蓝本,制定并颁布了《水路危险货物运输规则》(以下简称《水路危规》),该规则已从1996年12月1日起在我国境内的危险货物水路运输中实施。

一、危险货物的分类及特性

危险货物具有品种繁多,性质各异,新品不断涌现,危险程度大小不一,多数兼有多种危险性质的特点。对具有多种危险性质的货物,应以其占主导的危险性确定其归类,但在运输中须兼顾此类货物的危险性质。为方便运输和安全管理,经修正的《1974年SOLAS公约》第VII章和《国际危规》,根据货物的理化性质及对人身的伤害情况将危险货物分成9个大类。

第1类 爆炸品;

第2类 气体;

第3类 易燃液体;

第4类 易燃固体、易于自燃的物质、遇水放出易燃气体的物质;

第5类 氧化性物质和有机过氧化物;

第6类 有毒物质和感染性物质;

第7类 放射性物质;

第8类 腐蚀性物质;

第9类 杂项危险物质和物品。

1. 第1类——爆炸品(Explosives)

爆炸品指在外界作用下(如受热、撞击等),能发生剧烈的化学反应,瞬间产生大量的气体和热量,使周围的压力急剧上升,引发爆炸的物质和物品,也包括仅产生热、光、音响或烟雾等一种或几种作用的烟火物品。

按危险程度爆炸品可细分为6个小类:

(1)第1.1类——有整体爆炸危险的物质或物品,如起爆药、爆破雷管、黑火药、导弹等。

(2)第1.2类——有迸射危险,但无整体爆炸危险的物质或物品,如炮弹、枪弹、火箭发动机等。

(3)第1.3类——有燃烧危险并有局部爆炸危险或局部迸射危险或这两种危险都有,但无整体爆炸危险的物质或物品,如导火索、燃烧弹药等。

(4)第1.4类——无重大危险的物质或物品,如演习手榴弹、安全导火索、礼花弹、烟火、爆竹等。此类货物万一被点燃或引爆,其危险仅限于包装件内部,而对包装件外部无重大危险。

(5)第1.5类——有整体爆炸危险但极不敏感的物质,如E型或B型引爆器、铵油、铵沥蜡炸药等。此类货物性质比较稳定,在着火试验中不会爆炸。但当船上大量运载时,则其由燃烧转变为爆炸的可能性大为增加。

(6)第1.6类——无整体爆炸危险的极端不敏感的物品。指仅含有极端不敏感起爆物质,并且其意外引发爆炸或传播的概率可忽略不计的物品。这类物质或物品的共同的特性是具有化学爆炸性。它们的化学性质活泼,对机械力、电、热、磁场很敏感。受到摩擦、撞击、振动或遇明火、高热、静电感应或与氧化剂、还原剂如硫、磷、金属粉末等接触都有发生燃烧、爆炸的

危险。此外,这类物品中多数不但本身具有毒性,而且在爆炸形成的气浪中含有毒性(如一氧化碳)和窒息性(如二氧化碳)气体。对这类物品中敏感度及爆炸能力过强的物品,若未经处理,则禁止运输。

2. 第 2 类——气体

指压缩、液化和加压溶解气体(Gas:Compressed ,liquefied and dissolved under pressure)。

这是指在 50℃时蒸汽压力大于 300kPa,或在 20℃和 101.3kPa 的标准压力下完全呈气态,经压缩或降温加压后,贮存于耐压容器或特制的高绝热耐压容器或装有特殊溶剂的耐压容器中的物质。

这类气体按化学性质可以细分为 3 个小类。

(1)第 2.1 类——易燃气体。此类气体泄漏时,如氢气、甲烷、乙炔、含易燃气体的打火机等,遇明火、高温或光照,会发生燃烧或爆炸。

(2)第 2.2 类——非易燃无毒气体,如氧气、压缩空气、二氧化氮等。此类气体泄漏时,遇明火不会燃烧,没有腐蚀性,吸入人体内无毒、无刺激,但多数在高浓度时有窒息作用。这类气体还包括比固态和液态的氧化剂具有更强氧化作用的助燃气体,运输中还必须遵守第 5 类——氧化剂的各项要求和规定。

(3)第 2.3 类——有毒气体,如氯气、氨、硫化氢、光气等。此类气体泄漏时,对人畜有强烈的毒害、窒息、灼伤和刺激作用。其中有些还有易燃和助燃作用。

上述气体的主要危险表现在两方面:

(1)容器发生破裂或爆炸。诱发原因可能包括受热、撞击、耐压容器本身遭腐蚀或材料疲劳使容器的耐压强度下降等。

(2)因某种原因(如容器的阀门因猛烈撞击而受损)发生气体泄漏,泄漏的气体如轻于空气(如氢气),则会积留于闭封的货舱的顶部。若重于空气(如二氧化碳),则会积存在货舱的底部。如任其蓄积,可能会引起火灾、爆炸、中毒、窒息等事故。

3. 第 3 类——易燃液体(Flammable liquids)

易燃液体指闭杯试验闪点低于 61℃(包括 61℃)时放出易燃蒸气的液体、混合液体、含有溶解固体或悬浮溶液(如油漆、清漆等);还包括在液态时需加温运输,且在温度等于或低于最高运输温度时会放出易燃蒸气的物质,但不包括不能维持燃烧、闪点在 35℃以上的液体,也不包括由于其危险性已列入其他类的液体。

《国际危规》对第三类不分小类。对于易燃液体,闪点是衡量其危险程度的一个重要指标。闪点(Flash point 缩写:Fp)系指在给定的条件下,可燃气体或易燃液体的蒸气与空气的混合物接触火焰时产生瞬间闪火的最低温度。液体的闪点越低,其易燃性及危险性越大。可燃液体当其温度高于闪点时,接触火源有被点燃的危险。闪点依据其测试仪器是在密闭容器还是在开敞容器中加热液体而分为闭杯试验闪点(Closed cup,以 c. c. 表示)和开杯试验闪点(Open cup,以 o. c. 表示)。一般同一物质的闭杯试验闪点要低于开杯试验闪点约 3 ~ 6℃。可燃液体的闪点,因其物理重现性较差,所以其测试的结果应当指明测试仪器的名称及试验条件。

除易燃外,这类液体都具有爆炸性,许多物品还具有麻醉性、毒害性等。液体的易爆程度可用爆炸极限(Explosion limit)来衡量。它是指可燃气体、粉尘或易燃液体的蒸气与空气的混合物,能被点燃而引起燃烧爆炸的浓度范围,通常以可燃气体、粉尘或易燃液体的蒸气在混合物中所占体积的百分比来表示。浓度范围的最低值称作爆炸下限,最高值称作爆炸上限。爆炸下限越小,爆炸极限浓度范围越大的液体,其易爆性也越强。如汽油的爆炸极限为1.2%~7.2%,乙醇为3.3%~18%。

易燃液体的密度和水溶性,对发生火灾时能否用水扑救至关重要。若液体溶于水,则不论其密度大小,都可用水扑救。若液体不溶于水但密度大于1,则也能用水扑救。若液体不溶于水但密度小于1,则禁止用水扑救,因浮于水面的燃烧液体会随水的流动而使火灾蔓延。

4. 第4类——易燃固体

易燃固体包括易于自燃的物质、遇水放出易燃气体的物质(Inflammable solids, spontaneously combustible substance and substances emitting Inflammable gases when wet)。

《国际危规》把除上述第1类、第2.1类和第3类外,其余多数易燃物质都归入这一类。这类物品可细分为3个小类。

(1)第4.1类——易燃固体。如赤磷、硫磺、萘、赛璐珞(如乒乓球)、铝粉、棉花(干的)、黄麻、浸湿的爆炸品(如苦味酸、三硝基苯)等,但不包括已列入爆炸品的物质。

易燃固体是指易于燃烧的或经摩擦可能起火的固体。自反应物质是指由于超过运输温度或被污染,在常温或高温下,易引起强烈分解的物质。此类物质燃点低,对热、撞击、摩擦较为敏感,易被外部火源点燃,燃烧迅速,并可能散发有毒烟雾或有毒气体的固体。其中有些物质,在其明细表中,有控制温度(能安全运输的最高温度)和危急温度(必须采取如抛弃等应急措施的温度)的要求,运输时必须确保这类货物在其控制温度以下。固体退敏爆炸品,是指要用水或酒精浸湿或用其他物质稀释以抑制其爆炸性的物质。该类中的某些物质,处于干燥状态时,应划为爆炸品,只有当它们的浸湿程度达到规定条件的,才可作为第4.1类物质进行运输。

燃点(Inflammable point)是指在给定的条件下,可燃气体或易燃液体的蒸气与空气的混合物接触火焰时能产生持续燃烧时的最低温度。对可燃液体,在相同的条件下,其燃点常比闪点高出5℃左右。

(2)第4.2类——易于自燃的物质。是指正常条件下在运输时,易自行发热或与空气接触升温而起火燃烧的液体或固体。此类物质自燃点低,其主要危险是:能自行发热,若积热不散,则当热量积聚到其自燃点时不需外界引火即能自行燃烧。有些物质如黄磷(即白磷)、鱼粉(未经抗氧化处理)、铁屑、油浸棉麻制品等,甚至在无氧条件下也能自燃,该类包括引火性物质和自热物质。

自燃点(Spontaneous combustion point)是指在常温常压下,某一物质不需外界点燃,即能使自行释放出的气体或蒸气燃烧所需最低能量时的温度。

(3)第4.3类——遇水放出易燃气体的物质。此类物质通过与水反应,易自行燃烧或放出大量的易燃气体的液体或固体物质,如碳化钙(电石)、磷化氢、钠、钾等。

属于第4类的绝大多数是固体,只有4.2类和4.3类中有少量的液体物质。除具有易燃的共性外,这类中许多物品还具有腐蚀性、毒害性和爆炸性等。

5. 第5类——氧化性物质和有机过氧化物(Oxidizing substances and organic peroxides)

这类物品可细分为两个小类。

(1)第5.1类——氧化性物质。系指虽然其本身未必可燃,但可释放出氧或由于相类似情况,与其他材料接触时会增加其他物质着火的危险性的物质,如硝酸钠、高锰酸钾、过氧化氢、次氯酸钙(漂白粉)等。

(2)第5.2类——有机过氧化物。系指其分子组成中含有过氧基的有机物,本身易燃易爆、极易分解,对热、振动或摩擦极为敏感的物质。这类物质比5.1类具有更大的危险性。其中许多物质在明细表中有控制温度和危急温度的要求,如过氧化二丙酰基控制温度15℃,危急温度20℃等。

这类中的多数物质还具有毒性和腐蚀性。

6. *第6类——毒性物质和感染性物质*(Toxic and infectious substances)

这类物品可细分为两个小类。

(1)第6.1类——毒性物质。系指凡少量吞咽、吸入或与皮肤接触易于伤害或严重伤害人体健康甚至造成死亡的物质。归入这一小类的均为常温、常压下呈液态或固态的物质,如氰化钠、苯胺、四乙基铅(四乙铅)、砷及其化合物等。

这类物质的毒性主要用半数致死量LD_{50}(Half-lethal dose,分口服和皮试)或半数致死浓度LC_{50}(Half-lethal concentration)来度量。前者是指能使一群试验动物口服毒物(或与裸露的皮肤接触毒物24h)后,在14天内死亡几乎一半时,平均每千克动物体重所用毒物的剂量(mg/kg);后者是指能使一群试验动物连续吸入毒物尘雾1小时后,在14天内死亡几乎一半时,所吸入的毒物尘物在空气中的浓度(mg/L)。显然,毒物的LD_{50}或LC_{50}越小,其毒性越大。

《国际危规》中列入本类有毒物质的标准是:固体口服$LD_{50} \leq 200$(mg/kg),液体口服$LD_{50} \leq 500$(mg/kg);无论固体或液体,皮试$LD_{50} \leq 1\ 000$(mg/kg),吸入$LC_{50} \leq 10$(mg/L)。《水路危规》的标准是:固体口服$LD_{50} \leq 500$(mg/kg),液体口服$LD_{50} \leq 2\ 000$(mg/kg)。本类物质不少还具有易燃、腐蚀等特性。

(2)第6.2类——感染性物质。即指含有致病的微生物或其毒素,能引起人畜病态,甚至死亡的物质,主要包括含有感染性物质的生物制剂、医学标本,如排泄物、分泌物、血液、细胞组织和体液等。但《水路危规》在这类中不包括疫苗。

运输这类物质,人畜中毒的主要途径是,毒性经呼吸道或皮肤侵入体内,而经消化道侵入的较少。因此,应当采取正确的防护措施,杜绝这些可能的中毒途径,以确保运输安全。

7. *第7类——放射性物质*(Radioactive substances)

放射性物质指能自原子核内部自行放出人感觉器官不能察觉的射线的物质。

1)射线的种类、性质及其危害性

射线分为α射线、β射线、γ射线和中子流等。在各种发射性物质中,有些只能放射出一种射线,有些能同时放出几种射线。如镭的同位素,在其核衰变中,就能同时放出α、β和γ 3种射线。

这类物质的危险在于辐射污染。对人体的危害有外照(辐)射和内照(辐)射两种。外照射是指由于放射性物质的射线,造成对人体组织细胞杀伤或破坏的一种辐射危害;内照射是指由于放射性物质进入人体,造成对内射线源及其周围的人体器官直接损伤或破坏的一种辐射危害。不同放射射线的辐射危害存在着明显的差别。

(1)α射线(甲种射线α Rays)。α射线是带正电的粒子流,具有很强的电离作用。但穿透能力很弱,射程(粒子在物质中的穿行距离)很短,在空气中约为0.027m,仅用一层衣服、纸张等即能被完全屏蔽。一旦进入人体,α射线源及周围的人体器官因电离作用会受到严重损伤。因此,α射线的内照射危害大,但不存在外照射危害。

(2)β射线(乙种射线,β Rays)。是带负电的电子流,电离作用比α射线弱(约为其千分之一),但起穿透能力比α射线强,在空气中的射程约为几米。因此,这类射线对人体外照射危害较α射线大。但其射线很容易被有机玻璃、塑料、薄铝片等屏蔽。

(3)γ射线(丙种射线,γRays)。是一种波长很短的电磁波,即光子流,不带电。以光速运动,能量大,穿透能力很强,约为α射线的1万倍,为β射线的50~100倍,不易被其他物质吸收。要完全阻挡或吸收γ射线是非常困难的。因此,这类射线对人体的主要危害是外照射。

(4)中子流(Neutron current)。不带电,穿透能力很强。一般认为,中子流引起对人体损伤的有效性是γ射线的2.5~10倍。因此,这类射线对人体的危害比γ射线要大。屏蔽需要使用比重轻的物质,如水、石蜡、水泥等。

对放射性物质外辐射的防护可采用屏蔽、控制接近的时间和距离等。运输中要确保其包装完整无损,近距离作业人员必须穿戴防护用品,如铅手套、铅围裙、防护目镜等,有关人员应尽量减少受强照射伤害的时间并增大与辐射源的距离(如选配货位远离生活居住处所)。这是因为放射线的强度与距放射源距离的平方呈反比。内辐射的防护是防止放射源由消化道、呼吸和皮肤3个途径进入体内。

2)放射性比活度和辐射水平

①放射性活度(Radioactivity strength)。又称作放射性强度,指每秒内某放射性物质发生核衰变的数目或射出的相应粒子的数目。它是度量放射性物质放射性强弱程度的一个物理量,单位是Bq(贝可)。

②放射性比活度(Specific activity)。又称作放射性比度,指单位质量(或体积)的放射性物质的放射性活度,单位是Bq/g(贝可/克)。

③剂量当量(Dose equivalent)。表示生物体受射线照射,每千克体重所吸收的相当能量,单位是Sv(希),用以衡量生物体受射线危害的程度。国际公认的人体每年最大允许剂量当量为0.005Sv/y。

④辐射水平(Radiation level)。是指单位时间所受的剂量当量,单位是Sv/h(希/小时)。

《国际危规》规定,放射性物质系指放射性比活度大于70Bq/g(《水路危规》规定为7470Bq/g)的物质或物品,如镭226、铀238、钴60、镭—铍中子源等。但不包括人体内的辐射性同位素心脏起搏器和辐射药物。

3)运输指数(Transport index 缩写为TI)

运输指数是指距发射性货物包件和其他运输单元外表面,或表面放射性污染物和无包装的低比活度放射性货物表面1m处测得的辐射水平的最大值(Sv/h,即希/小时)。对大尺度货物如罐柜、货物集装箱等,其TI值还应乘以在《国际危规》中提供的与货物横截面积尺寸有关的放大系数。

《国际危规》规定:对于各类普通海船在常规运输条件下,全船所载这类货物的TI总和不得超过200,单个包装件、其他运输单元或海船一个货舱内的TI总和通常不得超过10。

8. 第 8 类——腐蚀性物质(Corrosive substances)

腐蚀品是指化学性质非常活泼,与人畜或其他物品接触,在短时间内能造成明显破坏现象的固体或液体物质和物品。大多由酸性、碱性和对皮肤、眼睛、黏膜等会造成严重灼伤的物质或物品,如硝酸、硫酸、冰醋酸、氢氧化钠组成。

不同的腐蚀品,腐蚀物的含量不同,被腐蚀材料不同,其腐蚀作用会有明显的差别。如:双氧水水溶解,当浓度为 3% 时,则可用作伤口的消毒剂;当浓度超过 20% 时,则对人体有强烈的腐蚀作用。又如:浓硝酸对铝,浓硫酸对铁都无腐蚀作用;若两者交换,则铝和铁都会被严重腐蚀。因此,针对不同腐蚀品的特性,采取截然不同的防护措施非常重要。

这类物质和物品中不少还具有易燃、氧化、毒害等一种或多种危险性质。

9. 第 9 类——杂项危险物质和物品(Miscellaneous dangerous substances)

杂项危险物质和物品是指在运输中呈现的危险性质不包括在上述 8 类危险品中的物质和物品,如干冰(固体二氧化碳)、蓖麻籽、白石棉等。

《国际危规》中列入此类危险货物的还包括温度等于或超过 100℃ 时交付运输的液态物质和温度等于或超过 240℃ 时交付运输的固态物质,以及物质本身是(或)含有一定量已列入《MARPOL 1973/1978》附则Ⅲ的海洋污染物的物质。

二、《水路危规》关于危险货物分类的规定

我国的《水路危规》对危险货物的分类与《国际危规》大体相同,由 9 个大类和 24 个小项组成,但也有一些差别,如《水路危规》中的爆炸品无 1.6 类;《水路危规》第 2 类名称改为压缩气体和液化气体,其中第 2.2 项称为不燃气体;《水路危规》根据易燃液体按闪点不同可细分为 3 个小类,第 3.1 类——低闪点类液体($F_p < -18$℃c. c 如汽油、二硫化碳、乙醚、丙酮等,第 3.2 类——中闪点类液体(-18℃c. c $\leq F_p < 23$℃c. c 如工业酒精、苯、泡力水等,第 3.3 类——高闪点类液体(23℃c. c$\leq F_p \leq$61℃c. c) 如松节油等;考虑到腐蚀品的性质差异很大,《水路危规》第 8 类细分为 8.1 项酸性腐蚀品,8.2 项碱性腐蚀品和 8.3 项其他腐蚀品 3 个小项,而《国际危规》该类未作细分;第 9 类名称改为杂类,《水路危规》中第 9 类细分为 9.1 杂项类和 9.2 项另行规定的物质两项,但仅列有难以归入前八类中任何一类的"干冰"(属 9.2 类)一个物质,而《国际危规》该类也未作细分,但列有包括"干冰"在内的 19 种物质。对于这些物质中其余 18 种物质,我国有 7 种未被列入(如救生装置、对环境有害的固体或液体物质、锂电池等),另 11 种物质已并入前八类中的某一类中(如烟雾剂类归入 2.1 项,鱼粉[稳定了的]归入 4.2 项,石棉类和蓖麻籽类归入 6.1 项等),其目的是从严要求,确保安全。表 3-1 是《国际危规》与《水路危规》危险货物分类对照表,供参考。

为区分危险货物主要危险性的危险程度,我国《水路危规》在对危险货物分类的基础上再分为一级和二级。判断危险货物的危险级别是由各类危险货物明细表中第一列危险货物国标(GB12268《危险货物品名表》)编号确定。国标编号由 5 位阿拉伯数字组成,第一位是危险货物类别号,第二位是项别号,最后三位是危险货物品名的顺序号。若顺序号小于或等于 500 号的为一级危险品,大于 500 号的则为二级危险品。如品名"碳化钙(电石)"的国际编号是"43025",表明该货物属于第 4 类第 3 项,因为顺序号 025 <500,故该货物为一级危险品。

三、危险货物标志和有关规定

1. 危险货物标志

正确耐久的危险货物标志，无论是在正常的运输中还是在发生事故后，都应便于有关人员迅速识别，采取必要的防护或应急措施。合格的危险货物包装是危险货物运输安全的根本保证，它除了能起到普通货物包装的作用外，还要求能够经受住比普通货物更大的装卸和海运风险，能够有效地降低或消除引发危险的许多外界影响。

危险货物的标志由危险货物的标记、图案标志和标牌组成。

《国际危规》与《水路危规》危险货物分类对照表 表 3-1

分类	国际危规名称	国际危规分项	水路危规名称	水路危规分项
第1类	爆炸品	1.1、1.2、1.3、1.4、1.5、1.6	爆炸品	1.1、1.2、1.3、1.4、1.5
第2类	气体	2.1 易燃气体 2.2 非易燃、无毒气体 2.3 有毒气体	压缩气体和液化气体	2.1 易燃气体 2.2 不燃气体 2.3 有毒气体
第3类	易燃液体		易燃液体	3.1 低闪点类 3.2 中闪点类液体 3.3 高闪点类液体
第4类	易燃固体、易自燃物质和遇水放出易燃气体的物质	4.1 易燃固体、自反应物质和退敏爆炸品 4.2 易自燃物质 4.3 遇水放出易燃气体的物质	易燃固体、自燃物品和遇湿易燃物品	4.1 易燃固体 4.2 自燃物品 4.3 遇湿易燃物品
第5类	氧化性物质和有机过氧化物	5.1 氧化性物质 5.2 有机过氧化物	氧化剂和有机过氧化物	5.1 氧化剂 5.2 有机过氧化物
第6类	有毒物质	6.1 有毒物质 6.2 感染性物质	毒害品和感染性物品	6.1 毒害品 6.2 感染性物品
第7类	放射性物质		放射性物品	
第8类	腐蚀性物质		腐蚀品	8.1 酸性腐蚀品 8.2 碱性腐蚀品 8.3 其他腐蚀品
第9类	杂类危险货物和物品		杂类	9.1 杂项类 9.2 另行规定的物质两项

1）标记

这是指按《国际危规》要求标注在包装危险货物外面的简短文字或符号，包括危险货物的完整学名、联合国编号、海洋污染物标记。可免除危险货物图案标志的1.4类，配装类S货物的标记“1.4S”以及在物质明细表中确定为低度危险而只需要标注其类别的标记，如“Class 4.1 等”。

2）图案标志

这是指以《国际危规》中规定的色彩、图案和符号绘制成的尺寸通常不小于100mm ×

100mm 的菱形标志，用以醒目明了地标示包装危险货物的性质。对于列入 1.4S 类的货物，或在物质明细表中确定为低度危险性的货物等可免除此类标志。凡有次危险性的货物，除须带有表明其主要特性及类别的主图案标志外，还须同时带有表明其次危险性的副图案标志。主、副图案标志的差别在于，前者应标注类别号而后者不标注类别号。各类危险货物的图案标志参考第一章有关内容。

3）标牌

这是指放大的图案标志（不小于 250mm × 250mm），适用于如集装箱、货车、可移动的罐柜等较大的运输单元。

2. 危险货物标志的有关规定

（1）《国际危规》和《水路危规》规定了危险货物标志的有关要求：危险货物所有标志均需满足经至少 3 个月的海水浸泡后，既不脱落又清晰可以辨。《水路危规》规定，危险货物标志应粘贴、刷印牢固，在运输中清晰，不脱离。

（2）《水路危规》第十七条规定，按本规则属于危险货物，但国际运输时不属于危险货物，外贸出口时，在国内运输区段包装件上可不标贴危险货物标志，由托运人和作业委托人分别在水路货物运单和作业委托单特约事项栏内注明“外贸出口，免贴标志”；外贸进口时，在国内运输区段，按危险货物办理。

（3）国际运输属于危险货物，但按本规则规定不属于危险货物，外贸出口时，国内运输区段，托运人和作业委托人应按外贸要求标贴危险货物标志，并应在水路货物运单和作业委托单特约事项栏内注明“外贸出口属于危险货物”；外贸进口时，在国内运输区段，托运人和作业委托人应按进口原包装办理国内运输，并应在水路货物运单和作业委托单特约事项栏内注明“外贸出口属于危险货物”。

（4）如本规则对货物的分类与国际运输分类不一致，外贸出口时，在国内运输区段，其包装件可粘贴外贸要求的危险货物标志；外贸进口时，国内运输区段按本规则的规定粘贴相应的危险货物的标志。

四、危险货物的包装

1. 危险货物运输包装的作用

危险货物运输包装是防止货物在正常运输过程中发生燃烧、爆炸、腐蚀、毒害、污染等事故的重要条件之一，是保障安全运输的基础。它除了具有一般运输包装的作用以外，还具有一些特殊的作用，具体作用如下：

（1）抑制或钝化货物的危险性，将危险性限制在最小的范围内，提供良好的运输作业环境。

（2）防止因接触雨雪、阳光、潮湿空气和杂质而使货物变质，或发生剧烈的化学反应而造成事故。

（3）减少货物在运输中所受的碰撞、振动、摩擦和挤压，使其在包装的保护下处于完整和相对稳定的状态，从而保证安全运输。

（4）防止因货物散漏、挥发而使性质相抵触的货物直接接触，而发生事故或污染设备及其他货物。

(5)便于运输过程中的装卸、搬运和保管,做到及时运输和保管安全。

2. 危险货物各种包装的概念

(1)单一包装。是指直接将货物盛装在包装容器中的包装,如:钢桶、塑料桶、塑料罐等。其最大净重不超过400kg;最大容积不超过450L。

(2)内包装。是指运输中其外面需要外包装的包装。组合包装中的内层包装就称为内包装。

(3)内容器。是指起盛装作用并需要有外包装的容器。

(4)复合包装。是指由一个外包装和一个内容器组成的在结构上形成一个整体的包装。包装一旦组装好后,无论在充罐、储存、运输或卸空时始终是一个单一的整体。如:钢塑复合桶,其最大净重不超过400kg;最大容积不超过450L。

(5)组合包装。是指为了运输目的将一个或多个内包装装在一个外包装内组成的包装。如塑料罐装在木箱中,其最大净重不超过400kg。

(6)外包装。是指复合包装和组合包装的外部保护部分及其吸附性材料、衬垫材料和为保持内容器或内包装有效所需的任何其他组成部分。

(7)中层包装。是指置于内包装或物品与外包装之间的包装。

(8)大(宗)包装。是指由装有物品或内包装的外包装组成的包装,且符合下列条件:

①设计上适合于机械装卸;

②净重超过400kg或容量超过450L,但容积不大于3.0m^3。

(9)重复使用的包装。是指那些用来灌装相同内容物或类似相容物的包装。该包装经检验能达到性能试验的各项指标。该包装主要由产品发货人为节约成本而采用的包装。

(10)修复的包装。是指已经使用并将内容物清净后需更换部分辅件的包装,如钢桶和塑料桶、罐,更换了不完整的垫圈、封闭器盖等。

(11)再生包装。是指从一个非UN型改成UN型或从一种UN型改变成另一种UN型(塑料桶从1H1改成1H2)或某些结构部件经过更换(如钢桶的非移动盖)的包装。

(12)救助包装。是指为了运输、回收或处理的目的,在其中可盛放损坏、破损或渗漏的危险货物包装,或溢漏或渗漏出的危险货物的一种特殊包装。

(13)中型散装容器。是指刚性和柔性的可移动包装,设计适合于机械装卸并经过检验能承受装卸和运输过程中所产生的各种应力。其容积为用于第7类放射性物质和用于包装类Ⅱ和Ⅲ的固体液体以及使用金属中型散装容器装运Ⅰ类包装的固体不应大于3 000L(3m^3);使用柔性、刚性塑料、复合型、纤维板或木质中型散装容器装运Ⅰ类包装的固体不应大于1 500 L(1.5 m^3)。

(14)罐柜。是指可移动罐柜(包括罐式集装箱)、公路罐车、铁路罐车或容器,用于装载固体、液体或液化气体,容量不小于450L。

3. 危险货物包装类别、包装型号代码和标记

1)危险货物包装类别

危险货物的包装除第1、2和7类,第4.1类中的自反应物质、第5.2类和第6.2类外,所有包装按其呈现的危险程度划分为以下3个包装类。

(1)包装类Ⅰ:适用于盛装高度危险的物质;

(2)包装类Ⅱ:适用于盛装中度危险的物质;

(3)包装类Ⅲ:适用于盛装低度危险的物质。

2)危险货物包装型号代码

包装型号代码由包装形式代码和包装材质代码组成,包装形式代码用阿拉伯数字表示,包装材质代码由大写英文字母表示。也就是说,包装型号代码是用从左至右的数字和字母的组合来表示的,如4G表示纤维板箱。复合包装的包装型号第一个字母表示内容器的材质,第二个字母表示外包装的材质。有些包装还应在包装型号后面加上一个表示包装类型的阿拉伯数字,如6HD1表示胶合板/塑料复合桶;6PG2表示纤维板/玻璃复合箱。各种包装形式和包装材质代码如表3-2所示。

包装形式和包装材质代码表　　表3-2

包装形式代码		包装材质代码	
1	桶	A	钢
2	琵琶桶	B	铝
3	罐	C	天然木
4	箱	D	胶合板
5	袋	F	再生木
6	复合包装	G	纤维板、瓦楞纸板或纸板
7	压力容器	H	塑料、钙塑材料
11	盛装固体、内装物以重力方式装卸的刚性中型散装容器	L	纺织材料
13	柔性中型散装容器	M	多层纸
21	盛装固体,内装物在大于10kPa压力下装卸的刚性中型散装容器	N	金属(钢和铝除外)
31	盛装液体的刚性中型散装容器	P	玻璃、瓷或粗陶

3)危险货物包装标记

(1)包装标记的主要内容。每一包装应用持久、清晰的方法依次标明下列内容:

①包装符号Ⓤₙ或Ⓖ_B,也可用大写字母“GB”或“UN”。

②规定的包装型号。

③包装所达到的包装类别:X表示符合I类包装要求;Y表示符合II类包装要求;Z表示符合III类包装要求。

④拟盛装液体的包装应标明该包装所能盛装液体的最大相对密度,如相对密度不超过1.2

可免标。拟盛装固体的包装或组合包装则应标明其最大总重，单位为 kg。

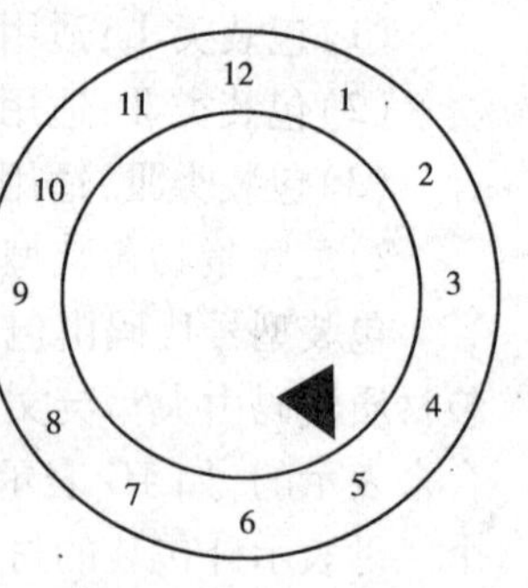

图 3-1

⑤使用字母“S”表明该包装用于盛装固体，或使用精确到十位数的以 kPa 表示的试验压力来表示其所通过的液压试验。

⑥包装生产年份的后两位数，除袋以外的其他塑料包装还应在适当部位用合适的方法标明生产月份，如可用图 3-1 所示方法表示。

⑦包装生产国识别符号（中国为 CN）。

⑧包装生产厂识别标记及其他识别标记，如包装检验标记。如果使用的包装是经修复的包装，还应标明包装修复国家的识别符号、修复厂识别符号、修复年份和字母“R”，修复后通过密封试验的包装还应加上字母“L”。下面例子中，110001 中前两位 11 是商检局代号；后四位 0001 是生产厂代号；PI01 生产批号或生产月份。

（2）包装标记示例：

例 1：瓦楞纸箱。

4G/Y145/S/92

CN/110001/P101

例 2：闭口钢桶。

1A1/Y1.4/160/92

CN /110001/P101

例 3：盛装固体或有内包装的开口钢桶。

1A2/Z150/S/92

CN/110001/P101

例 4：经修复的闭口钢桶。

GB　　1A1/Y1.4/160/92

　　　CN/110001/93 RL

五、危险货物运输包装的要求

1. *危险货物运输包装的一般要求*

（1）盛装危险货物的包装应质量良好具有相应的强度，其构造和封闭装置能经受正常装卸运输条件的风险,不应由于温、湿度或内部压力的变化而泄漏,包装表面不应粘附有残余物、雨、雪或其他物质。

(2)包装的材质、形式、规格、方法和包件重量等应与拟装危险货物相适应,并应便于装卸和运输。在(IMDG Code)中的常规包装的最大容积为450L,最大净重400kg。

(3)包装应具有良好的封口,根据危险货物的类别和特性选择符合要求的包装封口。封口分为:气密封口、有效封口(液密封口)和牢固封口(最低要求)。

盛装具有下列特性的危险货物时其封口应是气密封口。

①产生可燃气体或蒸气。

②在干燥情况下,可能有爆炸性。

③产生有毒气体或蒸气。

④产生腐蚀性气体或蒸气。

⑤可能与空气发生危险性反应。

(4)相互之间能发生危险反应,并引起以下后果的危险货物,不应装在同一个外包装或大宗包装内。

①燃烧或产生相当多的热量。

②产生易燃、有毒或窒息性气体。

③形成腐蚀性物质。

④形成不稳定物质。

(5)包装内所使用的衬垫材料或吸收材料应是惰性材料,并与内装货物的性质相适应。

(6)盛装液体的包装,若散发气体而可能增加内压,则在包装上可安装一个安全阀(泄压阀),确保在装卸、运输过程中不使内压增大而产生危险。向包装内充装液体时,必须留有足够的膨胀余位。

(7)装载固体物质的包装,如果该固体物质在装卸运输过程中有可能因温差而变成液体,那么这种包装还必须具备装载液态物质的能力。

(8)组合包装的内包装装入外包装应保证在正常装卸运输条件下不破裂、不被戳穿或不渗漏。易于破裂或被戳穿的内包装,如玻璃、瓷器、陶器或某些合成材料制成的内包装,应使用合适的衬垫材料紧固于外包装内。内容物的任何泄漏不应削弱衬垫材料或外包装的保护性能。

(9)任何曾盛装过危险货物的空包装,应按原装危险货物的要求来处理,除非能证明将危险货物的残余物已清除掉。

(10)新的、再生的、重复使用的包装或经修复的包装均应经过相应的检验,合格后方可使用。

2. 危险货物特殊包装要求

(1)第1类爆炸品、第4.1类中自反应物质和第5.2类有机过氧化物的包装以及中型散装容器应满足包装类Ⅱ的要求。第7类放射性物质的包装应该遵守国际原子能机构对放射性物品的运输包装做出的专门规定。

(2)复合包装的内容器和外包装应紧密吻合,外包装不得有可能擦伤内容器的凸出面。

(3)带有框架的中型散装容器,其主体和框架之间不应相互运动。主体应始终保持在框架内。如主体和框架连接部分允许作相对运动，则中型散装容器的其他部件不会因这个运动而被损坏。

(4)盛装液体爆炸品的包装的封闭装置应具有防止渗漏的双重保护。双重卷边接合的钢桶、金属或用金属做衬里的包装箱应能防止爆炸物进入缝隙。钢桶或铝桶的封闭装置应使用合适的垫圈。

(5)其他有关的特殊包装规定可见《国际危规》相应的“包装导则”。

六、危险货物运输、装卸和保管注意事项

危险货物在港口作业中，由于涉及装卸、平面运输、库场堆存等众多环节，稍有不慎，就有可能导致严重的灾害，而且，海上人命的安全、船舶及其货物和船员在港区的安全，与对危险货物在装卸前后及装卸过程中的行为有直接关系。我国交通部颁布的《水路危险货物运输规则》以及《港口危险货物管理规定》是目前指导港口进行包装危险货物安全作业比较权威的运输规则，《中华人民共和国安全生产法》、《中华人民共和国港口法》和《危险化学品安全管理条例》对危险货物港口作业也有规定，从而保证安全生产。

1. 危险货物港口作业有关规定

(1)港口装卸危险货物的泊位以及危险货物的品种和数量，危险货物集装箱在港区内拆、装箱，均应经港口管理机构批准，取得危险货物的经营资质后方可经营。装卸危险货物应选派具有一定专业知识的装卸人员(班组)担任。作业人员和管理人员应根据有关规定持证上岗，装卸前应详细了解所装卸危险货物的性质、危险程度、安全和医疗急救等措施，并严格按照有关操作规程作业。

(2)装卸危险货物，应根据货物性质选用合适的装卸机具。各种用于危险货物的装卸机械、工属具其安全系数要比用于普通货物大1倍以上。装卸易燃、易爆货物，装卸机械应安装火星熄火装置，禁止使用非防爆型电器设备和会摩擦产生火星的工属具。装卸前应对装卸机械进行检查。装卸爆炸品、有机过氧化物、一级毒害品、放射性物品时，装卸机械应按额定负荷降低25%使用。进行危险货物装卸作业时，现场应备有相应的消防、应急器材。

(3)必须严格遵守各类货物的装卸操作规程。应轻装、轻卸，防止货物撞击、重压、倒置，严禁摔甩翻滚。使用的工属具不得沾有与所装货物性质相抵触的污染物，不得损伤货物包装。操作过程中，有关人员不得擅自离开岗位。按危险货物的危险性强弱，尽量做到最危险的货物最后装货、最先卸货。夜间装卸危险货物，应有良好的照明，装卸易燃、易爆货物应使用防爆型的安全照明设备。

(4)船方应向港口经营人提供安全的作业环境。如货舱受到污染，船方应说明情况。对已被毒害品、放射性物品污染的货舱，船方应申请卫生防疫部门检测，采取有效措施后方可作业。起卸包装破损的危险货物和能放出易燃、易爆气体的危险货物前，应对作业处所进行通风，必要时应进行检测。如船舶确实不具备作业环境，港口经营人有权停止作业，并书面通知海事管理机构。

(5)船舶装卸易燃易爆危险货物期间，不得进行加油、加水(岸上管道加水除外)、伙食和物料补给、拷铲等作业；装卸爆炸品(第1.4类除外)时，不得使用和检修船舶雷达、无线电发报机。所使用的通信设备应符合有关规定。

(6)装卸易燃、易爆危险货物,距装卸地点50m范围内为禁火区。内河码头、泊位装卸上述货物应划定合适的禁火区,在确保安全的前提下,方可作业。作业人员不得携带火种、穿带铁钉的鞋或穿着化纤工作服进入作业现场,无关人员不得进入。

(7)没有危险货物专用库场的港口,一级危险货物原则上以直接换装方式作业。特殊情况,需经港口管理机构批准,采取妥善的安全防护措施并在批准的时间内装上船或提离港口。

(8)装卸危险货物时,遇有雷鸣、电闪或附近发生火警,应立即停止作业,并将危险货物妥善处理。雨雪天气禁止装卸遇湿易燃物品。因故停工后,应及时关闭有关货舱的人孔盖和舱盖。

(9)装卸危险货物,装卸人员应严格按照计划积载图装卸,不得随意变更。严格按积载图上标注的货位及其备注上的隔离、衬垫、隔票、系固等要求进行装货操作,如需要改动,若已申请监装的,则须经监装部门认可;若未申请监装的,则须经船长或大副同意,其他人员不得任意更改。

(10)装卸时应稳拿轻放,严禁撞击、滑跌、摔落等不安全作业。堆码要整齐、稳固。桶盖、瓶口要朝上,禁止倒放。包装破损、渗漏或受到污染的危险货物不得装船,理货部门应做好检查工作。

(11)爆炸品、有机过氧化物、一级易燃液体、一级毒害品、放射性物品,原则上应最后装最先卸。装有爆炸品的舱室内,在中途港不应加载其他货物,确需加载时,应经海事管理机构批准并按爆炸品的有关规定作业。

(12)对温度较为敏感的危险货物,在高温季节,港口应根据所在地区气候条件确定作业时间,并不得在阳光直射处存放。

(13)装卸可移动罐柜,应防止罐柜在搬运过程中因内装液体晃动而产生静电等不安全因素。

2. 各类危险货物的装卸注意事项

(1)装卸危险货物时,应根据货物的性质和状态,在船和岸、船和船之间设置双层双幅安全网,装卸人员应穿戴相应的防护用品,搬运时应轻拿轻放,绝对禁止翻滚、肩扛、就地拖拉,避免摩擦,防止滑跌。

(2)装卸气瓶时,气瓶的防护帽必须齐全紧固。装卸气瓶不得肩扛、背负、冲击和溜坡滚动,钢瓶气阀应避免对准人身。

(3)装卸易燃易爆物品,装卸作业现场必须远离火种、热源,操作人员不得身带火种和穿带有铁钉的鞋或着化纤工作服。

(4)装卸遇水反应的危险货物,雨雪天禁止作业,茶水汤桶不得带入作业现场。

(5)装卸散装易燃液体时,船舶满载或卸空后若舱内仍有大量气体,应悬挂危险信号。

(6)装氧化剂前,必须检查堆装氧化剂的舱面不得有任何酸类、煤木屑、糖面粉、硫磷金属粉末等及其他各种可燃物质的残留物。

(7)装卸有毒物品,作业过程中及完工后手脸未经清洗消毒前不准进食、饮水、吸烟。

(8)装卸放射性物品时,作业人员应戴口罩、防目镜和穿围裙、胶鞋等,凡皮肤破伤、体弱、孕妇、哺乳期妇女不得参加作业,不得与食物、饲料及其他危险货物同时进行装卸。

(9)装卸腐蚀性物品时,工具不得沾有氧化剂、易燃品。作业人员要穿戴口罩、工作服、手套。装卸强腐蚀品,应使用防腐的橡皮或塑料围裙、手套、护目镜等防护用品,严防接触皮肤,以免灼伤;做到轻装轻卸,防止撞击、跌落,保证堆码整齐、牢固,桶口、瓶口要朝上;禁止肩扛背负、拖钩、倒钩。对于木格箱装的酸坛要用绳套底作业,以免脱底发生事故。

(10) 装卸大量易燃、易爆、有毒、放射性等危险货物前,港口装卸部门应会同公安、消防、海事等部门,以及船方、货主等单位召开工作前会议,研究安全、保卫、消防、装卸、衔接等措施,确保装卸作用顺利进行。

3. *危险货物堆存注意事项*

(1)不同的危险货物堆存时的隔离一般按《危险货物隔离表》的规定进行隔离,保证不同的危险货物之间不会发生化学反应,发生危险。

(2)经常装卸危险货物的港口,应建有存放危险货物的专用库场;建立健全管理制度,配备经过专业培训的管理人员及安全保卫和消防人员,配有相应的消防器材。

(3)库场区域内,严禁无关人员进入。非危险货物库场存放危险货物,应经港口管理机构批准,并根据货物性质安装电气照明设备,配备消防器材和必要的通风、报警设备。库场应保持干燥、阴凉。危险货物入库场前,应严格验收。包装破损、撒漏、外包装有异状、受潮或玷污其他货物的危险货物应单独存放,及时妥善处理。

(4)危险货物堆码要整齐、稳固,垛顶距灯不小于1.5m;垛距墙不小于0.5m、垛距不小于1m;性质不相容的危险货物、消防方法不同的危险货物不得同库场存放,确需存放时应符合《危险货物隔离表》中的隔离要求。

(5)消防器材、配电箱周围1.5m内禁止存放任何物品。堆场内消防通道不小于6m。存放危险货物的库场应经常进行检查,并做好检查记录,发现异常情况迅速处理。

(6)危险货物出运后,库场应清扫干净,对存放危险货物而受到污染的库场应进行洗刷,必要时应联系有关部门处理。

(7)船舶卸货完毕后,应及时整理货舱,谨慎处理危险货物的残留物和垫舱物料。危险货物的残留物或含有这类残留物的洗舱水必须按《船舶载运危险货物应急反应措施》中溢漏应急表的规定和有关挂靠国家及港口的规定处理,不得随意排放或倾倒。

(8)对无票、无货主或经催提后收货人仍未提取的货物,港口可依据国家"关于港口、车站无法交付货物的处理办法"的规定处理。对危及港口安全的危险货物,港口管理机构有权及时处理。

(9)遇危险货物撒漏、落水或其他事故,应迅速上报,按《危险货物应急措施表》和《危险货物事故医疗急救指南》要求采取妥善措施。

在日新月异种类繁多的工农业生产的物质中,具有危险性和潜在危险性的物质有3万多种,海上常运的危险货物已达3 000多种,且新产品还在不断地涌现。这种趋势给海上运输、港口作业和海洋环境带来日益严重的威胁。由于危险货物造成的船毁人亡的严重事故层出不穷,因此,应从技术上和管理上两方面着手,不断提高安全水平。

第二节 冷藏货物

冷藏货物是指需要保持在常温以下进行运输的货物。一些货物,在常温条件下经过较长

时间的保管和运输，由于某些原因会使其成分发生分解、变化而腐败，以致失去使用价值，这类货物就叫做易腐货物。易腐货物在运输和保管中必须在指定的低温条件下才能保证其货物质量，所以，易腐货物也称为冷藏货物。

一、冷藏货物的种类

1. 按货物的属性分

按货物的属性分为动物性食品和植物性食品两大类。

1）动物性食品

肉及肉制品、鱼及鱼制品、蛋及蛋制品、奶及奶制品等。

2）植物性食品

水果、蔬菜等。

2. 按运输的温度要求分

按运输的温度要求分为冷却货物、冷冻货物、速冻货物。

1）冷却货物

冷却货物就是把食物的温度降到尚不致使细胞膜结冰的程度，通常在0～5℃之间。鲜蛋、水果、蔬菜和乳品等常采用冷却储运。冷却储运虽不影响食品的内部组织，食品中酶的活性并未完全被控制，某些嗜冷性微生物仍有一定的繁殖能力，因此冷却食品不能久藏。

2）冷冻货物

冷冻货物就是利用低温保藏食品，即食品的温度降到0℃以下，并维持冻结状态，以便阻止或延缓食品的腐败变质，从而达到较长时期地保藏食品的目的。肉类、畜禽肉等常采用冷冻储运。但当冻结速度很慢时，会使细胞膜内层形成较大冰晶，致使细胞破裂，细胞汁遭受损失，这样会使食品失去或减少原有的鲜味和营养价值，冷冻的温度一般为－18℃。

3）速冻货物

速冻不同于一般的冻却和冷冻方法，速冻食品一定要经过水洗、漂烫、烹调加工或其他前处理工序，然后在低温下（约－30℃以下）快速冻结，然后在此温度下储藏和运输。食品的中心温度在－18℃以下，速冻过程所形成的冰晶颗粒细小、均匀，不致造成细胞膜破裂，因而可保持食品原有鲜味和营养价值。速冻食品大致可以分为4类：果蔬类（如速冻果汁、速冻草莓、荷兰豆、蒜苗等）、水产类（冻鱼、虾、蟹等）、畜禽肉蛋类（冻鸡、肉、蛋等）、调理食品类（冻饺子、包子、馄饨等）。

二、冷藏货物的主要营养成分

1. 肉及肉制品的营养成分

肉及肉制品主要包括牛、羊、猪、鸡、鸭、鹅肉等，其主要营养成分有蛋白质、脂肪、糖类、无机盐和维生素等，由肌肉组织、脂肪组织、结缔组织和骨骼组织组成。

1）蛋白质

蛋白质含量为10%～20%，其中肌浆中蛋白质占20%～30%，肌原纤维中40%～60%，间质蛋白10%～20%。

2）脂肪

一般脂肪含量为10%～36%，肥肉高达90%，其在动物体内的分布，随肥瘦程度、部位有很大差异。

3）碳水化合物

碳水化合物主要以糖原形式存在于肝脏和肌肉中。

4）矿物质

含量约为0.8%～1.2%，其中钙含量7.9mg/g，含铁、磷较高，铁以血红素形式存在。

5）维生素

B族维生素含量丰富，内脏如肝脏中富含维生素A、核黄素。

2. 冻鱼和水产品的营养成分

鱼类和水产品主要含有水分、蛋白质、脂肪、矿物质、酶和维生素。其中蛋白质含量较高，还有人体必需的8种氨基酸。

1）蛋白质

鱼类蛋白质含量一般为15%～25%，易于消化吸收，其营养价值与畜肉、禽肉相似。

2）脂肪

鱼类脂肪含量一般为1%～3%，范围在0.5%～11%，鱼类脂肪主要分布在皮下和内脏周围。鱼类脂肪多由不饱和脂肪酸组成，占80%，熔点低，消化吸收率达95%。鱼类脂肪中的二十碳五烯酸（EPA）和二十二碳六烯酸（DHA）具有降血脂、防止动脉粥样硬化的作用。鱼类胆固醇含量一般为100mg/100g，但鱼子含量高，约为354～934 mg/100g。

3）矿物质

鱼类矿物质含量为1%～2%，稍高于肉类，磷、钙、钠、钾、镁、氯丰富，是钙的良好来源。

4）维生素

鱼类是良好的维生素来源。海鱼的肝脏是维生素A和维生素D富集的食物。

3. 冻水果和蔬菜的营养成分

水果和蔬菜主要含有水分、糖类、有机酸、酶、纤维素、色素和维生素等，是人类必需的副食品，其营养价值因品种、生长、成熟、储藏条件等的不同而有较大的差异。

1）碳水化合物

碳水化合物包括糖、淀粉、纤维素和果胶物质。其所含种类及数量，因食物的种类和品种有很大差别。

2）维生素

新鲜蔬菜水果是提供抗坏血酸、胡萝卜素、核黄素和叶酸的重要来源。

3）无机盐

水果和蔬菜无机盐含量丰富，是钙、磷、铁、钾、钠镁、铜等，无机盐的重要来源，对维持机体酸碱平衡起重要作用。绿叶蔬菜一般含钙在100mg/100g以上，含铁1～2mg/100g。

4）芳香物质、有机酸和色素

蔬菜、水果中常含有各种芳香物质和色素，使食品具有特殊的香味和颜色，可赋予蔬菜水果良好的感官性状。水果和蔬菜采摘后，果实组织中仍进行着活跃的新陈代谢过程，在很大程度上是母体发生过程的继续，未成熟的可继续成熟，已成熟的可发展至老化腐烂的最后阶段。多数水果和蔬菜以过冻结和冻藏后将失去生命的正常新陈代谢过程，由有生命体变为无生命体。

4. 蛋类的营养成分

常见的蛋类有鸡、鸭、鹅和鹌鹑蛋等。其中产量最大，食用最普遍，食品加工工业中使用最广泛的是鸡蛋。各种禽蛋的结构都很相似，主要由蛋壳、蛋清、蛋黄三部分组成。蛋清和蛋黄分别约占总可食部的2/3和1/3。蛋清中营养素主要是蛋白质，不但含有人体所需要的必需氨基酸，且氨基酸组成与人体组成模式接近，全蛋蛋白质几乎能被人体完全吸收利用，是食物中最理想的优质蛋白质。蛋黄比蛋清含有较多的营养成分。钙、磷和铁等无机盐多集中于蛋黄中。蛋黄还含有较多的维生素 A、D、B_1、和 B_2。维生素 D 的含量随季节、饲料组成和鸡受光照的时间不同而有一定变化。蛋黄中含磷脂较多，还含有较多的胆固醇。

5. 奶及奶制品的营养成分

奶是由蛋白质、乳糖、脂肪、矿物质、维生素、水、酶等组成的复合乳胶体。奶类是营养成分齐全、组成比例适宜、容易消化吸收的理想的天然食物。奶类主要提供优质蛋白质、维生素 A、核黄素和钙。鲜奶经过加工，可制成许多产品，主要包括炼乳、奶粉、调制奶粉、奶油和奶酪等。

1）消毒鲜奶

清毒鲜奶是鲜牛奶经过过滤、加热杀菌后，分装出售的饮用奶。其营养价值与鲜牛奶差别不大。

2）奶粉

根据食用要求又分为全脂奶粉、脱脂奶粉、调制奶粉。

（1）全脂奶粉。鲜奶消毒后，除去70%～80%的水分，采用喷雾干燥法，将奶粉制成雾状微粒。生产的奶粉溶解性好，对蛋白质的性质、奶的色香味及其他营养成分影响很小。

（2）脱脂奶粉。生产工艺同全脂奶粉，但原料奶经过脱脂的过程，由于脱脂使脂溶性维生素损失。此种奶粉适合于腹泻的婴儿及要求少油膳食的患者。

（3）调制奶粉。又称人乳化奶粉，是以牛奶为基础，按照人乳组成的模式和特点调制而成，如改变牛奶中酪蛋白的含量和酪蛋白与乳清蛋白的比例，补充乳糖的不足，以适当比例强化维生素 A、D、B_1、C、叶酸和微量元素等，使各种营养成分的含量、种类、比例接近母乳。

3）酸奶

酸奶是将鲜奶加热消毒后接踵嗜酸乳酸菌，在30℃左右环境中培养，经4～6h发酵制成。该制品营养丰富，容易消化吸收，还可刺激胃酸分泌。乳酸菌在肠道繁殖，可抑制一些腐败菌的繁殖，调整肠道菌丛，防止腐败胺类对人体产生不利的影响。

4）奶油

奶油是把乳经分离后所得的稀奶油再经成熟、搅拌、压炼而制成的乳制品，也称为黄油。其脂肪含量在80%～83%，含水量低于16%。

成品奶油应在－15℃以下的冷藏场所保藏，如欲长期保藏则须放入－23℃以下的冷藏场所，如果成品在4～6℃，则其存放时间不能超过7d。

5）干酪

干酪是在牛乳中加入适量的皱胃酶或胃蛋白酶使蛋白质凝固，继续将凝块压成块状或其他形状后，经微生物与酶的作用，并经过长时间的生物化学成熟后而制成的乳制品。干酪的营养价值很高，其中除含有丰富的蛋白质、脂肪和矿物质（特别是钙）之外，还含有大量的维生素。

6)冰淇淋

冰淇淋是以稀奶油为主要原料,加入牛乳糖类、蛋品、香料、稳定剂及乳化剂等,经杀菌、冷冻而制成的。冰淇淋的组成中,一般含水分约64%,乳脂肪约10%,非脂乳固形物约10%,糖类约14%。

三、冷藏货物变质的原因及控制

我们在前面的章节介绍了货物的生物性质。货物的生物性质是指有生命活动的有机体,在外界各种条件的影响下,为了维持其生命,本身所发生的一些生物变化的性质。在运输过程中,货物发生生物变化的形式主要有呼吸、发芽、胚胎发育、后熟、微生物作用、虫蛀等。

从动植物食品的营养成分中可以知道,这些食品含有较多的水分、蛋白质、糖类、脂肪等丰富的营养物质,为食品本身的呼吸作用、酶的作用、食品中微生物的生长等提供了必须的物质。

在这些生物变化中,引起动植物食品变质的主要原因呼吸作用、微生物作用以及发芽、胚胎发育、后熟等酶的作用。对于动物性食品,腐败的主要原因是微生物的作用,因此动物性食品只要保持低温以抑制微生物的生长繁殖,就能起到防止腐败的目的;对于植物性食品,植物的正常呼吸作用是最基本的生理活动,它是一种自卫反应,有利于抵抗微生物的侵害,但呼吸作用要消耗养分,呼吸所产生的热量的积累往往加速食品腐坏变质,所以在食品储存中应做到保持较弱的有氧呼吸,防止缺氧呼吸。

用于动植物食品防腐保鲜的有许多方法,涉及的环节有多方面,对动植物食品的防腐保鲜主要从温度、湿度、通风和环境卫生几个环节进行控制。

1. 温度的控制

1)温度对微生物的影响

动物性食品腐败的主要原因使微生物的作用。微生物包括霉菌、酵母菌等细菌。温度对微生物的生长繁殖影响极大。微生物在+25~+35℃时最易繁殖,在0~+5℃时处于休眠状态,在-8~-12℃时基本停止繁殖,到-18℃以下才完全停止繁殖,但并未死亡,一旦温度回升,活着的细菌又能繁殖。

2)温度对酶的影响

温度是影响酶产生作用的最重要因素,水果、蔬菜的呼吸作用、后熟,肉类、鱼类的僵直、成熟和自溶等都与酶的作用有关。温度越低,酶的活性也越低,当温度为0℃时,酶的活性基本停止。

3)温度对呼吸作用的影响

温度对植物性食品的呼吸作用的影响也非常明显。在常温下外界温度的升高,水果、蔬菜的呼吸作用就会加强,加快食品的腐烂变质。

4)温度对鲜蛋的胚胎发育的影响

鲜蛋在储运过程中,如果温度适宜,胚胎往往会发育成为血丝蛋、血环蛋,大大降低鲜蛋的质量。为抑制鲜蛋的胚胎发育,应控制温度。

5)温度的控制

对温度的控制,是动植物食品防腐保鲜的重要环节,也是主要条件,从控制微生物繁殖、酶的作用、植物性食品的呼吸作用以及控制鲜蛋胚胎发育角度考虑，冷藏温度越低越好。但是，有些食品冷冻后会使其细胞膜遭到破坏，并且不能恢复原状，因此，对各种不同性质的货物要采取不同的适宜低温。按性质不同，可采取冷却、冷冻、速冻冷藏方法。

为了保存好易腐货物，除要求低温外，如一般冷冻食品的温度不低于 -18℃（工业生产实践证明 -18℃以下的温度是冻制食品冻藏的最适安全储温），还要求保持温度的稳定；否则，由于温度的波动，不但微生物有机可乘，还会引起冻结食品内部重新结晶，冰晶进一步扩大，导致食品失去原有的鲜味和营养价值。

2. 湿度的控制

空气湿度对动植物食品影响也很大。湿度过低会使食品应发出水分而加速食品干耗，减轻重量；破坏水果、蔬菜的正常呼吸及维生素的营养价值，消减食品的抗病能力。湿度过高，又有利于微生物的迅速繁殖。因此，必须掌握各种动植物食品的适宜湿度，以便控制湿度。

在冷藏技术上通常用相对湿度，这是指空气的绝对湿度（即每立方米湿空气中所含水蒸气的重量）与同温同压时饱和蒸汽的绝对湿度之比值。

3. 通风控制

对于储运的冷却食品，特别是水果、蔬菜，由于呼吸作用不断呼出二氧化碳和水分，如果没有及时采取通风措施，就可能造成食品的缺氧呼吸。缺氧呼吸产生的酒精还会引起活细胞中毒，造成生理病害，缩短储存期限。

为了保持舱内适宜的湿度和二氧化碳的含量，需要用通风机对货舱进行循环通风和换气通风。为了控制舱内适宜的温湿度，通风时间的长短要适当，通风换气量以 24h 内通风换气次数来表示，一般冷却储运的食品昼夜换气次数在 2 ~ 4 次。对于冷冻运输的货物，因温度很低，微生物活动已受到很大抑制，不必换气。部分冷藏动植物食品的适宜冷藏温度、相对湿度及通风换气次数如表 3-3 所示。

4. 环境卫生

环境卫生条件也是保证动植物食品避免产生腐败变质重要条件。环境卫生条件差，周围环境的灰尘、油垢、垃圾、腥臭味等对食品的外观和其他质量产生影响，甚至完成失去食用价值；同时还为微生物的繁殖创造了有利条件和活动场所，在这种情况下，即使温、湿度及通风都得到很好地控制，动植物食品也还会腐败变质。因此，在动植物食品从整个生产、加工、制作、运输、储藏等所有环节都要注意搞好环境卫生，对于运输船舶，冷藏舱、装卸工具和机械、装卸工人的劳动服装等也都应保持清洁卫生。

部分冷藏动植物食品的适宜冷藏温度、相对湿度及通风换气次数表　　表 3-3

食品名称	冷藏温度（℃）	相对湿度（%）	昼夜换气次数（n）	大概储藏时间	含水量（%）	冰冻点（℃）
苹果	-1.0 ~ 0	85 ~ 90	2 ~ 4	2 ~ 7 月	85.0	-2.0
杏	-0.5 ~ 0.6	78 ~ 85	2 ~ 4	1 ~ 2 周	85.4	-2.0
芦笋	0 ~ 2.0	85 ~ 90		3 ~ 4 周	94.0	-2.0
樱桃	0.5 ~ 1.0	80		1 ~ 3 周	82.0	-4.5

续上表

食品名称	冷藏温度(℃)	相对湿度(%)	昼夜换气次数(n)	大概储藏时间	含水量(%)	冰冻点(℃)
香蕉	11.7	85	2~4	2周	75.0	-1.7
橘子	0~1.2	85~90	2~4	8~10周	90.0	-2.2
桃	-0.5~1.0	80~85	2~4	2~4周	86.9	-1.5
梨	-0.5~1.5	85~90	2~4	1~6月	83.0	-2.0
青菠萝	4.0~12.7	85~90	2~4	2~4周	85.3	-1.2
熟菠萝	4.4~7.2	85~90	2~4	2~4周	85.3	-1.2
草莓	-0.5~1.5	75~85		7~10天	90.0	-1.3
柠檬	5.0~10.0	80~90		2月	89.0	-2.2
西瓜	2.0~4.0	80~90	2~4	2~3周	92.1	-1.6
青番茄	10.0~20.0	85~90	2~4	1~3周	94.0	-0.9
熟番茄	1.0~5.0	85~90	2~4	1~3周	94.0	-0.9
南瓜	0~3.0	80~85		2~3月	90.5	-1.0
无花果	-2.2~0	65~75		1周	78.0	-2.7
韭菜	0	85~90		1~3月	88.2	-1.4
土豆	3.0~6.0	85~90		6月	77.8	-1.8
葡萄	1.0~3.0	85~90	2~4	1~4月	82.0	-4.0
洋葱	1.5	80		3月	87.5	-1.0
芹菜	-6.0~0	90~95		2~4月	94.0	-1.2
花菜	0~2.0	85~90		2~3周	92.0	-1.1
卷心菜	0~1.0	85~90		1~3月	91.0	-0.5
青椒	7.0~10.0	85~90		1~3周	92.0	-1.0
青豌豆	0	80~90		1~3周	74.0	-1.1
甜瓜	0~1.0	85~90	2~4	1周		
洋白菜	-1.0~1.0	90~97	2~4	1周		
白菜	0~1.0	80~95	2~4	1周		
萝卜	1.0~3.0	90~95	2~4	1周		
鲜鸡蛋	-1.0~0.5	80~85	2~4	8月	70.0	-0.8
冷却牛肉	-1.0~0	86~90	2~4	3周	72.0	-2.2

续上表

食品名称	冷藏温度(℃)	相对湿度(%)	昼夜换气次数(n)	大概储藏时间	含水量(%)	冰冻点(℃)
冷却猪肉	0~1.2	85~90	2~4	3~10天	35.0~42.0	-0.6~-1.2
鲜鱼	-0.5~4.0	90~95	2~4	1~2周	73.0	-2.2~-1.7
牛乳	0~2.0	80~85		1周	87.0	-1.0~-2.0
家禽	0	80		1周	74.0	-2.8
兔肉	0~1.0	80~90		5~10天	60.0	-1.7
冻蛋	-10.6~-8.3		1~2	12月	73.0	-1.7
冻鱼	-20.0~-12.0	90~95	1~2	8~10月		-2.2
冻野味	-12.0	80	1~2	3月		
冻猪肉	-24.0~-18.0	85~95	1~2	2~8月		
冻家禽	-30.0~-18.0	80	1~2	3~12月	60.0	
冻兔肉	-30.0~-18.0	80~90	1~2	6月	60.0	
冻羊肉	-12.0~-18.0	80~85	1~2	3~8月		
冻牛肉	-23.0~-18.0	90~95	1~2	6~12月		
乳油	0~2.0	80		1周	59.0	
野味	0.5	70		2周	74.0	
羊肉	0	80		10天	60.0~70.0	
对虾	-7.0	80		1月	76.0	-1.7
卤类	5.0~7.5					-1.7

四、冷藏货物的装运要求和特点

1. 船舶条件

船方应确认本船具备托运人所托运的冷藏货物的承运条件，并具有船舶检验部门发给的冷藏设备入级证书后，方可承运冷藏货物。

2. 做好装舱的准备工作

1)冷藏舱的检查、修理和清扫

装货前应对舱内设备如花格板、舱盖板、隔热门及隔热结构进行周密的检查，发现有损坏应及时修理，并做好舱内的清洁工作。若冷藏舱污染严重时，必须用清水冲洗干净后，再进行通风干燥。由于冷藏舱舱内木质板壁格栅多而不易干燥，而且冷藏舱的舱口或舱门狭小，舱内干燥比较困难，故应利用制冷系统中的风机与风道进行不制冷的通风以使舱内干燥。若发现舱内有霉菌等微生物时，可用消毒药物熏蒸，喷洒消毒药水或用臭氧进行消毒。若发现舱内有异味,则可用臭氧、粗茶熏舱、洒醋酸水或其他脱臭剂进行脱臭。

2)对冷藏舱进行预冷

冷藏员应先对制冷机进行试车。对冷藏舱及舱内的衬隔物料进行预冷。对预冷温度的要求随冷藏货物的品种而异,可按货主书面要求执行。一般宜采用大体上与所运货物要求的冷藏温度相同或稍低的温度进行预冷,同时应检查冷藏舱及其装置,使其处于正常的技术状态。

3)对冷藏舱进行检验

在冷藏舱预冷后,船方应向商品检验部门申请检验。当证明冷藏舱适货后,应取得检验证书。《中华人民共和国进出口商品检验法实施条例》规定,对装运出口的易腐烂变质食品、冷冻品的,承运人、装箱单位或者其代理人应当在装运前向出入境检验检疫机构申请清洁、卫生、冷藏、密固等适载检验。未经检验或者经检验不合格的,不准装运。

3. 做好货物装舱工作

(1)装舱时间应选在气温较低的早晨或晚间,避免在烈日或雨天进行作业。

(2)注意舱温,防止装货过程中温度回升。装舱时要求货源连续不断,保证快速装舱。

(3)装货时应仔细检查来货质量,如发现货物有渗血、变色、发霉、变软或包装滴水等,都应拒装或予以批注。

(4)冷藏货堆装应排列整齐,货物与舱壁、货物与舱顶之间均需留出适当的空隙,供冷风流通。冷藏货与蒸发器、冷风进口及空气排出口应离开适当距离,以免堵塞风口使舱温无法下降或因靠紧蒸发器而使货物过冷与干缩。若货物之间没有空隙,则应在货垛之间留出的风道中放置衬垫或垂直撑条,以形成水平和垂直的通风道。由于舱内需留出通风道,故亏舱率可达10% ~20%。

(5)装货过程中,一般应停止往舱内打冷气,以防结霜。

(6)应注意防止忌装的冷藏货混装。如鱼和肉应分舱装载,信仰伊斯兰教的国家的港口不允许将牛羊肉和猪肉混装。

(7)为保证货物装舱质量,船上应会同商检部门进行监装,并取得监装证书。

(8)装货完毕盖好舱盖,封舱后应立即打冷降温,直至达到所需的冷藏温度。

4. 运输途中保管好货物

(1)保持冷藏舱内的规定的冷藏温度,尽量使温度的波动不超过允许范围,这是运输途中保管货物的最重要的工作。

(2)根据货物的要求对货舱进行通风换气,以防由于舱内二氧化碳含量过多而使具有呼吸性的货物变质。冷冻运输的冷藏货则不需要通风换气。

(3)在运输过程中,冷藏货物因温度较低,要防止货物风干,货舱中空气的相对湿度可控制得适当高一些。

(4)必须认真做好冷藏日志、冷冻机日志的记录工作,因为这些记录是监督冷藏舱工作的依据,是日后发生货损时判明责任和今后运输冷藏货时的主要参考资料。

(5)当船上有多个冷藏舱而只有部分冷藏舱装载冷藏货时,应特别注意防止搞错打冷的舱。

5. 做好卸货工作

(1)卸货前应根据货物情况事先联系检疫。

(2)卸货时间也应选在气温较低的时间,并要求快速作业。

(3)开舱卸货前应根据货物情况,调节货舱温度。

(4)交货时应同时提交肉类品质、重量及温度(装船前冷库温度)证明。

第三节 重大件货物

一、重大件货物的定义

重大件货物是指单件体积过大或过长、重量超过一定界限的货物。对于重大件货物的界定,各国港口和航运公司所确定的标准有所不同。我国《国内水路货物运输规则》以及《港口货物作业规则》都规定的相同的标准,国际上也有相应的标准。

如我国港航计费规定,沿海每件重量超过5t,长江、黑龙江干线每件重量超过3t为重件,沿海长度超过12m,长江、黑龙江干线长度10m超过为长大件;国际标准规定,每件重量超过40t为超重件;长度超过12m为超长件,高度或宽度超过3m为超高或超宽件。

二、船运重大件种类

船运的重大件货物主要有下列几种:

1. 运输车辆类

如火车头、火车车厢、地铁车厢等铁路车辆和散装水泥运输车大型拖车集装箱运输车自卸车、随车起重机等工程专用车辆。这类重大件货物的单件重量重、体积大,其长度一般在20m左右。这类货物一般可在舱内装载。

2. 小型船舶类

驳船、高速快艇、渔船等由于它们的单件重量和体积较前一类为大,故一般只能在甲板上装载。

3. 各种成套设备和构件

如火力发电成套设备、化肥成套设备、石油化工成套设备、冶金设备、重型机械设备、建筑物的钢结构等。这类货物中有的可以在舱内装载,但也有不少货物不但重量大而且体积庞大,只能在甲板上装载。

4. 码头装卸设备类

如岸边集装箱起重机、轮胎式集装箱龙门起重机、散货装卸机械(桥式抓斗卸船机、装船机)等。这类设备大多采用专用船舶进行运输。如世界知名起重机和大型钢结构制造商上海振华港机公司(ZPMC)是,利用自备的重大件整机运输专用船,提供自装港至卸港的一体化整机运输服务。

5. 钢铁制品类

如各类型材、板材、管材等,这类货物一般属于重大件货物,多数无包装,可在舱内积载。

6. 其他类

如石材、集装箱等。石材包括荒料以及石材制品。对于杂货船,集装箱也属于重大件货物。

三、重大件货物积载、装卸和保管注意事项

船运重大件货物多数采用甲板积载。适宜于装运重大件货物的船舶一般应有自备重型吊货设备，甲板应有较大的强度，并且具有较大的舱口尺寸和较宽阔的甲板面积。重大件货物应从积载、装卸和保管几个方面做好各项工作。

1. 重大件货物积载考虑的问题

1）认真做好装运前的准备工作

重大件货物积载对船舶、货物的安全关系重大，必须认真谨慎地做好各项工作。作为船舶主管货物装卸、运输的大副，应详细了解托运人所提供的运单中记载的重大件货物的有关资料，如单件重量、尺度、货件形状、包装情况等；仔细了解和掌握本船承运重大件货物的能力，如船体结构、强度、船上具备的绑扎系固设备、重型起货设备的负荷量等；仔细检查重型起货设备的所有部件和属具，使其处于良好的技术状态。根据计划装运重大件货物的种类、数量、特性和卸货港的顺序等，合理编制积载图，并明确分隔、衬垫、绑扎系固的要求和装卸注意事项，经船长审批后，布置各驾驶员以及船员熟悉，以便制定重大件货物具体的装载计划。

2）正确选择合适的舱位和货位

必须从货物和船舶的安全及便于船舶重型起货设备等方面来考虑安排货位。当货物配装于舱内时，因选择在舱口尺寸较大，且有重型起货设备的中部货舱；当配装于二层舱时，需注意货件的高度应不大于二层甲板至舱口纵桁材下边的高度；当货物配装于上甲板时（应取得托运人的同意），应根据货物的性质，合理选定货位，怕水的货物如裸装汽车等则应配装在中部上层建筑后面的甲板上。装载甲板货时应留出必要的人行通道，不得堆积在消防干线及支管、测水管、舷窗、水密门、排水孔、货舱人孔、操作各种阀门的设备等处所，亦不应妨碍起货机、吊杆起落、手操舵机、系缆等的操作以及妨碍驾驶人员的瞭望视线。确定重大件货物的装载位置时，还应考虑到便于货件的绑扎系固。重大件货物在甲板或舱内货位安排时还应考虑左右舷货载均衡。

3）确保装载部位的局部强度

在普通杂货船上装载重大件货物，由于货件的单件重量较大，因此不论装于何处，装载部位一般不能承受直接堆装重大件货物的负荷，为保证其局部强度条件得到满足，必须预先进行核查，以免其局部构件受损。在实际工作中，一般在重大件装载前，根据拟装部位的单位面积允许负荷量，计算必需的最小衬垫面积，确定衬垫方案。必要时，还应在装载部位甲板的下方加设临时支撑，以确保安全。

4）应校核船舶稳性和产生的横倾

利用岸基起货设备装卸重大件货物后或用船上设备装卸重大件货物时，对船舶的稳性将产生影响，特别是装于上甲板，对船舶稳性将产生较大的影响。当用船上重型起货设备装卸重大件货物时，货物重心在垂向的移动将使船舶的稳性发生变化。货物重心在横向的移动将使船舶产生横倾。如果船舶稳性过小，则过大的横倾可能使船舶倾覆，或使吊杆支索受力过大而发生破断造成事故。过大的横倾也可能使舱内货物移动造成事故，甚至使船舶倾覆，过大的横倾也不利于机舱的工作，特别是检修工作。因此，应预先计算其对船舶稳性的影响，计算船舶可能产生的横倾角，以保证船舶具有足够的稳性。

2. 重大件货物装卸应注意的问题

(1)重大件货物的装卸比较复杂,如处理不当会发生极为严重的事故,所以应予充分注意。要求船、港、货三方密切配合,根据船方制定细致的积载计划,拟定具体的装载操作方案。船上的大副在装卸重大件货物时应在现场监督,必要时应亲自指挥。船员应积极配合装卸工组。

(2)根据事先核算的船舶稳性的影响及船舶可能产生的最大横倾角,必要时根据船舶装载重大件的先后顺序,利用船舶的压载系统和其他方法,制定相应的调整计划,保证有船舶足够的稳性以及避免产生过大的横倾角。

(3)根据《国内水路货物运输规则》,托运笨重、长大货物和舱面货物所需要的特殊系固、捆扎、烧焊、衬垫、苫盖物料和人工由托运人负责,卸船时由收货人拆除和收回相关物料;需要改变船上装置的,货物卸船后应当由收货人负责恢复原状。因此承运人应及时与货主联系,按照积载计划提前准备衬垫材料、捆绑材料以及商定相关事宜。

(4)港方应调派有经验的重大件货物装卸工组,并要根据重大件货物的特性、重量、尺寸、包装、外形特点等要求,选用相应的机械(如船吊、浮吊、岸吊、平车)以及工索具(包括专用吊具、吊货钢丝、卸扣、葫芦、滚筒、紧箍钢丝、撑架等),并在工前仔细检查,以确保安全可靠;在货种特殊、作业难度较大时,货主也需派员到作业现场。

(5)重大件货物装卸作业应安排在白天进行。当船舶有较大的横倾或在天气不良的情况下应停止装卸作业。

(6)按照重大件货物包装或货件上标明的起吊标记位置正确地套绑钢绳,并在受摩擦处加衬垫,如没有标记,可仔细查阅装载文件或装车时钢丝捆绑的痕迹,或找货主问明货物结构,然后确定吊装位置。在装卸作业时,正确起吊是极为重要的。重件货物起重的基本要求是:当吊货索收紧时,货钩与货物的重心应在同一垂直线上,否则货件将发生侧翻;使用两条以上钢丝绳从货件底部承托货重时,应使各条钢丝绳承受基本相同的拉力,否则会因为各条钢丝受力不平衡,某条钢丝可能因超负荷而发生崩断,导致重大货损事故。在实际装卸作业中,当货物起吊离地约20cm(或当绳索拉紧),应暂停再检查各受力处、衬垫情况,确认安全后才能继续起吊。

(7)在装货过程中,严禁起重机快速作业和突然停顿。起吊动作要求慢、稳;变幅、分波不能同时进行;禁止重大件货物从船舶上层建筑上通过,禁止长时间将货物悬吊在空中;起吊货物与船舶舷墙、货舱栏杆应保持合适高度,防止碰撞而发生意外事故。

以上各点只是重大件装货过程中一些必须注意的问题,同样适合于卸货过程。当然还要求船、港、货各方根据现场的实际情况采取一些应变措施,以应对各种可能出现的问题。

3. 重大件货物绑扎系固应注意的问题

船舶在海上航行时,因受风浪的作用会发生复杂的摇摆运动,装载于船上的货物也会随之摇摆。装载在上甲板的重大件货物,除了受船舶摇摆而产生的力的作用外,还受到风力浪冲击力的作用,这些因素的综合作用,将使货物发生位移。如果没有相应的措施,就会造成货损甚至危及船舶安全。因此应特别重视对重大件货物的绑扎系固工作。

1)绑扎系固的工具

在货物绑扎系固过程中,工具的选择和使用是十分重要的。船上可供绑扎系固的工具很多。在选择时,既要根据实践经验,又要有科学根据,决不能草率地选择和使用。下面介绍几种最常见的绑扎系固工具。

(1)铜丝绳。钢丝绳的种类很多,其破断力也各不相同。一在绑扎系固时,一定要预先估算出货物所需的绑扎力,然后选择破断拉力大于货物绑扎力的合适的钢丝绳。钢丝绳则较易收紧,但系固没有链条方便且强度也较钢链差。

(2)松紧螺旋扣。松紧螺旋扣是绑扎系固货物时不可缺少的属具之一,起松紧作用。选择时要与钢丝绳直径一致。

(3)紧索夹。紧索夹也称钢丝夹头,是用于将钢丝绳绕成索环,配合松紧螺旋扣进行捆绑系固使用的。

(4)链条。一般由无挡环组成。也有利用吊杆的稳索链条作为绑扎用。其强度优于钢丝绳。钢链系固比较方便,系固速度快,但不易收紧。

(5)垫木。在选择垫木时,必须注意选择硬质木材制成的垫木。切忌使用圆形垫木。另外,还得根据货物和装载要求预先制作好,尺寸要符合要求。

除上述4种主要绑扎工具以外,还有一些辅助工具,诸如在舱内起系固作用的顶木、立木板、撑木、扒钉,以及连接钢丝绳的索具卸扣等。在选择绑扎系固的工具时,要根据具体情况而定。并配合不同的系固捆绑的方法使用。系固捆绑的方法有:垫、堵、支撑、系扎、焊接等多种。通常是综合使用。

2)系固要求及注意事项

(1)系固松紧要适宜。对货物的系固既要求做到紧固,不使其松动或折断,同时又要易于解开,以防万一发生危险时能立即松绑。

(2)提高系固效果,节省系索。系固时,系固角应尽量小(最好不大于45°),并应使各道系索受力均衡。

(3)系固工艺要正确。对货件的系固应左右、前后对称,每道系索应先绕货件一周后再在两侧固定(当货件上无系索固定点时应在同一侧固定),不能一索系多道。每个生根的地令上不能超过3根系索,且方向不能相同。对于车辆等带轮的货物,如为充气轮胎,则应将胎内气体放出一些,以利系固和防止货件滚动;如为铁轮(如火车车厢),一般应先用枕木铺垫,上铺铁轨,轮子与铁轨之间要用三角铁固定,并应将三角铁焊在铁轨上,如有条件最好先将铁轮用铁板封住,再用角钢将其焊于船上。装在舱内的重大件货物,除用系索固定外,一般还在垂向和水平方向用方木支撑,货件之间用木料钉住,以防航行途中移位。

(4)保证货件不受损伤。为避免系索直接接触货物表面,压损或磨损货件,应在规定的部位进行系固,必要时应在系固部位先加铺垫。对于怕水湿的货物,除合理选择货位外,在系固前应先铺盖油布,易腐蚀部位应涂以防护油脂。

(5)在航行中还应经常检查,如发现绑索松、断,应及时采取措施。装运重大件货物的船舶在航行中应避免过大的横摇角,避免船舶与波浪发生谐振。当遇到这种情况和恶劣天气时,应及时改变航向,使之顶风航行或采取其他避风措施,以确保船、货及人身安全。

以上主要是介绍普通杂货船装载重大件货物时积载、装卸和绑扎系固的注意事项。在实践中,广大船员和码头装卸工人积累了丰富的转运重大件货物的经验。在以后的具体工作中,我们应不断学习,总结经验。

四、重大件货物运输发展的趋势

随着世界经济的增长,发达国家和新兴经济体国家对重大件制造需求日益加大,目前,发展中国家已成为世界制造业基地,由此带来重大件运输市场的繁荣。重大件成套设备运输需求量与日俱增。在20世纪60年代初,重大件通常指的是大约60t重的设备,目前所谓重大件指的是超过150t的设备。目前全球海运业界通常把重大件货物分为:600t以下;600~1 000t;1 000t以上等3种。

为了适应重大件重量增加、体积增大的变化,运输船舶从利用自身所配备的装卸设备或借助码头设备、浮吊进行重大件装卸的传统杂货船,发展到目前一般配备几百吨重吊的重大件设备运输专用船——重吊货船。重吊货船是当今世界航运市场走俏的新船型,一般配备能起重几百吨的重吊,具有二层或三层货舱甲板,主甲板区域宽敞、舱口大,适合装运成套设备及超高超长超重的特大件货物。由于装运此类货物要求相当高,一般的船舶均不能胜任,因而深受市场青睐。按照目前海运惯例,其托运人必须提前18个月与有关船公司签订合同预定舱位,以便承运人预先做好专业设计的超重负荷吊杆和强化甲板等准备。

随着重大件货运市场的利好,目前已有船公司通过建造大件运输船进入这一市场,市场运力规模加大,竞争更趋激烈。根据《中国水运报》报道2007年中波轮船股份公司(简称中波)与中远船务工程集团有限公司在上海一次签下了4+2艘3万t级重吊件杂货运输船的建造合同。中波向中远船务订造的6艘载重3万t、配备640t重吊的重大件设备货运输船舶,总价为23亿元人民币,其资金将主要运用中波公司自有资金。

中波大胆改变了数十年形成的经营思维定势,从2002年订造适货新船起步,中波已从货源减少、运费和利润下滑的传统杂货市场中抽身,转而进入并开辟重大件设备运输领域,从2003年起,中波已有4艘重吊件杂货运输船先后投入航线营运,同时从亚欧区域市场向美湾等全球航线市场拓展,很快就彰显出实力优势:拥有同类型船舶航速最快、技术最新、起重吊最大、主机最先进的4个世界第一,运输能力和盈利能力超过同类传统杂货船的一倍以上。据数据显示,2005~2006年,随着重大件设备运输货量的逐年增长,该类货已分别占中波年货运总量的40%和45%,2007年还将继续增长,有望上升到50%。

运用重吊新船的优势,中波近几年先后成功地承运了上海地铁一、二号线的53节列车厢,做到无一例货损货差,甚至连油漆擦落也没有。在承揽风力发电机、大型直流变压器、大型驳船、成套的电站设备、化工设备等多种"巨无霸"货物中,4艘重吊新船如虎添翼,一举破解了以往装卸此类货物需租用浮吊成本高、效率低的难题。中波还在没有大型浮吊的港口成功地完成了重大件货的运输与装卸,先后承运欧洲到远东大量的风力发电机、上海至荷兰的重达700t的驳船、印度孟买至中国的重达502t的感应器、三峡电站成批直流变压器,以及神头电站、罗孚汽车、中材水泥的成套设备等重点货物,一系列最新记录使中波很快在全球重大件设备货运输市场声名鹊起,成为目前与瑞克马斯等全球几家老牌航运公司齐名担纲重大件货运的企业之一,引发了令人刮目相看的品牌效应。2011年以前6艘新船交付加盟中波,将大大增强核心竞争能力。届时,18艘装备300t以上重吊的船舶,包括最大起重640t的10艘,不仅能满足重大件运输需求,而且以其装备最先进的船队,保持在全球重大件货运市场的领先地位。

第四节 木 材

一、木材的分类

1. 按树种分

按树种可分为针叶树和阔叶树两大类：

1）针叶树

针叶树树叶细长如针，多为常绿树，树干较高且直，力学性能较好，易得长材，纹理较顺直，材质均匀，木质较软，故又称软材。针叶树耐腐蚀强，易加工、变形小，是建筑工程的主要用材。常见的有红松、樟子松、辐射松、花旗松、白松、落叶松、云杉、冷杉、铁杉、杉木、柏木、云南松、华山松、马尾松及其他针叶树种。

2）阔叶树

阔叶树树叶宽大，叶脉成网状，大部分为落叶树，通直部分一般较短，材质较坚硬而重，故称硬材强度和弹性均高于针叶树材，纹理自然美观，加工较难，易变形、开裂和易腐蚀，室内装修工程及家具制造的主要饰面用材。常见的有栎木（柞木）、榆木、楠木、柳木、桦木、山毛榉木、橡木、水曲柳、红木、樟木、泡桐木等。

常用木材的性能和识别特征如表3-4所示。

常用木材的性能和识别特征 表3-4

树种及产地	木材性能	主要识别特征
红松，产于长白山小兴安岭	材质轻软，纹理直，结构中等，干燥性能良好；易加工，切削面光滑；易油漆和胶接	树皮红褐色，鳞状开裂；边材浅黄褐色；芯材黄褐微带肉红；年轮窄而均匀
马尾松，产于长江以南地区	材质硬度中等，纹理直或斜不匀，结构中到粗；不耐腐蚀，松脂气味显著，钉着力强	外皮深红褐色微灰，内皮枣红色微黄，边材成黄褐色，甚宽
落叶松，产于大兴安岭	材质坚硬，不易干燥和防腐处理，不易加工，磨损后材面凹凸不平	树皮暗灰色，边材常呈黄白色微带褐色，手摸感到凹凸不平
白松，产于东北	材质轻，纹理直，结构细而匀，富有弹性。易干燥，着色等均易	树皮灰褐色至暗棕褐色，表层灰白色，木材浅驼色，略带黄白
柏木，产于中南、西南、江西、安徽、浙江	材质细密，纹理直或斜，结构细，易加工，切削面光滑，干燥易开裂	树皮暗红褐色，平滑，年轮不明显，有光泽，有柏木香气
香樟，产于长江流域以南	纹理交叉，结构细；易加工，切削后光滑，干燥后不易变形，耐久性强	树皮黄褐色略带暗柔软；芯材红褐色有樟脑气味
楠木，产于湖北、四川、湖南、云南、贵州	材质细密，纹理倾斜或交叉，结构细；易加工，切削面光滑，耐久性强	树皮暗灰褐色，质软；黄褐色，略带浅绿；有香

续上表

树种及产地	木材性能	主要识别特征
黄檀,产于山东、河南、长江流域以南	材质硬,坚韧;富有弹性,纹理斜,结构中等;切面光滑,耐腐,但易虫蛀	树皮薄,灰黄褐色,原木断面不规则;淡黄褐色,常有黑斑
水曲柳,产于东北	材质光滑,纹理直,结构中等,易加工,不易干燥;油漆和胶合均易;韧性大	树皮灰白微黄,边材窄,黄白色;芯材褐色略黄
柚木,产于广东与台湾省	材质坚硬,纹理直或斜,结构略粗,易加工,耐久性强;干燥收缩小,不易变形	树皮淡褐色,边材窄,淡褐色,芯材黄褐色,髓心近似方形
柳桉	材质轻重适中,纹理交叉,结构略粗,容易加工,易干燥,胶接性良好	树皮较厚,边材淡灰色至红褐色,芯材淡红暗红褐色
银杏,产于长江中下游	纹理直,结构细;材质轻柔;易加工,切削表面光滑,油漆和胶接性能良好	树皮灰褐色,质柔软;芯材和边材区别不甚明显;材色在空气中则显深色

2. 按形状和加工程度分

按形状和加工程度可分为原条、原木、锯材、木材制品。

1)原条

原条是指已经除去皮、根、树梢的木料,但尚未按一定尺寸加工成规定的材类。主要用途为建筑工程的脚手架、建筑用材、家具装潢等。

2)原木

原木系指已经除去皮、根、树梢的木料,并已按一定尺寸加工成规定直径和长度的木料。

直接使用的原木用于建筑工程(如屋梁、檩、椽等)、桩木、电杆、坑木等,加工原木用于胶合板、造船、车辆、机械模型及一般加工用材等。

3)锯材

锯材是将原木根据实际加工需要锯切成一定规格形状(如板条、方木、圆木以及其他形状)的板材。

4)木材制品

木材制品是经过特别加工而成为有特殊用途的木材,如胶合板、纤维板、实木地板、复合地板(实木复合地板、强化复合地板)等。部分锯材用树种及主要用途如表3-5所示。

二、木材的结构和化学组成

木材的结构可在木材的三切面上观察,即横切面、径切面和弦切面,从树干的横切面观测,可以看到的是树皮、形成层、木质部(包括边材和心材)、髓心、年轮、髓线、导管(针叶树无导管)、树脂等组成部分。

部分锯材用树种及主要用途 表3-5

树种		用途
针叶树	落叶松	建筑、纺织机械部件、机台木、木枕、船舶、车辆维修
	樟子松	建筑、罐道木、胶合板、家具、模具、船舶、车辆维修
	马尾松	建筑、造纸、胶合板、火柴、木枕、车辆维修
	海南五针松、广东松	建筑、体育器具、家具、模具、罐道木、船舶、车辆维修
	红松、华山松	建筑、乐器、家具、模具、工艺美术、罐道木、船舶维修、纺织机械部件、桥梁木枕
	云杉	建筑、乐器、罐道木、造纸、跳板、木枕、车辆维修、家具
	冷衫、铁杉	建筑、造纸、木枕、车辆维修、家具
	杉木、柳杉、水杉	建筑、船舶、跳板、家具
	柏木	装饰、工艺美术、雕刻制品、模具、家具
阔叶树	樟木楠木	高级装饰、家具、工艺雕刻、胶合板
	黄檀	高级装饰、家具、纺织木梭、体育器具
	栎木、柞木	船舶维修、体育器具、装饰、家具、纺织机械部件、木枕、机台木
	水曲柳	胶合板、高级装饰、家具、体育器具
	核桃楸、黄菠萝	高级装饰、家具、体育器具、胶合板、家具
	榆木、榉木	装饰、家具、胶合板、木枕、机台木
	栗木	纺织机械部件、家具、船舶、车辆维修
	桉木	船舶、车辆维修、家具、文教用具
	椴木	胶合板、铅笔、火柴、工艺雕刻

木材的基本化学元素包括C、H、O、N等，其化学物质包括细胞壁的3大主成分：纤维素、半纤维素、木素。另外，木材中还含有有机内含物和无机物，占木材绝干重的0.3%～1.0%。纤维素是木材细胞壁中的骨架物质，约占50%每一个纤维素分子平均含7 000～10 000个葡萄糖基，属于多糖类。半纤维素在木材细胞壁中约占20%～30%，是木材细胞壁中的基体物质；木素在木材细胞壁中约占20%～30%，是木材细胞壁中的结壳物质。

三、木材的水分和比重、密度

木材是一种具有多孔性、吸湿性的生物材料，木材与水分之间的关系是木材性质中最重要的部分之一，也直接关系到木材使用过程中的一些问题，如木材的干缩湿胀、开裂、变形等。一般情况下，木材含有水分。根据木材中水分含量的不同状态，木材有生材、湿材、气干材、窑干材、绝干材之分。

生材是树木刚被砍下时的木材；含水率为70% ~140%。湿材是长期于水中浸泡的木材（如水运、水存过程中的木材）；含水率为100% ~200%。

气干材是木材长期在一定大气环境中放置的木材（中国国标上认为气干材含水率为12%）；窑干材是经过干燥窑人工干燥的木材，含水率为4% ~12%。

绝干材是木材经过在103℃烘箱中干燥到其质量不再变化时的木材，认为其含水率为0。

木材的比重为木材的一个重要指标，直接关系到木材的物理力学等性质和木材的加工利用。木材比重为某一木材的重量与同体积的水在4℃时的重量之比。木材密度为某一木材的质量与其体积之比，单位为g/cm^3。木材密度计算时质量与体积对应着木材的不同含水率状态，根据木材状态的不同，有生材密度、气干材密度、绝干材密度和基本密度之分。

生材密度是生材质量与生材体积之比；

气干材密度则是木材12%含水率时的质量与体积之比；

绝干材密度则是绝干状态下木材的质量与其体积之比；

基本密度是木材试样绝干重与试样饱和水分时的体积之比。

四、木材的特性

1. 长度长、密度小、积载因数大

近年来，我国进口的原木长度一般为10 ~12m，直径一般为0.5m，单根重量一般为2 ~5t。木材在舱内以及甲板上积载，都会对货位的选择造成影响。大多数原木的比重小，比水轻，能浮在水面；大多数原木的密度较小，即木材的质量与其体积之比的数值（单位g/cm^3）较小，也就是说积载因数较大。有较大积载因数的木材，在积载过程中，占用了大量的货舱舱容，而船舶的载重能力又得不到充分利用，即不能做“到满舱满载”，必须在甲板上装载一部分货物，一般为装载木材总重的30% ~40%，但增加了船舶重心高度，对船舶的稳性却造成不利的影响。另外，原木单根重量一般为2 ~5t，直径一般为0.5m，个别直径达到1.5m以上，重量达到10多t，属于笨重货物，用人工操作容易发生工伤事故，在装卸时也要特别加以注意。

2. 吸湿性

木材具有纤维状结构和很大的孔隙率，其内表面积极大，易于从空气中吸水，是一种吸湿性的材料。当空气中的蒸汽压力大于木材表面水分的蒸汽压力时，木材自外吸收水分，这种现象叫吸湿；当空气中的蒸汽压力小于木材表面水分的蒸汽压力时，木材向外蒸发水分，这种现象叫散湿。木材的吸湿和散湿统称为木材的吸湿性。木材的含水量的变动范围很大。湿材因干燥而缩减其尺寸或体积谓之干缩；干材因吸湿而增大其尺寸或体积谓之湿胀。木材的干缩湿胀引起木材尺寸和体积的不稳定，可能导致木材变形、翘曲和开裂。

3. 易燃性

由于木材是由C、H、O等元素组成的生物有机化合物，属于固体可燃性物质，是具有火灾危险性的有机可燃物。特别是干燥的木材、含树脂较多的木材更容易引起燃烧。一般木材点燃温度为200 ~290℃，自燃温度为250 ~350℃，在火灾中木质材料最高温度可达800 ~1 300℃。

4. 散味性

湿材、新伐材及某些木材(如樟、柏、楠和花梨木等)有特殊的香味。这些木材刚锯开时异味更重,有的清香,有的辛辣刺鼻。木材由细胞内所含挥发油类散发气味,因各种木材含有不同的挥发物质,所以有不同的气味。例如,松木有松脂气味,香樟木有樟脑气味,檀香木有芳香气味等。

5. 呼吸作用

木材,尤其是刚砍伐的原木,虽然不再生长,仍有新陈代谢的呼吸作用,在运输过程中,木材与木材表面所生长的植物及微生物,在酶的影响下吸收氧气同时呼出二氧化碳,致使二氧化碳增加,氧气减少。因此,对舱内木材进行卸货之前,应对货舱进行彻底通风。

6. 变色和腐朽

木材的主要成分是纤维素、半纤维素和木质素,还含有丰富的低聚糖、淀粉、矿物质、蛋白质等真菌生长繁殖所需要的一切营养物质,只要温度、含水率适宜,这些败坏木材的真菌就会在木材中生长、繁殖,并分解木材的成分作为营养,从而造成木材破坏。木材受真菌的侵蚀,其正常材色发生变化,叫变色,它是木材腐朽的初期阶段。木材受真菌侵蚀,不但颜色发生变化,而且结构松软、易碎,最后变成筛孔或粉末状的软块,这就是木材的腐朽。木材的腐朽改变木材颜色,降低木材强度,使木材失去使用价值。含水量低于25%或高于60%,真菌便不易生长。原木保管就是采取控制原木含水率的方法。

7. 害虫的侵蚀

侵蚀木材昆虫的有天牛、小蠹虫、吉丁虫、象鼻虫、白蚁等害虫,害虫的侵蚀使木材表面被蛀成小沟状或小孔,影响木材的质量,甚至造成腐朽。原木中的害虫还会影响我国森林、生态环境及旅游资源。近年来,我国出入境检验检疫机构在进口原木中截获大量的林木有害生物,其中多数是检疫性有害生物。根据《中华人民共和国进出境动植物检疫法》及其实施条例的规定,要求进口原木须附有输出国家或地区官方检疫部门出具的植物检疫证书;进口原木带有树皮的,应当在输出国家或地区进行有效的除害处理;进口原木不带树皮的,应在植物检疫证书中作出声明,否则,不准入境。出入境检验检疫机构对进口原木进行检疫,发现检疫性有害生物的,监督进口商进行应采取熏蒸防疫处理,处理费用由进口商承担。无法作熏蒸防疫处理的,作退运处理。

五、木材的积载、装卸、运输

木材的运输方式有木材拖运和船舶装运。其中装运木材的船舶有专用船舶(木材船)和普通船舶(杂货船)。船运木材必须时刻牢记"安全第一、预防为主"的安全工作方针,落实安全预防措施,确保船舶的生产安全和航行安全。具体应做到如下几点:

(1)根据船舶、货载、航区、港口、船员等实际情况制定出具体的计划,制定相应的要求和安全保障措施。

(2)船运时,装货前应首先把所有的压载水舱打满压载水,并自下往上装载木材,以保证装货过程有良好的稳性。不得利用压载水来调整船舶的横倾角。

(3)采用专用运木船运输时,由于舱口尺度和货舱容积都较大,舱内为单甲板,无支柱,配备有起重量较大的船舶吊杆,甲板有坚固的舷墙和在船舷都安装有可供装木材专用的立柱,两固定立柱间有安置可放下的5～6根活动立柱。木材重量的分配可按如下分配舱内装载木材的重量约占总装载重量的60%～70%，舱面甲板装载量约占30%～40%。

（4）利用普通杂货船装运木材时，因为普通杂货船的压载舱容量小、甲板强度小、甲板上堆放木材的高度过高，会妨碍驾驶员的瞭望视线等原因，甲板上的装载量较专用运木船装得少些。因此，利用普通货船运输木材时，其载重能力的利用率较差。

（5）船运时由于木材质量和加工程度的不同，重质的木材最好装在底舱的下层，以利改善船舶稳住和在甲板上装载更多的木材。

（6）舱内要先装笨重长大的木材，然后再装轻质木材及细小优质木材，这样既有利于降低船舶重心，又能保证轻质及优质木材的质量。货舱内必须尽可能堆装整齐和利用舱容空间，要根据货舱长度和木材长度将木材紧靠四面舱壁装载，尽量减少亏舱。

（7）甲板木材的装载堆放应保持整齐，船舷边应选一些较长的和较规正的木材装在舷边，最好能跨过两固定柱，主要是有利于整体的加固和绑扎，防止舷边的海浪冲击而造成木材松散和移位。

（8）木材与其他货物混装时，应注意混装条件，不应使其他货物污损和湿损，也不能让其他货物腐蚀木材。若舱内需同时装载原木和成品木材时，不能将两者装载同一货舱内，以免因原木水分挥发造成成品木材货损。

（9）胶合板等装载应远离热源；干木材要与易燃货物分装，且要采取防火措施。

（10）对不同货单的各批木材应按票，用各种颜色的油漆画出记号或用绳隔开，并在相应的货单上记上同样的记号，防止混票；以利提高装卸效率和保证迅速、正确地交货。

（11）因部分木材会挥发有害气体同时消耗氧气，货舱未经充分通风人员不得下舱检查，以免发生危险

（12）根据木材的种类选择合适的吊货工夹具。装卸木材时使用的吊货工夹具主要是：木材钢丝绳扣、自动摘钩、原木夹钳、带钩吊索、木材抓斗等，装卸成材的吊货工夹具主要是：吊带和压紧式夹具。对于短原木和小的板材也可用网络装卸。除此之外，还有各式各样的木材索具。木材钢丝绳扣可用作吊货工夹具，原木夹钳和带钩吊索可用来装卸没有货垫的大原木。装卸原木还可以采用木材抓斗。木材抓斗上应有指明允许抓取的最大长度的标记，以免起重机超载。用抓斗装卸原木有利于保证作业安全，减轻工人的劳动强度，提高劳动生产率。

（13）使用船吊作业时，要注意木材长短不规则，以及多数木材由于较长时间浸泡在水中，使重量加大，往往是远远超过原计算重量等问题，防止船吊超负荷工作。木材装卸作业时，由于体积大而不易控制，容易出现所吊木材大幅度摆动甚至木材摔落等事故。因此，应避免发生人身安全事故。

（14）船运时必须盖好舱盖，并要求水密。船运时，甲板上装载木材时，应留出人行道和排水通道；不得妨碍甲板机械设备的正常使用。船运时，必须校核船舶的稳性，计算时应考虑航行途中油水消耗后和甲板木材吸水及结冰对稳性的影响。

（15）货物装完后，在不需做货物调整的情况下，可以进行甲板货物的绑扎加固工作。首先是用链条绑扎加固，将原先已准备好的链条逐条翻上货面，左右两舷的链条逐条对准进行绑扎加固，有的是用松紧器进行加固，有的是用液压器或葫芦收紧固定。最后是绑扎钢丝，是将

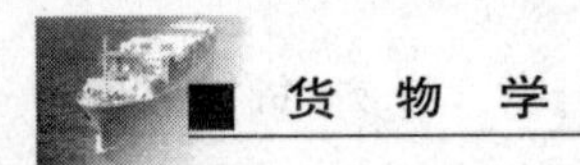

原先已准备好的钢丝放上货面,逐条排列对准后,用专用的绑扎钢丝套进单柄铁滑车,收紧后固定连成一整体,一般都是分段绑扎加固后连体。

航行途中检查:开航后的头三天应每天检查和收紧 1 次系索,以后每两天检查收紧 1 次,如发现索具已无法再收紧或器材损坏,要重新绑扎;当货物出现移位时,动部位的木材进行绑扎加固处理,防止货物移动加大。

(16)卸货时的检查:要注意掌握解绑的时机和先后程序,不可把所有的绑扎系索全部解掉;防止木材出现货堆或个别原木的滚动,避免造成船舶甲板设备的损坏或人身伤亡。在卸货舱的木材前,应对货舱进行充分的通风;注意检查卸货作业的平衡和对称,防止挖坑卸货的危险作业;注意检查工人的操作技术,防止木材摆荡碰损船舶设备或伤及人员。

六、木材保管

木材保存主要指对原木进行合理的保存,避免原木在堆场保存期间,出现受菌、害虫的侵蚀以及开裂变色等物理化学变化而引起的原木质量下降。由于原木的含水量对于原木发生开裂、遭受菌、虫侵蚀和变色等有密切的联系,因此目前多用控制原木含水率的方法来保管原木,方法有:水中贮存法、湿存法、干存法以及化学处理保存法。

1. 水中贮存法

水中贮存法(不能贮存在海水中)利用原木水上作业区或制材车间前的贮水池来保存木材,可以短期保护流送来的木排或单根原木,也可以用长期淹没的方法来保存原木,以达到避免菌虫的侵蚀和开裂。

2. 湿存法

湿存法是使原木边材保持高度的含水量,以避免菌、虫侵蚀与开裂。一般只允许贮存一年左右。该法最适用于新采伐的木材和水运到厂的木材。如果木材已经气干,或已遭受菌类寄生或开裂程度很大的原木,或在易生白蚁的南方地区,则不宜采用湿存法来保存原木。保存时应尽量保留树皮作保护层,并采取预防水分蒸发的措施或喷水、淋水。

3. 干存法

干存法是使原木边材含水量在短期内迅速降低到 25% 以下,其原木一般要进行剥皮,但为了减少边材水分蒸发过快而引起大量开裂和菌类侵入,在剥除树皮时应尽量保留韧皮层,作为保护层。原木两端水分蒸发快,容易发生端裂,为此原木两端各留 10 ~ 15cm 的树皮圈,以及在端面涂防裂涂料。还应考虑到气流流动,其场地,如果能改造成干燥性的最好,雨季时,场地应加盖顶。

4. 化学处理保存法

化学处理保存法可作为原木的辅助保存方法,以减少虫、菌的危害程度和端裂。为此,对于湿存法、干存法,可在原木端面喷涂石蜡乳剂(10%),或涂刷石灰、煤焦油,或聚醋酸乙烯乳液与脲醛树脂(30∶70)、羧甲基纤维素钠与脲醛树脂等合成涂料,以防原木端部水分蒸发,减少端裂。

另外,板材一般进行干存保管。原木经制材后,一般放在锯材保管、自然干燥和调拨的场地进行自然干燥,使含水率达到 20% 左右。锯材要合理地堆垛,以锯材获得最良好的干燥,可靠的保存,并损坏最小。

思考题

一、名词解释

1. 危险货物、国际危规、水路危规、闪点、燃点、自燃点、半数致死量 LD_{50}。

2. 冷藏货物、冷却货物、冷冻货物、带冻货物。

3. 重大件货物、重吊货船。

4. 原木、锯材、木材、比重、木材密度。

二、填空题

1. 射线分为________、________、________和________等。

2. 危险货物的标志由危险货物的________、________和________组成。

3. 包装类Ⅰ适用于盛装________危险的物质；包装类Ⅱ适用于盛装____危险的物质；包装类Ⅲ适用于盛装________危险的物质。

4. 危险货物包装型号代码由包装形式和包装材质代码组成，________代码用阿拉伯数字表示，____________代码由大写英文字母表示。

5. 动植物食品的防腐保鲜主要从________、________、________和________ 4 个环节进行控制。

6. 根据食用要求将奶粉分为________、________、________。

7. 冷藏舱内有异味，则可用________、________、________或________进行脱臭。

8. 我国港航计费规定，沿海每件重量超过____ t，长江、黑龙江干线每件重量超过____ t 为重件，沿海长度超过____ m，长江、黑龙江干线长度____ m 超过为长大件。

9. 国际标准规定，每件重量超过____ t 为超重件；长度超过____ m 为超长件，高度或宽度超过____ m 为超高或超宽件。

10. 常见的绑扎系固工具包括________、________、________、________。

11. 系固捆绑的方法通常有：________、________、________、________等多种，通常是综合使用。

12. 木材保管的方法有________、________、________以及________。

13. 根据木材中水分含量的不同状态，木材有________、________、________、________、________之分。

三、简答题

1.《国际危规》对危险货物是如何分类的？

2.《水路危规》对危险货物的分类与《国际危规》有何区别？

3. 危险货物运输包装的作用有哪些？

4. 危险货物运输包装的一般要求有哪些？

5. 危险货物港口作业有关规定有哪些？

6. 危险货物堆存注意事项有哪些？

7. 你对本章引例《危险货物错误积载引发的事故》有何体会？

8. 说出下面危险货物包装标记所表达的意义。

4G/Y145/S/92

CN/110001/P101

9. 冷藏货物的种类可分为哪些?
10. 肉及肉制品的营养成分主要有哪些?
11. 冷藏货物变质的主要原因是什么?
12. 如何控制冷藏货物变质?
13. 冷藏货物的装运要求和特点有哪些?
14. 温度对微生物有什么影响?
15. 在冷藏货装货前,对冷藏舱进行预冷以及检验的目的是什么?
16. 船运重大件种类有哪些?
17. 重大件货物积载应考虑哪些问题?
18. 重大件货物装卸应注意哪些问题?
19. 重大件货物绑扎系固应注意哪些问题?
20. 结合教材中关于中波公司发展的案例,简述重大件货物运输发展趋势。
21. 木材是如何分类的?
22. 常见的针叶树和阔叶树有哪些?
23. 木材的特性有哪些?
24. 木材的积载、装卸、运输注意事项?
25. 为什么进口原木须附有输出国家或地区官方检疫部门出具的植物检疫证书?
26. 为什么在舱内木材进行卸货之前,应对货舱进行彻底通风?

第四章 散装货物

● 知识目标

1. 解释谷物、固体散货、煤炭、矿石、石油及其产品、散装液体化学品、散装液化气等散装货物的定义、种类；
2. 描述几种主要散装货物装卸、运输的要求；
3. 识别几种主要散装货物的性质。

● 技能目标

能根据散装货物的性质，进行散装货物装卸、运输。

引 例

《国际散装运输危险化学品船舶构造和设备规则》修正案

国际海事组织(IMO)海上安全委员会(MSC)第79届会议于2004年12月10日以MSC.176(79)号决议通过了《国际散装运输危险化学品船舶构造和设备规则》(《IBC规则》)2004年修正案。

根据《1974年国际海上人命安全公约》第VIII(b)(vii)(2)条关于修正案默认接受程序的规定，上述修正案已于2007年1月1日生效。

我国是《1974年国际海上人命安全公约》和《1973/78国际防止船舶造成污染公约》的缔约国，在上述修正案通过后未对其内容提出任何反对意见，因此修正案对我国具有约束力。

在本章中介绍的散装固体货物、散装液化气、散装液体化学品分别是指国际海事组织制定的《散装固体货物安全操作规则》(简称《BC规则》)、《国际散装运输液化气体船舶构造和设备规则》(以下简称IGC规则)、《国际散装运输危险化学品船舶构造及设备规则》(简称《IBC规则》所指的具体货名。国际海事组织海上安全委员会根据实际情况的变化，以会议决议的方式通过修改案，使这些规则更好地适应现代航运的发展需要，对散装货物的运输起着重要的指导作用。

第一节 散装固体货物

由颗粒、晶体、粉末、片状或较大块状物质组成的混合物，其组成成分基本均匀，并且不用任何包装容器，直接装船运输的货物，统称为散装固体货物。如散装运输的矿石、煤炭、化肥、谷物、饲料等。

一、散装谷物

1. 散装谷物的定义

谷物是指包括小麦、玉米、燕麦、稞麦、大麦、大米、豆类、种子以及其加工的与谷物在自然状态下具有相同特征的制成品。谷物的海上运输，有些采用袋装，少量采用散货集装箱。但由于谷物运量大，货物比较稳定，装卸港口相对集中，因此谷物的大量运输广泛采用专用船舶的散装运输形式。它具有能节约费用，增加一定装货量，便于实现机械装卸，能缩短装卸作业时间等优点。散装谷物多年来一直被列为世界海运的主要大宗干散货之一。

2. 散装谷物的特性

散装谷物除具有袋装谷物相同的吸附性、呼吸性、发热性、陈化性、吸收与散发水分性和易受虫害性外，还特别具有与船舶稳性密切相关的散落性、下沉性两个特性。

1）吸附性

谷物有吸收外界异味和有害气体的特性，而且一经感染后就很难去掉，会影响食用，甚至不能食用。

2）吸收和散发水分

谷物在舱内有吸收水分和散发水分的能力，因为谷物是多孔性胶体物质，从内到外分布着许多毛细管，连接谷物颗粒内的细胞和组织。另外，成分中的糖类和蛋白质等亲水物质与水有很强的亲和力。当外界湿度大时，谷物会吸收水分使本身含水量和重量增加，会增强呼吸强度，有利于微生物的生长繁殖，引起谷物发霉变质；当外界湿度小时，谷物向四周散发水分。

3）微生物危害

谷物中含有很多微生物，微生物的种类主要有细菌、霉菌和酵母菌。谷物含有丰富的营养物质，在适宜的温度和含水量条件下，由于霉菌繁殖分泌有大量的酶，可为细菌和酵母菌的生长创造条件，以致造成谷物发霉变质。

4）粮虫危害

谷物很容易感染粮虫。粮虫不仅蛀食谷物，引起重量损失和品质降低，而且粮虫在取食、呼吸、排泄和变态等生命活动中，散发热量和水分，促使结露、生芽、霉变，所产生的分泌物、粪便、尸体和皮屑等还会污染谷物。

5）呼吸特性

谷物是处于休眠状态的活的有机体，靠呼吸作用获得能量以维持生命。这种呼吸过程极为复杂，在有氧和缺氧条件下都能进行，前者为有氧呼吸，后者为缺氧呼吸。谷物的呼吸反应过程中产生热量和水分，除了有利于微生物生长外，反应本身也会消耗和破坏谷物的有机成分（特别是缺氧条件下的呼吸），使谷物品质降低，甚至变质。谷物的呼吸作用越强，营养成分消耗得越多,谷物的含水量和温度是决定其呼吸强度的主要因素。

6)发热性

谷物在储运中,货堆温度不正常上升的现象,称为谷物发热。谷物发热的主要原因是谷物内生物体(包括谷物本身、微生物、害虫)进行呼吸作用产生热量积聚的结果。如果谷物货堆内热量产生比散失快时,货堆温度就会升高,同时,温度的增高又为生物体的旺盛呼吸创造了条件,这样就会产生谷物货堆自身促进发热的现象。

7)陈化性

谷物随着储存期的延长,由于酶的活性减弱,呼吸降低,原生质胶体结构松弛,物理化学性质改变,品质变劣,这种由新到陈、由旺盛到衰老的现象,称为谷物的陈化。谷物陈化,既是谷物本身生理变化,又是其生化变化的自然现象。谷物陈化的深度与保管时间成正比。高温高湿、杂质多,虫、霉滋生,易加速谷物的陈化。

8)散落性

散落性是指装于船舱内包括谷物在内的各种颗粒状、块状和粉末状的散货,受船舶摇摆、振动等外力作用,能自动松散流动的性质。散装谷物的散落性与其颗粒形状、大小、表面光滑程度、水分与杂质含量等因素有关。散装货物是松散流动程度可以用自然倾斜角表示,它是指非黏性颗粒状、块状和粉末状物质由空中和缓下落自然形成的货堆斜面与水平面的夹角。显然,自然倾斜角越小,其散落性越大。谷物的散落性有利其装卸,但是,船舱内的散装谷物随船舶的摇摆、振动,谷物表面发生移动,对船舶稳性产生不利的影响。

9)下沉性

下沉性是指装于船舱内的散装谷物,受船舶摇摆和振动作用,谷物颗粒间的空隙逐渐缩小引起谷物表面下沉的特性。散装谷物的下沉性与谷物颗粒的大小、形状、积载因数、含水量、散落性等因素有关。谷物的散落性和下沉性对船舶的稳性产生不利的影响。

3. 散装谷物运输、装卸和保管注意事项

散装谷物在海上运输的全过程中,除需要按杂货的一般要求运输外,还应特别注意下列几个方面:

1)满足谷物对装运条件的要求

全面检查货舱设备并使之处于适用状态。疏通舱内污水井和污水沟,以保持其畅通。对货舱污水泵和通风设备作全面检查和试运行,以保证其状况良好。彻底清洁货舱,保证货舱处于清洁(无残留物、无铁锈、无油漆皮等)、干燥、无异味、无虫害、无鼠害、无有害物质、无渗漏的状况。若舱内存在虫害,则需在装货前对空舱进行熏蒸。当全船每一货舱均满足上述适货条件时,方可向装货港有关部门申请验舱。只有当验舱合格,并取得验舱合格证书后,才允许开始装货。

2)合理编制船舶积载计划

编制散装谷物船积载计划与编制杂货船积载计划的步骤和方法基本相同。散装谷物船在积载图上标注与杂货船不同的是:在谷物装载处所除需标明货物的名称、重量、积载因数外,对满载舱,需要标注其平舱形式;对于部分装载舱,需要标注其谷物装舱深度;对于多层甲板船,需要标注是否采用共同装载方法;对于设置防移装置的货舱,需要详细标注所设置的防移装置形式、设置部位和装置的具体尺度等内容。

作为编制散装谷物船积载计划的一个重要组成部分是，按装货港提供的表格形式填写散装谷物稳性计算表。尽管不同的港口提供的表格形式差异较大，但其计算原理和填写内容都大致相同，即选择船舶在航行途中对稳性最不利的装载状况，采用船舶适用散装谷物船运规则，进行船舶完整稳性衡准指标的核算。为遵守 SOLAS 公约的有关规定，各国港口指定有关当局负责在装货前（有些港口在船离港前）对船方填写的散装谷物稳性计算表进行核准，只有当确认计算表中船舶稳性衡准符合 SOLAS 公约规定后，才准许船舶开始装货（有些港口作为准许离港的必要条件之一）。

3）严格按积载计划装货

监装中，应特别注意装船谷物的质量（主要是含水量）并督促做好舱内衬垫，以保证散装谷物与舱底、舱壁和舱顶完全隔离并保持舱内易产生汗水部位与污水沟、污水井之间的通道畅通。如遇雨雪天气，应及时停装并关闭货舱。各舱装货结束时，应按要求进行平舱并采取止移措施（必要时）。全船装货结束时，应注意调整船舶吃水差，消除船舶横倾角。装货完毕后，可以利用水尺计量方法计算全船实装的谷物重量，以供参考。同时应实测每个部分装载舱内的空当高度并对积载计划进行修改，绘制实际积载图。

4）做好卸货各项准备工作

卸货前，应做好各项准备工作，特别是了解货物的情况，货主通常委托有关机构人员上船检查各舱内谷物的实际状况。只有在确认未发现待卸谷物存在水湿、霉变、虫害、污染等情况时，才准许开始卸货。

二、固体散货

为了促进除散装谷物以外的散装固体货物的海上运输安全，国际海事组织（IMO）制定了《散装固体货物安全操作规则》（简称《BC 规则》），并于 1986 年 7 月 1 日起生效。

1. 固体散货分类

《BC 规则》将散装固体货物分为：

1）易流态化货物（A 类散货）

这是指较细颗粒的混合物，尽管在外观上看不出潮湿，但却含有一定的水分，当其含水量超过其“适运水分限量”时，会由于流态化而产生移动的物质。在《BC 规则》的附录 A 中列出了 40 多种这类货物，如黄铁矿、铁精矿、硫化锌、锰精矿等。所谓“流态化”是指达到一定含水量的细颗粒物质经颠簸、振动等外部因素的影响，物质失去内部抗切强度，使其水分逐步渗出，表面形成可流动状态。易流态化物质的“流动水分点”是指这类货物达到流态化特性时的含水量。易流态货物安全运输公认的最大含水量称为“适运水分限量”被确定为“流动水分点”的 90%。

2）具有化学危险的货物（B 类散货）

它是指由于其本身的化学性质而在运输中会产生危险的货物，这类货物又分为两类：

在《国际危规》中已列明的物质。这类物质在包装条件下安全运输的要求可查阅《国际危规》，而在散装运输时的安全运输要求应查阅《BC 规则》。在《国际危规》中列为危险货物，且允许散装的物质包括在《国际危规》中定义的第 4 类、第 5.1 类、第 6 类、第 7 类、第 8 类和第 9 类中。

仅在散装运输时会产生危险的货物(materials hazardous only in bulk),称为MHB货物,这类货物由于未列入《国际危规》,因此在散装运输中易产生的危险往往容易被忽视。这类货物以包装形式运输时不作为危险货物,但在散装运输时具有一定的化学危险。

3)既不易流态化又无化学危险的散装货物(C类散货)

这类货物中,有些与A类散货同名,但其块状较大或含水量小;有些与B类散货同名,但已经过抗氧处理或某些危险物质含量较小;C类货物中,有些还有一定的毒性或腐蚀性。在《BC规则》的附录C中列有90多种货物,如滑石、水泥、种子饼、带壳花生等。运输C类货物时,应注意测定其自然倾斜角。自然倾斜角较小的散货的潜在移动性一般超过同名的A类散货。

4)既具有易流态化又具有化学危险的散货(A/B类散货)

这类散货在《BC规则》中既可在附录A中,又可在附录B中查到。在《BC规则》中的物质名称索引表列有7中A/B类散货,如煤、硫化金属矿、铜精矿等。运输这类货物时,必须兼顾其易流态化特性和化学危险性对运输安全的影响。

2. 固体散货特性

散装固体货物运输中易产生的危险,一般有以下几方面的危险:

(1)由于积载不当,货物重量分配不合理而造成船体结构的损坏。某些密度很大的散装固体货物在舱内装载时,对船体结构会产生较大的应力,尤其是当货物分布不均匀时,对船体结构是一种潜在的威胁。

(2)船舶在航行中稳性减少或丧失。其原因有:

①由于平舱不当或货物重量分配不合理使货物在恶劣海况下发生移位;

②易流态化货物在其含水量超过适运水分限量的状态下运输时,由于船舶在航行中的振动和摇摆,使货物呈流态化而滑向或流向货舱一舷。这类中有些货物看似表面干燥,但其含水量实际上已超过适运水分限量。在船舱内运输时,其呈流态化的表层在船舶摇摆时会流向一舷,但在回摇时却不能完全流回,如此继续,将使船舶逐渐倾斜乃至倾覆。

(3)易产生化学危险,包括:

①消耗货舱中的氧气,使货舱内缺氧;

②放出有毒气体,有些货物因氧化作用放出有害气体,有些货物受潮放出有害气体;

③有些货物的粉尘,对人体健康有害;

④有些货物因氧化作用导致自热、自燃;

⑤有些货物的可燃性粉尘与空气混合会导致粉尘爆炸。

三、散装矿石

1. 矿石的种类

1)金属矿石

金属矿石是指经济上可合算地提取金属的矿石。它绝大多数都不是纯品,而含有多少不等的杂质,金属矿石按其含纯金属的比例分成富矿和贫矿。其标准必须按具体矿石来定。如铁矿石含铁量大于50%的叫富矿,小于此标准的叫贫矿;而铜矿石含铜达20%的就是富矿了。为了提高品位,将贫矿磨碎后过筛,用水洗、重选、浮选、烧结、电选、磁选等方法减低杂质含量,可生产出品位较高的精选矿粉(砂)。常运的金属矿石有:铁矿石、铜矿石、铝矿石、钨矿石、锑矿石、锰矿石、锡矿石、铅矿石等及其精选矿粉(砂),其中铁矿石的运量最大。金属矿石大部分是散装运输,只有少数贵重矿石的精矿粉(如钨矿、锡矿等)采用包装运输。有色金属矿物多为精矿粉(砂)运输。

2)非金属矿石

非金属矿石是指金属矿石以外的矿石。非金属矿石主要是用其化合物,而不是用以提炼单质。非金属矿石主要有:磷灰石、石灰石、萤石(氟石)、白云石、硅砂、石膏、镁砂等。

2. 散装矿石的海运特性

(1)密度大,即积载因数小。故在积载时应特别注意其对船舶强度和稳性的影响。

(2)易散发水分。多数矿石都含有不同程度的水分,经精选的矿石所含水分更大,因此当矿石非整船运输时,不应与怕潮湿货同舱装载。

(3)易扬尘。矿石在运输时常保留着开采时带有的泥土杂质,随着水分的散发,泥土和杂质易脱落,在装卸时极易扬尘。因此,矿石不应与怕扬尘货混装于一舱。同时,怕混入杂质的矿石本身也应避免与其他扬尘货混装于一舱。

(4)流态化。对某些易流态化矿石(粉),装运时必须控制其含水量在适运水分限量以下。否则,普通货船应拒绝承运。

(5)易冻结。矿石中含有水分,在低温时易于冻结,会造成装卸困难。

(6)易散发有害气体。金属矿石能散发各种有害气体,如甲烷、一氧化碳、二氧化碳、二氧化硫等气体混合物。货舱内这类气体的积聚危害极大。

(7)自热和自燃性。某些矿石中,含有相当数量的易氧化成分,开采后氧化条件更充分,所以易于自热,如果积热不散,易引起自燃。一般含硫量大的矿石,如黄铁矿、精选铜矿粉等较易自燃和自热。

3. 散装矿石的装运特点及注意事项

(1)装载前应了解装卸港口的有关资料,包括:进出港口的泊位及航道的限制水深、基准水深、潮汐资料、船底富裕水深、装船机的类型、效率及限制高度等。

(2)装运矿石宜采用矿石船。矿石船是运输矿石的专用船,特点是舱口大、单层甲板,有较大的总体强度和局部强度,为提高船舶重心,其双层底结构比较高。因矿石比重大,需要的舱容比较小,其货舱容积一般仅占船舶总容积的40%左右,其余的舱容则可用来做压载水舱。

(3)采用普通杂货船整船装运矿石时,应注意船舶的纵向强度和稳性。为减轻船体受力,应减载夏季满载装货量的20%,且各舱应按舱容比例分配货重,船体结构要坚固。为提高船舶重心,凡有二层的船舶应在二层舱内装载航次载货量的1/4~1/3,以利提高船舶重心。

(4)合理确定货物装卸顺序和压载水排注方案。确定专用矿石船的货物装卸顺序需要考虑多方面的因素,如作业前本船的压载状况、船舶压载水的排注流量、码头装船机的作业效率、泊位对船舶吃水的限制条件等。一般应按船舶资料中推荐的方案确定。如无资料,对于使用岸上装船机开一条作业线的尾机型船舶,推荐的确定货物装卸顺序的原则:先在船舶中部货舱开始装卸,以减缓船舶的中拱(装时)和中垂(卸时)变形,然后首、中、尾货舱交替进行装卸,以使船舶在整个装卸过程中不会产生较大的纵倾。根据上述方案和原则,可以编制具体的"货

物装卸和压载水排注计划表”，并对其中最不利的几个状态进行船体受力的校核，如不符合要求，则应对计划表进行调整，或通过分几轮进行装卸，使其满足要求。但普通货船整船装运矿石时，不可逐舱装卸，应各舱同时作业，如各舱不能同时作业应逐循环轮流装卸，以防船体结构受损。

(5)专用矿石船装货时应按上述计划表进行，并应密切注意船舶的吃水。当实际装货效率或压载水排注流量与计划值有较大出入时，应及时进行调整，以确保船舶吃水始终介于其最大允许吃水和最小允许吃水之间。

(6)装卸过程中，应督促装船机驾驶员或工头及时调整装船机的喷口位置，以使船舶横倾角不超过3°，并可减少平舱工作量。对于易流态化货物，应做好货品取样和样品封存。雨雪天应关舱停装。

(7)装货结束前，应利用所留机动货载调整船舶吃水差使其满足要求。有时，在装货临近结束时已将船舶吃水差调平，如仍然需保持平吃水，所留机动货载应基本装在中部附近货舱。由于专用矿石船用以调整吃水差的机动货载数量较大，因此，在确定机动货载的舱位时应特别注意防止船舶产生过大的中垂；可用观测吃水的方法检验船舶的拱垂变形是否在要求范围内。装货结束应按要求做好平舱工作，并消除船舶的初始横倾角。

(8)卸货开始时，如果船舶的富裕水深较小，则不宜立刻用水泵压载。可先利用海水压力自然注入压载水一段时间，以防大量海底泥沙被吸入压载舱。

(9)各种矿石必须按不同品种、规格分别堆放，不得混装混卸，不得混入其他杂质。

四、煤

煤是重要的能源之一，主要是用于工业或民用燃料及供给动力，也是冶金、化工等部门的重要原料。煤经高温或低温干馏加工，可生产出焦炭以及气体和液体燃料，还可提炼出几百种化工原料。因此，煤在发展国民经济建设中，具有十分重要的地位和作用。

1. 煤的种类

煤的主要成分是固定碳、挥发物（氢、氧、一氧化碳、硫、磷、沼气等）及灰分等。煤的种类很多，通常按固定碳和挥发物的多少可分为4类。

1)泥煤

泥煤是呈黄褐色或黑褐色的泥状煤，质地很软，固定碳含量不高，约26%～31%，挥发物含量高达70%～75%，水分的含量也很高。泥煤的发热量很低，发火温度为295℃。这种煤多用于本地，运输较少。

2)褐煤

褐煤是一种呈暗棕黑色的煤，质地疏松，固定碳含量高达75%，挥发物含量最高为75%。挥发物含量为52%以下，发火温度为320℃，发热量约(4 000～7 200)×4.18J/kg。这种煤可作为动力燃料或化工原料。

3)烟煤

烟煤呈黑色，有光泽或无光泽、结构较细、质地较脆，当受到碰击会碎裂成块。烟煤的固定碳含量为75%～95%，挥发物含量为5%～25%，发火温度为386℃，发热量约(6 600～8 600)×4.18J/kg。烟煤根据碳化程度还可分半烟煤、烟煤、上等烟煤，分别适于不同用途。

4)无烟煤

无烟煤是碳化程度最深、质地最硬的一种,以具有黑色光亮表面及很大的硬度为特点。固定碳的含量最多可达93% ~98%,挥发物仅占2% ~7%,发火温度可高达420 ~450℃,发热量约(8 000 ~8 700)×4.18J/kg,在燃烧时发出无烟火焰或根本不起火焰。根据碳化程度可分为次无烟煤和无烟煤,或称白煤。

2. 煤的性质

1)煤的风化与氧化

(1)煤的风化。开采出来的煤由于长期受到空气、水分、阳光、温度、雨雪和冰冻等多种化学反应和物理作用的复杂影响,致使煤的物理、化学性质和工艺特性发生显著的变化,煤的表面会渐渐地失去光泽,并生出赤色或白色锈迹,块煤变成末煤,发热量显著降低,黏结性减弱,含氧量增加等,这种现象就叫煤的风化。

(2)煤的氧化。在煤的化学变化中最重要的是煤的氧化。煤在运输、保管中会和空气中的氧气缓慢的氧化作用,使煤堆发热,如果通风不良,就会促使煤的风化和煤堆温度不断升高。

(3)影响煤氧化的因素。影响煤氧化的因素很多,主要有:

①铁矿的氧化作用。黄铁矿是硫化铁,硫化铁在潮湿的条件下容易氧化而产生热量。因此,煤中含黄铁矿多少与煤的氧化作用有很大关系。

②煤的粒度大小。块煤与空气的接触面积小,容易通风散热,而末煤与空气的接触面积较大,则容易氧化并且不易通风散热。

③煤的水分。水分多的煤容易填塞空隙,使热量积累起来,而且在煤堆存时,块煤往往溜到下面,较潮湿的煤容易留在煤堆上,这样煤堆中的热量也不容易从顶部散出。水分含量多的煤(特别是褐煤、烟煤),经过水分散失和重新吸收,会因反复的膨胀和收缩而发生碎裂,从而扩大了与空气的接触面,增加了氧化的机会。

④煤的碳化程度。碳化程度高的煤,挥发物和水分含量低,煤的结构紧密,不易氧化。碳化程度低的煤,挥发物和水分含量高,且结构松散容易氧化。

⑤气候影响。气候干燥时煤中的水分容易蒸发,积热也容易散出,煤堆不易氧化。在天气闷热潮湿条件下,煤中水分不易蒸发,积热也很难散出,就会加速煤的氧化。冬春季节因地气上升,煤堆内热量增加,易加速煤堆的氧化。在雷雨时空气中常有臭氧,臭氧有强烈的氧化作用,也易加剧煤堆的氧化。

2)煤的自燃

煤在储存时,由于与氧接触而发生氧化作用产生很多热量,当周围条件不易使热量散发出去时,就会加剧氧化,使煤堆的温度增高,当温度升高到煤的自燃点时,煤就会发生自燃的现象。煤堆自燃的过程,一般要经过3个阶段:

(1)潜伏阶段。煤的氧化进程很慢,放出来的热量能够向堆外散发出去,这个阶段的特征是温度稳定。潜伏期的长短,依据煤的性质、温湿度、空气流通状态以及成堆前客观条件的影响等而有所不同。

(2)升温阶段。这个阶段煤的氧化进程因其本身结构的变化而开始变快,产生的热量增多,当产生的热量大于向外散出的热量时,就发生了热量的积累,当热量积累到一定程度时

（一般为60℃左右），氧化反应迅速加快，温度急剧上升。

（3）自燃阶段。煤由缓慢氧化到剧烈氧化，直至发生自燃。

3）会产生爆炸性气体

从煤中挥发出来的煤气易燃，当煤气与空气混合达到一定比例时，遇火就会引起爆炸。装卸时若煤粉飞扬过多，当每立方米空气中含煤粉量达10～32g时遇火也会发生爆炸。煤气不仅易燃易爆，而且有毒性，吸入较多后人会窒息。

4）冻结性

含水量超过5%的湿煤，在冬季远距离运输或储存时会冻结在一起，难以装卸。多孔的煤和小块的煤最易冻结。防止煤的冻结可使用防冻剂，如可用生石灰、食盐、氯化钙、石墨等分层撒在煤的中间或与煤混在一起；或用锯末、碎谷壳等材料铺垫在煤的底层；或以重柴油、重油等喷射在煤上。但是采用上述这些防冻剂时，不但会产生额外的费用，增加煤的成本，而且会增加煤的灰分和降低煤的质量，有机物的混入在一定条件下还会促使煤发生自热和自燃。为了避免煤的冻结，装运的煤水分不宜超过5%，或采取夏季多运，冬季少运或不运的方法。

5）污染性

煤为有扬尘性且为散湿性货，易对其他清洁货造成污损、湿损。

3．煤的运输、装卸和保管注意事项

从安全运输的角度，根据《BC规则》的规定，可将煤分为4类：

A类：以往在相似条件下的运输中未产生甲烷和未发生自燃的煤；

B类：已证明易于或可能产生数量足以引起危险的甲烷气体的煤；

C类：已证明易于或可能产生自燃的煤；

D类：已证明易于或可能产生数量足以引起危险的甲烷气体，并且易于或可能产生自燃的煤。

在装货前，托运人应向船方提供所托运煤的类别，船舶驾驶员在装货和航行中应按不同类别，注意下列事项：

1）A类煤

（1）装货前所有的货舱和污水沟、井，包括可移动的舱壁护板在内，必须清洁、干燥，清除一切废料和上航次货物残渣。

（2）货舱及其毗邻舱室内的电缆、电器设备的技术状况必须良好，并能在含有甲烷或粉尘空间安全使用，或有效绝缘保护。

（3）货舱及其毗邻舱室内，禁止进行电焊或明火作业及使用其他火源。

（4）应严格控制，不得将货煤装在热源附近。

（5）货煤装完后，必须进行合理平舱。

（6）货舱内由于煤炭的氧化作用，可能形成缺氧，必须将注意事项公布于众。

2）B类煤

除A类煤的注意事项外，尚应特别注意以下几点：

（1）尽量保证货物可能产生的气体不在附近封闭空间积存。

（2）平舱后的货物表面应延伸到舱壁四周，防止形成可积存气体的坑洼和避免空气进入煤中。通入货舱的道门等应充分封闭。

(3)应进行充分的货物表面通风,但无论如何不能使空气进入货煤内部而促使其自燃。

(4)经常监测工作场所,如物料间、木工间是否有甲烷气体。这些场所应经常通风,并只能采用在甲烷或粉尘的混合气体中能安全使用的通风设备。

(5)任何人不允许随意进入可能积聚甲烷气体的舱室,除非佩戴自给式呼吸器或这些舱室已经测试,证实其内部有足够维持生命的氧气,并且甲烷确已排除。自给式呼吸器必须由经过训练的人员使用。

(6)在开启舱盖或其他道门准备卸货之前,由于某种原因未进行通风时,应谨慎采取措施排除任何积存的气体。

3)C 类煤

(1)装运前如果怀疑货煤会自燃,应事先请专家给予指导。

(2)若主管当局有要求,则应采取适当的测温办法,每天至少监测货温 3 次。远洋长航程船舶,每个货舱应有 3 个在货物表面下 3m 处的均布测温点。温度数值应在舱外读取。

(3)禁止人员进入由于煤的自热而可能产生一氧化碳的货舱,除非佩戴自给式呼吸器或这些舱室已经证实其内部有足够维持生命的氧气,并且一氧化碳确已排除。自给式呼吸器必须有经过训练的人员使用。

(4)如果货煤的温度超过 55℃,而且继续急速上升,则可能导致火灾。此时,货舱应完全关闭,所有通风口必须密封。船长应立即请专家指导,并考虑向最近的合适港口避难。在海上不能使用水冷却煤炭或灭火,但可使用水冷却货舱四壁或甲板。

(5)其他注意事项同 A 类、B 类煤。

4)D 类煤

若怀疑货煤具有产生甲烷和自燃双重危险,则应认为单纯由甲烷产生的危险更需要注意,并应遵守有关甲烷产生的危险的注意事项(即 B 类煤中的注意事项)。但在整个航程中应按 C 类煤所述方法进行温度检测,按 C 类煤的措施进行处理。

第二节 石油及其产品

一、石油类货物的种类

1. *原油(Crude petroleum or crude oil)*

石油原油是直接出油井中开采出来的一种褐色或黑色的可燃性矿物油,是多种烃类(烷烃、环烷烃、芳香烃)的复杂混合物。它的碳含量为 84% ~87%,氢含量为 11% ~141%,此外,还含有少量的氧、氮、硫元素和由各种微量元素组成的灰分。原油经过加工可以提炼出汽油、煤油、柴油、润滑油和其他化工产品。

2. *石油产品*

1)汽油(Petrol)

有航空汽油、车用汽油和溶剂汽油等品种。汽油按马达法辛烷值分为 70 号和 85 号汽油两个牌号。按研究辛烷值分为 90 号、93 号和 97 号汽油 3 个牌号。不同的牌号表示辛烷值的高低,牌号越高,汽油含辛烷值越高,抗爆性能越好。汽油内常掺有剧毒四乙铅,以提高其抗爆性能，为表示有毒，故染成红色或黄色，以引起注意。

2）煤油（Kerosene）

一般情况下煤油分为民用煤油、动力煤油和重质煤油等。按其质量高低可分为优质品、一级品和合格品三个等级，用于航空、照明、工业用溶剂等。

3）柴油（Diesel oil）

柴油主要作为柴油发动机的燃料，可分为：

（1）轻柴油（Light diesel oil）。供柴油汽车、拖拉机等各种高速柴油发动机作燃料。按凝点分为10、0、-10、-20、-35和 -50号6个牌号，10号轻柴油表示其凝点不高于10℃，其余类推，牌号越高，凝点越低，成本和价格也越高。

（2）重柴油（Heavy diesel oil）。按凝点高低分为10、20和30号3个牌号，分别表示其凝点不高于10℃、20℃和30℃，可供中速和低速柴油机作燃料。

4）燃料油（Fuel oil）

按其黏度大小分为20、60、100、200和250号5个牌号。号数越大表示其黏度越大。其中：20、60、100和200号4个牌号的燃油又称重油，可作为船舶工业和取暖锅炉的燃料。250号燃料油又称渣油，用于发电厂等大型锅炉。

5）润滑油（Lubricating oil）

润滑油主要用于机械设备的摩擦部位，起润滑作用，有的品种还具有冷却、密封、清洁和防锈等作用。按其黏度大小划分不同的牌号，可作汽缸油、车船用润滑油等。

二、石油类货物的主要特性

1. 易燃性

易燃性可以用闪点、燃点和自燃点来衡量，按石油产品的闪点高低将其划分为三级：闪点在28℃以下的油品属于一级易燃液体，闪点在28～60℃范围内的油品属于二级易燃液体，闪点在60℃以上的油品属于三级易燃液体。一级和二级油品都极易燃烧，因此，运输原油及其产品的油船必须配备完备的安全消防设备。

2. 爆炸性

石油类货物的蒸气在空气中达到其爆炸极限的浓度范围时，遇明火就会引起爆炸。为防止石油类货物发生爆炸，要求在油船上的危险油气可及区域内杜绝一切火源并须配备油气驱除系统和惰性气体系统。油气驱除系统是利用抽风机将油舱内高浓度油气抽出货油舱，而惰性气体系统是将惰性气体注入货油舱，这两套系统配合使用，能使舱内的混合气体的含氧量低于5%。

3. 挥发性

在储运过程中，石油类货物的挥发不但会使货物的数量减少，而且由于其挥发成分多为轻质成分而使油品质量降低，同时为其燃烧、爆炸提供了油气。石油类货物挥发的速度取决于油温的高低，温度越高，挥发越快。为此油船上配备了甲板洒水系统，当气温高于28℃时，必须启动该系统，以减少油气蒸发。

4. 毒害性

石油类货物中含有大量的碳氢化合物、少量的硫化氢以及某些油品中加入的四乙铅或乙基液等,对人体有害由于其毒害性,因此要防止石油类产品对海洋环境的污染。

5. 易生静电性

石油类货物在运动时会产生静电,静电荷积聚达到一定能量,会放电产生电火花,给油气的燃烧、爆炸提供火源。石油类货物在装卸之前,必须接好岸上地线,洗舱机使用前也应接地良好,以确保安全。

6. 黏结性

一些不透明的油品在低温时会凝结成糊状或块状,给装卸造成困难。油品的黏结性可用凝点和黏度表示。凝点是指油品受冷后停止流动的初始温度,黏度则表示油品流动时内部摩擦力的大小或流动性大小的指标。黏度越大则流动性越小。船舶装运高黏度油品时,需对油品进行加温以降低其黏度。因此,在不少油船的货油舱底部常敷设加热的蛇形管系,用于对货油加温。但对货油的加温必须适当,使之既便于装卸又不使大量油气挥发。

7. 胀缩性

石油类货物其体积会随温度的变化而产生膨胀或收缩。因此,货舱装油时,必须留出适当的空间。

8. 腐蚀性

有些油类品,如汽油中含有水溶性酸碱、有机酸、硫及硫化物,可能引起对船体材料的腐蚀。因此,船舶装运这些油品后,应清洗油舱并进行通风及减少其受腐蚀。

9. 污染性

石油类货物是液体货物,绝大多数货物比水轻又易于挥发出石油气,当散装石油类货物发生溢漏时,会污染环境、水域以及使其他货物油污、串味等。油船必须严格执行国际和国内有关防污染公约和法规。

综上所述,石油类货物属于液体危险货物,它同时具有易燃、易爆、毒害等多种危险特性。因此,在运输中应特别重视其防火、防爆、防毒和防污染。

三、石油类货物运输、装卸要求

石油类货物具有多种危险特性,为保证油船的安全运输和货油的运输质量,油船在装油、运输和卸油的全过程中应注意做好以下几个方面:

1. 防火、防爆

(1)管制烟火。禁止人员携带火种及易燃物品上船,禁止在船上使用明火,只准在规定的安全处所吸烟,在未取得明火作业许可证时不得进行明火作业等。

(2)防止电火。船上必须使用防爆型灯具及电器设备。电器设备和电路的技术状态必须良好。船舶靠港和进行装卸、压载、洗舱、除气作业时必须关闭雷达和无线电发报机天线,不得进行蓄电池充电。靠泊时如需进行雷达天线的维修保养必须得到有关部门的同意等。

(3)防止静电放电。装载能积蓄静电的货油时,油舱应惰化或在货油中加入抗静电添加剂,装卸前应先接好地线,装卸时应控制流速,装载挥发性油品时不能用空气吹扫管线,作业人员应穿防静电服装等,以减少静电积聚;清除舱内漂浮的金属物体,测量和取样使用的器具必须保证不产生静电放电,以避免尖端放电。

(4)防止自燃。易燃物品应存放于安全处所并由专人保管,经常检查主、辅机的燃油管路,防止其漏油。严禁任何油品与高温管路接触,禁止在电器设备、蒸汽管和机炉舱内烘烤衣物及放置易燃物品。

(5)预防摩擦和撞击火花。船舶靠离码头及用锚时应防止擦碰产生火花,使用工具应轻拿轻放,吊装物料时应停止货油装卸,关闭封舱并放好衬垫,轻吊轻放。禁止敲铲铁锈作业,登船人员不能穿带钉子的鞋靴等。

(6)防止意外火情。当风速超过15m/s、浪高1m且预计将继续增大时或遇雷雨、闪电、烟囱冒烟或附近发生火灾时,应立即停止装卸,必要时船舶移离码头;当风速超过15m/s、浪高,遇雷暴雨天气以及油区海上能见度在1 000m以下时,船舶停止靠泊作业;当风速超过18m/s(蒲福风级七级以上)或浪高在1.5m以上时应停止装卸并紧急驶离。

2. 防止人员中毒

(1)装卸货油时,船上生活区的所有门窗和开口,船尾生活区面向货物区域的所有门窗和开口均应关闭,以防油气进入住室。

(2)未经许可任何人不得进入货泵舱或其他封闭空间,人员进入油舱前应对油舱进行彻底通风并经测定确认舱内气体对人员安全时才能下舱(舱内氧气浓度一般要在18%以上),下舱人员应穿戴防护服具,必要时需带呼吸器及其他安全用具。

(3)进行监测和取样人员应站在与风向成直角的位置并穿戴防护服,必要时要佩戴呼吸器。

3. 防止和减少油污事故

(1) 保证船上防污染设备的技术状态良好。应由专人负责,做好经常的维护保养。所配备的防污染设备应坚持使用。

(2)严格执行有关防污染规定和法规。

(3)增加船舶及港口接收与处理含油污水的设备和装置。

4. 防止油船操作性排油

(1)按规定排放压载水。空载油船到港前要按国际防污染公约和我国有关防污染条例的规定排放压载水。一般应在航行途中排放压载水,但为了保证油船的安全引航,靠泊和防止海域污染,需留一部分压载水(我国规定:所有进港的空载油船留存的压载水不得小于该油船载重量的四分之一)到港后排入污水设施中。

(2)用专用压载舱。在空载航行时,在专用压载舱内装载的是干净的海水,装油前可以在任何海区及内陆水域将专用压载水排出舷外。

(3)使用清洁压载舱。清洁压载舱是现有油船作为专用压载舱的临时替代措施,即在船舶油舱中专门划定某几个货油舱,经清洗后专门用来装载压载水,因此在压载航行时,清洁压载舱内装载的是干净的清洁压载水,避免了货油和压载水交替污染的问题。

(4)用"装于上部"法。不将油船操作中产生的含油污水直接排出,而是经过船内的设备适当处理或经过一定时间的静置,将油水混合物初步分离后,再将含油量符合规定的水排出舷外,把含有若干水分的残油保留在船上的污油舱内,在装货港将货油直接装在它的上部,一起在卸油港卸掉。

(5)采用原油洗舱法。原油洗舱法是指用原油代替海水作为清洁工质的一种洗舱方法,即运输原油的油船在卸油过程中,把一部分原油用固定式洗舱机在一定压力下,喷射到正在卸油或卸完油的货油舱内管路、肋骨等结构表面,将附着的油渣和在舱底沉淀的石蜡、沥青等残渣清除掉,并随货油一起卸出。

5. 防止油船事故性溢油

(1)设置专用压载舱保护位置,即将专用压载舱合理地布置在船舶易损坏部位。

(2)正确进行货油装卸作业,防止作业中货油的跑、冒、滴、漏:

①装卸前应认真检查有关的阀门、管系、泵、属具及其控制系统并使其处于良好技术状态。

②装卸前应堵塞甲板所有的泄水孔。装卸时应在货油管路接口处放置盛油器。

③装卸时应正确安排管路,防止开错阀门。装货换舱时应先开空舱阀。

④装油时应正确安排掌握装货进度,全过程应以“慢—快—慢”是装油速度进行,并经常测定各舱装油进度,注意留出适当的舱容,避免货油溢出舱外。

⑤卸货时应保证货泵有足够的压力,防止货油倒流。

6. 保证货油质量的要求

保证货油质量主要应注意防止油品掺混及产生货损、货差。为此应注意以下要求:

(1)应定期对油舱及膨胀舱口进行油密试验,保证其油密性。对各种管路、阀门进行压力试验,以确保其不渗漏。

(2)对上述设备应有专人负责,做好经常的维修保养,使其技术状态始终良好。

(3)装油前,大副应根据航次货运任务和靠泊计划制定油船装载计划,装油步骤及安全措施等,经船长审核后执行。

(4)装油前,船方应认真核实所装油品的理化性质,当其与所提供的资料有较大出入时应予提出,加以批注或拒装。

(5)当油船需改变承装油种时,应按装油种和换装油种的不同理化性质,根据要求的洗舱等级对油舱及管路系统进行清洗,以保证货油质量。

(6)当同船装运两种或两种以上油品时,应严防不同的油品的掺混。油泵舱位于中部的油船可以安全的装运两种不同油品,油泵舱将油舱分隔为3部分时,可以安全的装运3种不同的油品。

(7)装卸前船岸应填写船/岸安全项目检查表。同时双方商定装卸速度、数量、压力、联系方法等,防止产生操作性事故。

(8)装货结束进行货油计量时,如船货双方的计量有较大的出入,应立即进行复核,必要时可要求重新计量。要认真办好货物交接手续,船方所签提单上的货油数量与计量部门所签发的货油数量要保持一致。

(9)船舶离港前要检查所有阀门是否关紧以防冒油和货油掺混。

(10)航行中要经常检查油舱的空当,发现异常应查明原因,采取措施。夏季及高温地区,甲板温度过高时,应按规定做好洒水降温工作。

(11)卸货前应由船货双方共同测量油舱空当、油温、密度并计算装油量,同时进行油品取样化验,此项工作结束前船方不能开始卸货。卸货时应做到相对干净,保证货油如数交付。卸货结束船方应取得卸空证明(DRY CERTIFICATE),办清货物交接签字手续。

第三节 散装液体化学品

一、散装液体化学品的定义

液体化学品是指温度为37.8℃时，其蒸气压力不超过0.28MPa的液体危险化学工业产品。主要有石油化工产品、煤焦(油)产品、碳水化合物的衍生物等。其所指的具体货名列于《国际散装运输危险化学品船舶构造及设备规则》(简称《IBC规则》)和我国《散装运输危险化学品船舶构造与设备规范》(以下简称《散化船规范》)的第十七章。

二、散装液体化学品的性质

1. 易燃性

多数化学品都具有易燃性，与其他易燃液体一样，其易燃性可用货品的闪点、燃点、自燃点及可燃范围衡量。货品的易燃性将给运输带来火灾的危险性。

2. 毒害性和腐蚀性

多数液体化学品都具有这种特性。可以用半数致死量 LD_{50} 及半数致死浓度 LC_{50} 来衡量其直接接触的毒害性，或用紧急暴露限值(Emergency Exposure Limit, EEL)(即一次临时性接触的允许浓度)、货品的水溶性、挥发性等来衡量其间接接触的毒害性。货品的毒害性和腐蚀性将会造成人员由于直接接触而产生的健康危害性，或由于货品溶于水中或混入空气中而产生的水污染和空气污染造成人员间接接触的危害性。

3. 反应性

这是指货品本身的分解或聚合反应性、货品与水的反应性以及货品与其他化学品的反应性。这些反应性将会给运输带来相应的危险性。

三、散装液体化学品运输、装卸要求

(1)承运前，货主应提供所托运货物的完整资料，包括货物名称、理化特性说明书、医疗急救和消防措施。对于易于分解的货物，应提供稳定剂证书，载明有关稳定剂的内容，否则应予拒装。对于易放出无法察觉的剧毒蒸气的货物，应加入能察觉的添加剂，否则也应拒装。

(2)装货前，应对液货舱进行环境控制。其方法有：

①惰化法。用不助燃也不与货物反应的气体或蒸气置换货物系统中原有气体。

②隔绝法。将液体、气体或蒸气充入货物系统，使货物与空气隔绝。

③干燥法。将无水分或在大气压力下其露点为-40℃或更低的蒸气充入货物系统。

④通风法。进行自然通风或强制通风。

各种货物对液舱环境控制的具体要求在《IBC规则》的第十九章和《散化船规范》的第十七章中有具体说明。

(3)各舱货物应不超出其最大允许的载重量。按要求I型船舶的任一液舱所装的货物数量不得超过1 250m³，II型船舶的任一液舱所装货物数量不得超过3 000m³，同时应考虑因货

温变化引起货物体积的胀缩,留出合理的舱容。

(4)运输怕热的货物时应与热货、热源隔离,所装舱柜的加热管系应能盲断,并应安装货温的监测和报警装置。

(5)装卸前应取得港口当局签发的危险货物装运证书并严格遵守其要求。

(6)装卸前,船岸双方应逐项填写船/岸安全检查项目表。并共同商定装卸的流速、流量及停止作业的信号等。

(7)装货开始前,由货方在船方人员在场的情况下检查液货舱,检查合格后才能开始装货。卸货前需经货方确认封舱符合要求后方能开封并进行货品取样及确定货量。当货方认为货品质量合格后,才能开始卸货。

(8)装卸开始前,应正确设定各种阀的开关位置。装卸中应经常检查,以确保阀的开关正确无误,并注意泵和管路上有无泄漏现象,以确保安全。

(9)装卸开始时应以低速(1m/s 以下)进行装卸,待经检查确认作业正常后才能按正常流速进行装卸(一般应限制在 3m/s 以下)。

(10)必须遵守有关装运危险品及防污染等法规。装卸前,准备好灭火拖缆,放置危险标志,与其他船保持 30m 以上的距离。装卸期间应禁止一切明火和进行装卸货以外的其他作业,并注意船舶周围海域的安全。当风速超过 15m/s、浪高超过 1.5m 时,不得进行靠泊和装卸作业。

(11)进入货物作业区的人员必须穿戴规定的防护服,人员不得随意进入可能有货物蒸气的处所。

(12)装卸结束应清除软管内残留液体,然后断开软管。

(13)装货结束应按规定方法进行货品取样及确定货量。

第四节 散装液化气

液化气是一种特殊的危险货物,从事运输的人员必须充分了解其特性,才能保证安全运输

一、液化气的定义

液化气体是指在常温常压下为气体,通过冷却或在其临界温度下加压或冷却而成为液态的物质。在《国际散装运输液化气体船舶构造和设备规则》(以下简称 IGC 规则)和我国《散装运输液化气体船舶构造与设备规范》(以下简称《液化气船规范》)中对于船运液化气的定义为:“在 37.8℃时其蒸汽的绝对压力超出 0.28MPa 的液体。”在以上两个规则中的第十九章中均列出了规定的货名。

二、液化气的种类

根据液化气的成分不同,主要分为液化石油气(Liquefied Petroleum Gas,LPG)、液化天然气(Liquefied Nature Gas,LNG)和液化化学气(Liquefied Chemical Gas,LCG)。液化石油气和液化天然气的主要成分是碳氢化合物,其中,液化石油气是丙烷、丁烷及它们的混合物的总称,以丙烷为主;液化天然气的主要成分是甲烷,其他还有乙烷、丙烷、丁烷等。液化化学气的成分中

除了碳氢化合物外，还有其他成分，例如氧化丙烯和聚氯乙烯单体等。液化化学气的大多数混合物是活性的。

根据液化气的沸点及临界温度不同又可分为高沸点液化气(指沸点不低于 -10℃的物质)、中沸点液化气(指沸点在 -10 ~ -55℃，且临界温度在45℃以上的物质)和低沸点液化气(指沸点低于 -55℃，且临界温度低于45℃的物质)3种。

三、液化气的性质

1. 易燃易爆性

液化气体几乎都具有可燃性。由于其沸点低、挥发性大，一旦泄漏，其危险性比石油类货物更大，所以，液化气体必须在其燃烧范围以外的状态下进行运输和装卸作业。

2. 毒害性

液化气体的蒸气与人的皮肤、眼睛接触或被吸入人体会引起中毒。在封闭区域中残存或泄漏的液化气体和蒸发气体的浓度超过一定数量时，还有造成人员窒息的危险。因此，运输液化气时必须了解其毒害性及预防中毒的措施。

3. 腐蚀性

有些液化气的蒸气与容器、船体材料及其他物质如水、空气等的作用会产生不同程度的腐蚀性。有些物质本身具有腐蚀性，它不仅对人体有害，而且会损坏船体结构。因此，运输不同的液化气，其容器必须选择与其兼容的结构材料和配件。

4. 化学反应性

化学反应性是指货物自身的分解、聚合反应、货物与水的反应、货物与空气的反应、货物与货物之间的反应、货物与冷却介质的反应、货物与材料之间的反应等，这些反应都有危险性，所以，液化气船在建造时，其选材都有特殊的要求，而且在装运中应充分考虑货物的分隔。

5. 低温和压力危险性

低温运输液化气时，或加压的液化气泄漏时产生的低温会对船体、设备造成脆性破坏等危害，对人员会有冻伤的危害。压力危险包括低压危险和高压危险。危险是指因低压(容器内压力与周围压力的压差为负)引起的液舱破坏及由于低压使外界空气或水分进入容器与货物混合、接触而发生燃烧、反应或腐蚀的危险；高压危险是指由高压引起的货物释放、货物容器的破损、货物的分解、聚合反应或腐蚀及由于高压气体释放而产生的外部开放能所引起的破坏危险。

四、散装液化气运输、装卸的要求

(1)船舶承运液化气货物时，货主必须提供所托运货物的完整资料，包括名称、货物理化特性说明书，构成货物危险特性的主要因素、泄漏时应采取的措施，防止人员意外接触的措施，消防程序及应使用的灭火材料以及其他特殊要求和内容。

(2)做好货舱的准备工作。船舶受载前，必须对货舱进行以下特殊作业：

①惰化。即用惰性气体置换货物系统中的空气或货物蒸气，降低货物系统中气体的含氧量，防止货物气化过程中引起燃烧。惰化后一般要求货物系统中气体的含氧浓度应不超过5%(容积)。当然，不同货种的惰化要求也不同。

②除气,也称驱气。即装货前需用待装货物的蒸气置换货物系统中的惰气。

③预冷。冷冻式液化气船上,在对货物系统进行除气后,货物装载前应先以缓慢的速度将低温的液货输入货物系统,使其在正式装货前达到并保持足够的低温。通过预冷后,液舱最高温度与装进液货的温度间温差必须小于28℃,以防止装货初期急剧气化和结构材料产生过度的热应力。

(3)装卸货过程中的注意事项:

①装货前应由货方人员在船方人员在场的情况下,检查液货舱(主要通过仪表)并获通过后才能装货。卸货前需经货方确认封舱符合要求才能启封并按规定的方法取样和确定货量,确认货物质量合格后才能开始卸货。

②装卸前,船岸双方应逐项填写船/岸安全检查表。

③装卸开始时应以低速进行(1m/s以下),确认输送系统工作正常后,才能逐渐加快直至达到允许的最大速度。为防止静电,正常流速限制在3m/s以下。

④装卸过程中必须严密监视货舱液面和压力的变化,发现异常应及时查明原因并采取相应措施。

⑤装卸过程中,各种阀不能快速操作和闭锁,换舱时应先开空舱阀后关满舱阀,以防货管中产生过大的压力差和严重的水击现象。

⑥装货时应注意,相邻货舱的温差不能太大,陆罐送出的货温也不能过低(如丙烷不能低于-46℃,丁烷不能低于-7℃)否则应停止装货。

⑦如同一航次装载同一种货物,各舱可以同时装货,但近结束时,应使各舱的结束时间差开,并降低装货速度,以便逐舱结束装货。

⑧满舱时各舱装货量一般不能超过舱容的98%;LNG船满载时,在不同的载货温度下,各液舱应装至90%~98%,不能低于80%。装货结束时各舱应留出足够的空当,而且应考虑管内的残液将送入液舱。

⑨卸货时应防止液舱产生负压或超压。

⑩装卸作业应在白天进行,装卸期间应禁止一切明火和进行其他作业并注意附近水域的安全,与其他船保持30m以上距离。在恶劣天气时,如台风到来期间或风速大于15m/s、浪高大于1.5m不允许靠泊。当风速超过15m/s、浪高超过0.7m时,有雷电或附近有火灾时,应停止装卸。

⑪在装卸过程中必须注意人员的安全,操作人员必须佩戴防护服,遵守各项操作规程。

思考题

一、名词解释

1. 散装谷物、散落性、下沉性、煤的风化。

2. 原油、原油洗舱法、清洁压载舱。

3. 散装液体化学品、IBC规则。

4. 液化气、IGC规则。

二、填空题

1. 散装谷物的散落性与________、________、________、________、________等因素有关。

2. 散装谷物的下沉性与________、________、________、________、________等因素有关。

3. 通常按固定碳和挥发物的多少,将煤分为________、________、________、________等4类。

4. 煤堆自燃的过程,一般要经过________、________、________3个阶段。

5. 石油产品种类主要有________、________、________、________、________。

6. 未经许可任何人不得进入货泵舱或其他封闭空间,人员进入油舱前应对油舱进行彻底________,舱内氧气浓度一般要在________以上,下舱人员应穿戴________。

7. 我国规定:所有进港的空载油船留存的压载水不得小于该油船载重量的________。

8. 对液货舱进行环境控制的方法有________、________、________、________。

9. 散装液体化学品装卸开始时应以低速(____ m/s 以下)进行装卸,待经检查确认作业正常后才能按正常流速进行装卸(一般应限制在________ m/s 以下)。

10. 散装液体化学品装卸前,准备好灭火拖缆,放置危险标志,与其他船保持____ m 以上的距离。

三、简答题

1. 散装谷物具有哪些特性?

2. 散装谷物运输、装卸和保管的注意事项是什么?

3. 固体散货是如何分类的?

4. 散装矿石的海运特性有哪些?

5. 散装矿石的装运特点及注意事项是什么?

6. 煤的性质有哪些?

7. 从安全运输的角度,《BC规则》是如何将煤分类的?

8. 石油类货物的主要特性有哪些?

9. 石油类货物运输、装卸过程中对防火、防爆有哪些具体要求?

10. 如何防止油船操作性排油和事故性溢油的发生?

11. 散装液体化学品的性质有哪些?

12. 散装液体化学品运输、装卸要求有哪些?

13. 液化气的种类有哪些?

14. 液化气的性质有哪些?

15. 散装液化气运输、装卸有哪些具体要求?

附　　录

附录一　各种包装形式

包　装　形　式	缩　写		通常所装货物
	单数	复数	
1. 箱装			
箱子、木箱(case)	c/	c/s	箱装总称,指大箱、杂货等
纸箱(packing case)			
木箱(wooden case)			五金制品及器材等
纸板箱(cardboard case)			罐头食品、日用品等
夹板箱(plywood case)			
胶合板箱(veneer case)			干果仁等
亮格箱、格子箱(skeleton case)			土豆、红葱等
竹箱(bamboo case)			草制品、竹制品等
柳条箱(willow case)			
箱、盒、木箱(box)	bx	bxs	指小箱、五金器材等
纸板箱(cardboard box)			罐头等
席包箱(matted box)	m/bx	m/bxs	
箱、柜(chest)	cst	csts	指小型轻便木箱、茶叶、咖啡、日用百杂货等
纸板箱(carton)	ctn	ctns	易碎品、刺绣品、鞋类、香烟等日用百杂货
亮格箱、框箱(crate)	crt	crts	机械、酒类、自行车、玻璃、瓷砖
大木箱(lift van)			指有盖可开启的通用货箱、家具、杂货等
集装箱(container)			杂货等
塑料箱(plastic container)			液体化学品等
聚乙烯箱(polyethylene container)			化学品等
衣箱、提箧(trunk)			行李等
2. 包捆装			
包、捆(bale)	b/,bl	b/s,bls	纺织品、棉制品、生丝、纸等
机包(pressed bale)			棉花、麻、羊毛等
压缩包			
席包、蒲包(mat)			
布包(burlap)	blp	blps	砂糖、籽棉等
麻布包(jute eloth)			药捆、金属等

续上表

包装形式	缩写		通常所装货物
	单数	复数	
3. 袋装			
袋(bag)			袋装总称、粮食、砂糖等
纸　袋(paper bag)			水泥、化肥、塑料原料、化学品等
草　袋(straw bag)	bg	bgs	谷物、盐、谷壳、棉籽、滑石等
麻　袋(gunny bag)			大米、豆类,化肥、人造胶、糖等
布　袋(cloth bag)			面粉、滑石粉等
布　袋(sack)			面粉、淀粉等
聚乙烯袋(polyethyene bag)			化肥、工业原料等
玻璃丝袋(fibre glass bag)	sk, sx	sks, sxs	生物及化学制品等
4. 桶装			
鼓形、大琵琶桶 (barrel)	brl	brls	肠衣、蛋黄、酒、油、松脂、厥菜等
琵琶橘(cask)	csk	csks	肠衣、水泥、碱性染料等
桶(drum)	drm	drms	氢氧化钠、染料、油、葡萄糖等
纸板桶(fibre drum)			化学品等
铁桶(iron drum)			液体染料、危险性化学原料、化学品等
桶(butt)			酒等
桶(tub)			酱、酱油等
木桶(wooden tub)			生漆等
听、小罐(tin)	cn	cns	猪肉、冰蛋、油漆、药品等
罐头桶(can)	kg	kgs	油漆等
听、小木桶(keg)			小五金、钉子、油漆、氯酸钾等
夹板桶(plywood keg)			化学品等
大木桶(hogshead)	hghd	hghds	烟叶、酒、农副产品等
手提桶(pail)			油漆等
5. 特殊包装			
瓶(bottle)	botl	botls	酒、化学品等
钢瓶(cylinder)			氧气、乙炔气等各种压缩液化气体
坛甏(jar)			酒、皮蛋、榨菜、咸菜、硫酸、盐酸等
细颈坛(flask)	cb		化学药品等
篮、篓、筐(basket)	bkt	bkts	水果、蔬菜等
笼、栏(cage)	cg	cgs	鸟类
围栏(pen)			兽类
包裹(parcel)			样品、赠品、行李、邮包等小件

续上表

包装形式	缩写		通常所装货物
	单数	复数	
6. 裸装			
裸体(unpacked unit)	cl	cls	汽车、舟艇、挖土机、搅拌机等
卷、捆(coil)	rl	rls	盘元、钢丝、绳索等
卷(roll)			指无芯卷、筒纸、油毡、席子、纺织品等
卷、筒(reel)			指有芯卷、电缆、电线、铁丝等
捆、束、扎(bundle)	bdl	bdls	铁条、铜棒、木板、棉花、麻等
管(pipe)			钢管、铁管、铅管等
管(tube)			水银、瓦斯气体等
条、棒(bar)			条型钢材、铁棒、角铁等
锭(ingot)	igt	igb	金、银、铜、锡、铅、锌等铸锭
块(pig)			生铁、铜、建筑石块等
扁块(slab)			铅块、锡块等
张(sheet)	sht	sht	铁板、铁皮、木板等
套、对(set)			成套的轮胎等
头、匹(head)	hd	hds	牛、马、羊等活动物的头数
个、件、块(piece)	pc, pce	pcs · pces	铁条、型钢、路轨、木板等
个、件、包(package)	pkg	pkgs I	货物件数总称

附录二 塑料及树脂缩写代码(GB/T 1844—1995)

缩写代码	英文名称	中文名称
ABS	Acrylonitrile-butadiene-styrene	丙烯腈—丁二烯—苯乙烯共聚物
A/S	Acrylonitrile-styrene copolymer	丙烯腈—苯乙烯共聚物
A/MM/A	Acrylonitrile-methyl methacrylate copolymer	丙烯腈—甲基丙烯酸甲共聚物
A/S/A	Acrylonitrile-styrene-acrylate copolymer	丙烯腈—苯乙烯—丙烯酸酯共聚物
CA	Cellulose acetate	醋酸纤维素
CAB	Cellulose acetate butyrate	醋酸—丁酸纤维素
CAP	Cellulose acetate propionate	醋酸—丙酸纤维素
CF	Cresol formaldehyde resin	甲酚—甲醛树脂
CMC	Carboxymethyl cellulose	羧甲基纤维素
CN	Cellulose nitrate	硝酸纤维素
CP	Cellulose propionate	丙酸纤维素
CS	Casein plastics	酪素塑料
CTA	Cellulose triacetate	三醋酸纤维素
EC	Ethyl cellulose	乙基纤维素

续上表

缩写代码	英文名称	中文名称
EP	Epoxide resin	环氧树脂
E/P	Ethylenc propylene copolymer	乙烯—丙烯共聚物
E/P/D	Ethylene-propylene-diene terpolymer	乙烯—丙烯—二烯三元共聚物
E/TFE	Ethylene-tetrafluoroethylene copolymer	乙烯—四氟乙烯共聚物
E/VAC	Ethylene-vinylacetate copolymer	乙烯—醋酸乙烯酯共聚物
E/VAL	Ethylene-vinylalcohol copolymer	乙烯—乙烯醇共聚物
FEP	Perfluorinated-ethylene-propylene copolymer	全氟(乙烯—丙烯)共聚物
GPS	General polystyrene	通用聚苯乙烯
GRP	Glass fide reinforced plastics	玻璃纤维增强塑料
HDPE	High density polyethylene	高密度聚乙烯
HIPS	High impact polyethylene	高冲击强度聚某乙烯
LDPE	Low density polyethylene	低密度聚乙烯
MC	Methyl cellulose	甲基纤维素
MDPE	Middle density polyethylene	中密度聚乙烯
MF	Melamine-formaldehyde resin	三聚氰胺—甲醛树脂
MPF	Melamine-phenol-formaldehyde	三聚氰胺—酚甲醛树脂
PA	Potyamide	聚酰胺
PAA	Poly(acrylic acid)	聚丙烯酸
PAN	Polyacrylonitrile	聚丙烯腈
PB	Polybutene-1	聚丁烯—1
PBTP	Poly(butylenes terephthalate)	聚对苯二甲酸丁二(醇)酯
PC	Polycarbonate	聚碳酸酯
PCTFE	Polychlorotrifluoroethylene	聚三氟氯乙烯
PDAP	Poly(diallyl phthalate)	聚邻苯二甲酸二烯丙酯
PDAIP	Poly(dially isophthalate)	聚间苯二甲酸二烯丙酯
PE	Polyethylene	聚乙烯
PEC	Chlorinatede polyethylene	氯化聚乙烯
PETP	Poly(ethylene terephthalate)	聚对苯二甲酸乙二(醇) 脂
PEOX	Poly(ethylene oxide)	聚环氧乙烷、聚氧化乙烯
PF	Phenol-formaldehyde resin	酚醛树脂
PI	Polymide	聚酰亚胺
PMI	Polymethacrylimide	聚甲基丙烯酰亚胺
PMMA	Poly(methyl metherylate)	聚甲基丙烯酸甲酯
POM	Polyoxymethylene(polyformldehyde)	聚甲醛
PP	Polypropylene	聚丙烯
PPC	Chlorinated polypropylene	氯化聚丙烯

续上表

缩写代码	英文名称	中文名称
PPO	Poly(phenylene oxide)	聚苯醚(聚2,6—二甲基苯醚),聚苯撑氧
PPOX	Poly(propylene oxide)	聚环氧丙烷,聚氧化丙烯
PPS	Poly(propylene sulfide)	聚苯硫醚
PPSU	Poly(propylene sulfon)	聚苯砜
PS	Polystyrene	聚苯乙烯
PSF	Polysulfone	聚砜
PTFE	Polyterafuloroethylene	聚四氟乙烯
PUR	Polyurethane	聚氨酯
PVAC	Poly(vinyl acetate)	聚醋酸乙烯酯
PVAL	Poly(vinyl @lcohl)	聚乙烯醇
PVB	Poly(vinyl butyral)	聚乙烯醇缩丁醛
PVC	Poly(vinyl chloride)	聚氯乙烯
PVCA	Poly(vinyl chloride-acetate)	氯乙烯—醋酸乙烯酯共聚物
PVCC	Chlorinated poly(vinyl&offde)	氯化聚氯乙烯
PVDC	Poly(vinylidene chloride)	聚偏二氯乙烯
PVDF	Poly(vinylidene fluoride)	聚偏二氟乙烯
PVF	Poly(vinyl fluoride)	聚氟乙烯
PVFM	Poly(vinyl formal)	聚乙烯醇缩甲醛
PVP	Poly(vinyl pyrrolidone)	聚乙烯基吡咯烷酮
RP	Reinforced plastics	增强塑料
RF	Resorcinol-formaldehyde resin	间苯二醛、甲醛树脂
S/AN	Styrene-aerylonitfile copolymer	苯乙烯—丙烯腈共聚物
SI	Silicone	聚硅氧烷
S/MS	Styrene-a-methylstyrene-copolymer	苯乙烯—a—甲基苯乙烯共聚物
UF	Urea-formaldehyde resin	脲甲醛树脂
UHMWPE	Uitra-high molecular weight polyethylene	超高分子量聚乙烯
UP	Unsaturated polyester	不饱和聚酯
VC/E	Vinyl choride-ethylene-copolymer	氯乙烯—乙烯共聚物
VC/E/MA	Vinyl chloride-ethylene-methylacrylate copolymer	氯乙烯—乙烯—丙烯酸甲酯共聚物
VC/E/VAC	Vinyl chloride-ethylene-vinyl acetate copolymer	氯乙烯—乙烯—醋酸乙烯酯共聚物
VC/MA	Vinyl chloride-methylacrylate copolymer	氯乙烯—丙烯酸甲酯共聚物
VC/MMA	Vinyl chloride-methyl methacrylate copolymer	氯乙烯—甲基丙烯酸甲酯共聚物
VC/OA	Vinyl chloride-octylacrylate copolymer	氯乙烯—丙烯酸辛酯共聚物
VC/VAC	Vinyl chloride-vinylacetate copolymer	氯乙烯—醋酸乙烯酯共聚物
VC/VDC	Vinyl chloride-vinylidene chloride copolymer	氯乙烯—偏二氯乙烯共聚物

附录三　国内水路货物运输规则

第一章　总　　则

第一条　为了明确国内水路货物运输有关当事人的权利、义务，保护其合法权益，依据有关法律、行政法规，制定本规则。

第二条　中华人民共和国沿海、江河、湖泊以及其他通航水域中从事的营业性水路货物运输适用本规则。

内河拖航视为水路货物运输，适用本规则。

第三条　本规则下列用语的含义是：

（一）水路货物运输合同（以下简称“运输合同”），是指承运人收取运输费用，负责将托运人托运的货物经水路由一港（站、点）运至另一港（站、点）的合同。

（二）班轮运输，是指在特定的航线上按照预定的船期和挂港从事有规律水上货物运输的运输形式。

（三）航次租船运输，是指船舶出租人向承租人提供船舶的全部或者部分舱位，装运约定的货物，从一港（站、点）运至另一港（站、点）的运输形式。

（四）承运人，是指与托运人订立运输合同的人。

（五）实际承运人，是指接受承运人委托或者接受转委托从事水路货物运输的人。

（六）托运人，是指与承运人订立运输合同的人。

（七）收货人，是指在运输合同中托运人指定接收货物的人。

（八）货物，包括活动物和由托运人提供的用于集装货物的集装箱、货盘或者类似的装运器具。

（九）单元滚装运输，是指以一台不论是否装载货物的机动车辆或者移动机械作为一个运输单元，由托运人或者其受雇人驾驶驶上、驶离船舶的水路运输方式。

（十）集装箱货物运输，是指将货物装入符合国际标准（ISO）、国家标准、行业标准的集装箱进行运输的水路运输方式。

第二章　运输合同的订立

第四条　运输合同，应当按照公平的原则订立。

第五条　指令性水路货物运输，有关当事人应当依照有关法律、行政法规规定的权利和义务订立运输合同。

第六条　当事人可以根据需要订立单航次运输合同和长期运输合同。

第七条　订立运输合同可以采用书面形式、口头形式和其他形式。

书面形式是指合同书、信件和数据电文（包括电报、电传、传真、电子数据交换和电子邮件）等可以有形地表现所载内容的形式。

第八条 班轮运输形式下的运输合同一般包括以下条款：

（一）承运人、托运人和收货人名称；

（二）货物名称、件数、重量、体积（长、宽、高）；

（三）运输费用及其结算方式；

（四）船名、航次；

（五）起运港（站、点）（以下简称起运港）、中转港（站、点）（以下简称中转港）和到达港（站、点）（以下简称到达港）；

（六）货物交接的地点和时间；

（七）装船日期；

（八）运到期限；

（九）包装方式；

（十）识别标志；

（十一）违约责任；

（十二）解决争议的方法。

第九条 航次租船运输形式下的运输合同一般包括以下条款：

（一）出租人和承租人名称；

（二）货物名称、件数、重量、体积（长、宽、高）；

（三）运输费用及其结算方式；

（四）船名；

（五）载货重量、载货容积及其他船舶资料；

（六）起运港和到达港；

（七）货物交接的地点和时间；

（八）受载期限；

（九）运到期限；

（十）装、卸货期限及其计算办法；

（十一）滞期费率和速遣费率；

（十二）包装方式；

（十三）识别标志；

（十四）违约责任；

（十五）解决争议的方法。

第十条 采用合同书形式订立运输合同的，自双方当事人签字或者盖章时合同成立。

采用信件、数据电文等形式订立合同的，可以在合同成立之前要求签订确认书。签订确认书时合同成立。

采用合同书形式订立合同，在签字或者盖章之前，当事人一方已经履行主要义务，对方接受的，该合同成立。

第三章　运输合同当事人的权利、义务

第一节　托　运　人

第十一条　托运人应当及时办理港口、海关、检验、检疫、公安和其他货物运输所需的各项手续，并将已办理各项手续的单证送交承运人。

因托运人办理各项手续和有关单证不及时、不完备或者不正确，造成承运人损失的，托运人应当承担赔偿责任。

第十二条　托运人托运货物的名称、件数、重量、体积、包装方式、识别标志，应当与运输合同的约定相符。

托运人未按前款规定托运货物造成承运人损失的，应当承担赔偿责任。

第十三条　散装货物，托运人确定重量有困难时，可以要求承运人提供船舶水尺计量数作为申报的重量。

第十四条　以件运输的货物，承运人验收货物时，发现货物的实际重量或者体积与托运人申报的重量或者体积不符时，托运人应当按照实际重量或者体积支付运输费用并向承运人支付衡量等费用。

第十五条　需要具备运输包装的货物，托运人应当保证货物的包装符合国家规定的包装标准；没有包装标准的，货物的包装应当保证运输安全和货物质量。

第十六条　需要随附备用包装的货物，托运人应当提供足够数量的备用包装，交承运人随货免费运输。

第十七条　托运危险货物，托运人应当按照有关危险货物运输的规定，妥善包装，制作危险品标志和标签，并将其正式名称和危险性质以及必要时应当采取的预防措施书面通知承运人。

第十八条　托运人应当在货物的外包装或者表面正确制作识别标志。识别标志的内容包括发货符号、货物名称、起运港、中转港、到达港、收货人、货物总件数。

托运人应当根据货物的性质和安全储运要求，按照国家规定，在货物外包装或者表面制作储运指示标志。识别标志和储运指示标志应当字迹清楚、牢固。

第十九条　同一托运人、收货人整船、整舱装运的直达运输货物可以不制作识别标志。外贸出口货物到港口不变换原包装的可以使用原包装的商品标志作为识别标志。

第二十条　除另有约定外，托运人应当预付运费。

第二十一条　托运人托运货物，可以办理保价运输。货物发生损坏、灭失，承运人应当按照货物的声明价值进行赔偿，但承运人证明货物的实际价值低于声明价值的，按照货物的实际价值赔偿。

第二十二条　除另有约定外，运输过程中需要饲养、照料的活动物、有生植物，以及尖端保密物品、稀有珍贵物品和文物、有价证券、货币等，托运人应当向承运人申报并随船押运。托运人押运其他货物须经承运人同意。

托运人应当在运单内注明押运人员的姓名和证件。

第二十三条 托运笨重、长大货物和舱面货物所需要的特殊加固、捆扎、烧焊、衬垫、苫盖物料和人工由托运人负责,卸船时由收货人拆除和收回相关物料;需要改变船上装置的,货物卸船后应当由收货人负责恢复原状。

第二十四条 托运人托运易腐货物和活动物、有生植物时,应当与承运人约定运到期限和运输要求;使用冷藏船(舱)装运易腐货物的,应当在订立运输合同时确定冷藏温度。

第二十五条 托运人托运木(竹)排应当按照与承运人商定的单排数量、规格和技术要求进行编扎。托运船舶或者其他水上浮物,应当向承运人提供船舶或者其他水上浮物的吨位、吃水及长、宽、高和抗风能力等技术资料。

在船舶或者其他水上浮物上加载货物,应当经承运人同意,并支付运输费用。航行中,木(竹)排、船舶或者其他水上浮物上的人员(包括船员、排工及押运人员)应当听从承运人的指挥,配合承运人保证航行安全。

第二十六条 下列原因发生的洗舱费用由托运人或者收货人承担:

(一)托运人提出变更合同约定的液体货物品种;

(二)装运特殊液体货物(如航空汽油、煤油、变压器油、植物油等)需要的特殊洗舱;

(三)装运特殊污秽油类(如煤焦油等),卸后须洗刷船舱。

第二十七条 在承运人已履行本规则第三十条规定义务情况下,因货物的性质或者携带虫害等情况,需要对船舱或者货物进行检疫、洗刷、熏蒸、消毒的,应当由托运人或者收货人负责,并承担船舶滞期费等有关费用。

第二十八条 承运人将货物交付收货人之前,托运人可以要求承运人变更到达港或者将货物交给其他收货人,但应当赔偿承运人因此受到的损失。

第二十九条 托运人不履行合同义务或者履行合同义务不符合约定的,应当承担继续履行、采取补救措施或者赔偿损失等违约责任。托运人因不可抗力不能履行合同的,根据不可抗力的影响,部分或者全部免除责任。迟延履行后发生不可抗力的,不能免除责任。

第二节 承 运 人

第三十条 承运人应当使船舶处于适航状态,妥善配备船员、装备船舶和配备供应品,并使干货舱、冷藏舱、冷气舱和其他载货处所适于并能安全收受、载运和保管货物。

第三十一条 承运人应当按照运输合同的约定接收货物。

第三十二条 承运人应当妥善地装载、搬移、积载、运输、保管、照料和卸载所运货物。

第三十三条 承运人应当按照约定的或者习惯的或者地理上的航线将货物运送到约定的到达港。承运人为救助或者企图救助人命或者财产而发生的绕航或者其他合理绕航,不属于违反前款规定的行为。

第三十四条 承运人应当在约定期间或者在没有这种约定时在合理期间内将货物安全运送到约定地点。货物未能在约定或者合理期间内在约定地点交付的,为迟延交付。对由此造成的损失,承运人应当承担赔偿责任。

承运人未能在本条第一款规定期间届满的次日起六十日内交付货物,有权对货物灭失提出赔偿请求的人可以认为货物已经灭失。

第三十五条 因不可抗力致使不能在合同约定的到达港卸货的,除另有约定外,承运人可以将货物在到达港邻近的安全港口或者地点卸载,视为已经履行合同。

承运人实施前款规定行为应当考虑托运人或者收货人的利益,并及时通知托运人或者收货人。

第三十六条 托运人违反本规则第十五条、第十七条规定,承运人可以拒绝运输。

第三十七条 托运人未按照本规则第十七条规定通知承运人或者通知有误的,承运人可以在任何时间、任何地点根据情况需要将危险货物卸下、销毁或者使之不能为害,而不承担赔偿责任。托运人对承运人因运输此类货物所受到的损失,应当承担赔偿责任。

承运人知道危险货物的性质并已同意装运的,仍然可以在该项货物对于船舶、人员或者其他货物构成实际危险时,将货物卸下、销毁或者使之不能为害,而不承担赔偿责任。但是,本款规定不影响共同海损的分摊。

第三十八条 货物运抵到达港后,承运人应当在24小时内向收货人发出到货通知。到货通知的时间,信函通知的,以发出邮戳为准;电传、电报、传真通知的,以发出时间为准;采用数据电文形式通知的,收件人指定特定系统接收数据电文的,以该数据电文进入该特定系统的时间为通知时间;未指定特定系统的,以该数据电文进入收件人的任何系统的首次时间为通知时间。

第三十九条 根据运输合同的约定应当由收货人委托港口作业的,货物运抵到达港后,收货人没有委托时,承运人可以委托港口经营人进行作业,由此产生的费用和风险由收货人承担。

第四十条 应当向承运人支付的运费、保管费、滞期费、共同海损的分摊和承运人为货物垫付的必要费用以及应当向承运人支付的其他运输费用没有付清,又没有提供适当担保的,承运人可以留置相应的运输货物,但另有约定的除外。

第四十一条 承运人发出到货通知后,应当每十天催提一次,满三十天收货人不提取或者找不到收货人,承运人应当通知托运人,托运人在承运人发出通知后三十天内负责处理该批货物。

托运人未在前款规定期限内处理货物的,承运人可以将该批货物作无法交付货物处理。

第四十二条 承运人交付货物的情况符合《中华人民共和国合同法》第一百零一条、第三百一十六条规定的条件时,承运人可以根据《中华人民共和国合同法》的规定将货物提存。

第四十三条 承运人对收集的地脚货物,应当做到物归原主;不能确定货主的,应当按照无法交付货物处理。

第四十四条 收货人有权就水路货物运单(以下简称运单)上所载货物损坏、灭失或者迟延交付所造成的损害向承运人索赔;承运人可以适用本规则规定的抗辩理由进行抗辩。

第四十五条 承运人将货物运输或者部分运输委托给实际承运人履行的,承运人仍然应当对全程运输负责。虽有前款规定,在运输合同中明确约定合同所包括的特定的部分运输由承运人以外的指定的实际承运人履行的,合同可以同时约定,货物在指定的实际承运人运输期间发生的损坏、灭失或者迟延交付,承运人不承担赔偿责任。

第四十六条 承运人与实际承运人都负有赔偿责任的,应当在该项责任范围内承担连带责任。

第四十七条 根据本规则第四十六条的规定,当实际承运人承担连带责任时,本规则对承运人责任的有关规定,适用于实际承运人。承运人承担本规则未规定的义务或者放弃本规则赋予的权利的任何特别协议,经实际承运人书面明确同意的,对实际承运人发生效力;实际承运人是否同意,不影响此项特别协议对承运人的效力。

第四十八条 承运人对运输合同履行过程中货物的损坏、灭失或者迟延交付承担损害赔偿责任,但承运人证明货物的损坏、灭失或者迟延交付是由于下列原因造成的除外:

(一)不可抗力;

(二)货物的自然属性和潜在缺陷;

(三)货物的自然减量和合理损耗;

(四)包装不符合要求;

(五)包装完好但货物与运单记载内容不符;

(六)识别标志、储运指示标志不符合本规则第十八条、第十九条规定;

(七)托运人申报的货物重量不准确;

(八)托运人押运过程中的过错;

(九)普通货物中夹带危险、流质、易腐货物;

(十)托运人、收货人的其他过错。

第四十九条 货物在运输过程中因不可抗力灭失,未收取运费的,承运人不得要求支付运费;已收取运费的,托运人可以要求返还。货物在运输过程中因不可抗力部分灭失的,承运人按照实际交付的货物比例收取运费。

第五十条 散装液体货物只限于整船、整舱运输,由托运人在装船前验舱认可后才能装载。

第五十一条 单件货物重量或者长度超过下列标准的,应当按照笨重、长大货物运输:

(一)沿海:重量5吨,长度12米;

(二)长江、黑龙江干线:重量3吨,长度10米。

各省(自治区、直辖市)交通主管部门对本省内运输的笨重、长大货物标准可以另行规定,并报国务院交通主管部门备案。

第五十二条 运输笨重、长大货物,应当在运单内载明总件数、重量和体积(长、宽、高),并随附清单标明每件货物的重量、长度和体积(长、宽、高)。

第五十三条 承运人在舱面上装载货物,应当同托运人达成协议,或者符合航运惯例,或者符合有关法律、行政法规的规定。

承运人与托运人约定将货物配装在舱面上的,应当在运单上注明"舱面货物"。

第五十四条 承运人依照本规则第五十三条规定将货物装载在舱面上,对由于此种装载的特殊风险造成的货物损坏、灭失,不承担赔偿责任。

承运人违反本规则第五十三条第一款规定将货物装载在舱面上,造成货物损坏、灭失的,应当承担赔偿责任。

第五十五条 承运人对运输的活动物、有生植物,应当保证航行中所需的淡水,有关费用由托运人承担。

运输活动物所需饲料,由托运人自备,承运人免费运输。

第五十六条　因运输活动物、有生植物的固有的特殊风险造成活动物、有生植物损坏、灭失的，承运人不承担赔偿责任。但是，承运人应当证明业已履行托运人关于运输活动物、有生植物的特别要求，并证明根据实际情况，损坏、灭失是由于此种固有的特殊风险造成的。

第五十七条　承运人应当将与托运人约定的运输易腐货物和活动物、有生植物的运到期限和运输要求，使用冷藏船(舱)装运易腐货物的冷藏温度，木(竹)排的实际规格，托运的船舶或者其他水上浮物的吨位、吃水及长、宽、高和抗风能力等技术资料在运单内载明。

第四章　运输单证

第五十八条　运单是运输合同的证明，是承运人已经接收货物的收据。

第五十九条　运单内容，一般包括下列各项：

(一)承运人、托运人和收货人名称；

(二)货物名称、件数、重量、体积(长、宽、高)；

(三)运输费用及其结算方式；

(四)船名、航次；

(五)起运港、中转港和到达港；

(六)货物交接的地点和时间；

(七)装船日期；

(八)运到期限；

(九)包装方式；

(十)识别标志；

(十一)相关事项。

第六十条　运单应当按照下列要求填制：

(一)一份运单，填写一个托运人、收货人、起运港、到达港；

(二)货物名称填写具体品名、名称过繁的，可以填写概括名称；

(三)规定按重量和体积择大计费的货物，应当填写货物的重量和体积(长、宽、高)；

(四)填写的各项内容应当准确、完整、清晰。

第六十一条　承运人接收货物应当签发运单，运单由载货船舶的船长签发的，视为代表承运人签发。

第六十二条　运单签发后承运人、承运人的代理人、托运人、到达港港口经营人、收货人各留存一份，另外一份由收货人收到货物后作为收据签还给承运人。

承运人可以视情况需要增加或者减少运单份数。

第五章　货物的接收与交付

第六十三条　除另有约定外，散装货物按重量交接；其他货物按件数交接。

第六十四条　散装货物按重量交接的，承运人与托运人应当约定货物交接的计量方法，没有约定的应当按船舶水尺数计量，不能按船舶水尺数计量的，运单中载明的货物重量对承运人不构成其交接货物重量的证据。

第六十五条 散装液体货物装船完毕,由托运人会同承运人按照每处油舱和管道阀门进行施封,施封材料由托运人自备,并将施封的数目、印文、材料品种等在运单内载明;卸船前,由承运人与收货人凭舱封交接。

托运人要求在两个以上地点装载或者卸载或者在同一卸载地点由几个收货人接收货物时,计量分及发生重量差数,均由托运人或者收货人负责。

第六十六条 收货人接到到货通知后,应当及时提货,不得因对货物进行检验而滞留船舶。

第六十七条 承运人交付货物时,应当核对证明收货人单位或者身份以及经办人身份的有关证件。

第六十八条 收货人提取货物时,应当验收货物,并签发收据,发现货物损坏、灭失的,交接双方应当编制货运记录。

收货人在提取货物时没有就货物的数量和质量提出异议的,视为承运人已经按照运单的记载交付货物,除非收货人提出相反的证明。

第六十九条 按照约定在提货时支付运费、滞期费和包装整修、加固费用以及其他中途垫款的,应当于办理提货手续时付清。

第七十条 下列情况,应托运人或者收货人的要求,承运人可以编制普通记录:

(一)货物发生损坏、灭失,按照约定或者本规则第四十八条的规定,承运人可以免除责任的;

(二)托运人随附在运单上的单证丢失;

(三)托运人押运和舱面货物发生非承运人责任造成的损坏、灭失;

(四)货物包装经过加固整理;

(五)收货人要求证明与货物数量、质量无关的其他情况。

第七十一条 货运记录和普通记录的编制,应当准确、客观。

货运记录应当在接收或者交付货物的当时由交接双方编制。

第七十二条 收货人在到达港提取货物前或者承运人在到达港交付货物前,可以要求检验机构对货物状况进行检验;要求检验的一方应当支付检验费用,但是有权向造成货物损失的责任方追偿。

收货人或者承运人按照前款进行检验的,应当相互提供合理的便利条件。

第六章 航次租船运输的特别规定

第七十三条 本规则第三十条和第三十三条的规定,适用于航次租船的出租人。

本规则其他有关合同当事人之间的权利、义务的规定,仅在航次租船运输形式下的运输合同没有约定或者没有不同约定时适用于出租人和承租人。

第七十四条 出租人应当按照合同的约定提供船舶舱位;经承租人同意,出租人可以更换船舶。但提供的船舶舱位或者更换的船舶不符合合同约定的,承租人有权拒绝或者解除合同。因出租人责任未提供约定的船舶舱位造成承租人损失的,出租人应当承担赔偿责任。

第七十五条　出租人在约定的受载期限内未提供船舶舱位的,承租人有权解除合同。但是出租人在受载期限内将船舶延误情况和船舶预期抵达起运港的日期通知承租人的,承租人应当自收到通知时起24小时内,将解除合同的决定通知出租人。逾期没有通知的,视为不解除合同。

因出租人责任延误提供船舶舱位造成承租人损失的,出租人应当承担赔偿责任。

第七十六条　承租人可以将其租用的船舶舱位转租;转租后,原合同约定的权利、义务不受影响。

第七十七条　承租人应当提供约定的货物;经出租人同意,可以变更货物。但是,更换的货物对出租人不利的,出租人有权拒绝或者解除合同。因承租人责任未提供约定的货物造成出租人损失的,承租人应当承担赔偿责任。

第七十八条　航次租船运输形式下,收货人是承租人的,出租人与收货人之间的权利、义务根据航次租船运输形式下运输合同的内容确定;收货人不是承租人的,承运人与收货人之间的权利、义务根据承运人签发的运单的内容确定。

第七章　集装箱运输的特别规定

第七十九条　承运人向托运人提供集装箱空箱时,托运人应当检查箱体并核对箱号;收货人返还空箱时,承运人应当检查箱体并核对箱号;

承运人、托运人、收货人对整箱货物,应当检查箱体、封志状况并核对箱号;

承运人、托运人、收货人对特种集装箱。应当检查集装箱机械、电器装置、设备的运转情况。

集装箱交接状况,应当在交接单证上如实加以记载。

第八十条　根据约定由托运人负责装、拆箱的,运单上应当准确记载集装箱封志号;交接时发现封志号与运单记载不符或者封志破坏的,交接双方应当编制货运记录。

第八十一条　根据约定由承运人负责装、拆箱的,承运人与托运人或者收货人对货物进行交接。

第八十二条　集装箱货物需拆箱后转运的,其包装应当符合第十五条的规定。

第八十三条　收货人提取货物后,应当按照约定将空箱归还,超期不归还的,按照约定交纳滞箱费。

第八十四条　集装箱货物装箱时应当做到合理积载、堆码整齐、牢固。集装箱受载不得超过其额定的重量。

第八章　单元滚装运输的特别规定

第八十五条　单元滚装运输方式下运输合同的履行期间为运输单元进入起运港至离开到达港。

第八十六条　承运人应当对运输单元的表面状况进行验收,发现有异常状况的,应当在运单内载明。

第八十七条　运输单元进入起运港时承运人应当在运单上签注,离开到达港时托运人应当在运单上签注,并将签注后的运单交还给承运人。

第八十八条 单元滚装运输不得运输危险品。

第八十九条 运单上应当载明车牌号码、运输单元的重量、体积(长、宽、高)。

第九十条 托运人对车辆或者移动机械所载货物应当绑扎牢固。

运输单元在船舶上需要特殊加固绑扎的,托运人应当在托运时向承运人提出,并支付相关费用。

承运人应当备妥加固绑扎的物料,并为防止运输单元滑动而进行一般性绑扎和加固。对有特殊绑扎要求的,由双方另行约定。

第九十一条 运输单元驶上或者驶离船舶时,司乘人员应当遵守有关规定,服从船方指挥,按顺序和指定的行车路线行驶。运输单元进入指定的车位后,司机应当关闭发动机,使车辆处于制动状态。

第九十二条 运输单元的实际重量、体积与运单记载不符的,托运人应当按照实际重量或者体积支付运输费用并向承运人支付衡量等费用。

第九十三条 从事单元滚装运输的船舶应当分设供旅客和运输单元上下船的专用通道;船舶只设有一个通道时,旅客与运输单元上下船时必须分流。

承运人应当在船舱内配备照明、通风等设施。

第九章 附 则

第九十四条 水路与其他运输方式之间货物联运中的水路运输、水路军事运输、邮件运输、危险货物运输,除另有规定外,适用本规则。

第九十五条 本规则由国务院交通主管部门负责解释。

第九十六条 本规则自2001年1月1日起施行。《水路货物运输规则》和《水路货物运输管理规则》(交通部[95]交水发221号)、《国内水路集装箱货物运输规则》(交通部[1996]16号令)、《水路货物滚装运输规则》(交通部1997年第6号令)、《船舶无法交付货物处理试行办法》([88]交河字75号)、《关于沿海航线蜜蜂运输的几项规定》([82]交水运字729号)以及本规则施行前交通部发布的其他与本规则不一致的相关规定同时废止。

《国内水路货物运输规则》有关合同、单位推荐格式略。

附录四 水路危险货物运输规则

(1996年11月4日交通部令1996年第10号发布)

第一章 总 则

第一条 为加强水路危险货物运输管理,保障运输安全,防止事故发生,适应国民经济的发展，根据国家有关法律、法规，制订本规则。

第二条 在中华人民共和国境内从事危险货物的船舶运输、港口装卸、储存等业务，除国际航线运输（包括港口装卸）、军运、散装危险货物另有规定外，均适用本规则。

第三条 凡具有爆炸、易燃、毒害、腐蚀、放射性等特性，在运输、装卸和储存过程中，容易造成人身伤亡和财产毁损而需要特别防护的货物，均属危险货物。

根据中华人民共和国 GB6944《危险货物分类和品名编号》和中华人民共和国 GB12268《危险货物品名表》等有关国家标准，将危险货物划分为以下九类：

第 1 类 爆炸品

第 2 类 压缩气体和液化气体

第 3 类 易燃液体

第 4 类 易燃固体、自燃物品和遇湿易燃物品

第 5 类 氧化剂和有机过氧化物

第 6 类 毒害品和感染性物品

第 7 类 放射性物品

第 8 类 腐蚀品

第 9 类 杂类

各类危险货物根据其危险程度划分为一级和二级危险货物，详见本规则附件一“各类引言和危险货物明细表”。

第四条 水路运输危险货物有关托运人、承运人、作业委托人、港口经营人以及其他各有关单位和人员，应严格执行本规则的各项规定。

各级交通主管部门，港口管理机构，港务（航）监督机构应按照职责范围负责本规则的贯彻实施和监督检查。

第二章 包装和标志

第五条 除爆炸品、压缩气体、液化气体、感染性物品和放射性物品的包装外，危险货物的包装按其防护性能分为：

I 类包装 适用于盛装高度危险性的货物；

II 类包装 适用于盛装中度危险性的货物；

III 类包装 适用于盛装低度危险性的货物。

各类包装应达到的防护性能要求见本规则附件三“包装型号、方法、规格和性能试验”。各种危险货物所要求的包装类别见该货物明细表。

第六条 危险货物的包装（压力容器和放射性物品的包装另有规定）应按本规则附件三的规定进行性能试验。申报和托运危险货物应持有交通部认可的包装检验机构出具的“危险货物包装检验证明书”（格式三），符合要求后，方可使用。

第七条 盛装危险货物的压力容器和放射性物品的包装应符合国家主管部门的规定，压力容器应持有商检机构或锅炉压力容器检测机构出具的检验合格证书；放射性物品应持有卫生防疫部门出具的“放射性物品包装件辐射水平检查证明书”（格式四）。

第八条 根据危险货物的性质和水路运输的特点,包装应满足以下基本要求:

(一)包装的规格、型式和单件质量(重量)应便于装卸或运输。

(二)包装的材质、型式和包装方法(包括包装的封口)应与拟装货物的性质相适应。包装内的衬垫材料和吸收材料应与拟装货物性质相容,并能防止货物移动和外漏。

(三)包装应具有一定强度,能经受住运输中的一般风险。盛装低沸点货物的容器,其强度须具有足够的安全系数,以承受住容器内可能产生的较高的蒸气压力。

(四)包装应干燥、清洁、无污染,并能经受住运输过程中温、湿度的变化。

(五)容器盛装液体货物时,必须留有足够的膨胀余位(预留容积),防止在运输中因温度变化而造成容器变形或货物渗漏。

(六)盛装下列危险货物的包装应达到气密封口的要求:

1. 产生易燃气体或蒸气的货物;

2. 干燥后成为爆炸品的货物;

3. 产生毒性气体或蒸气的货物;

4. 产生腐蚀性气体或蒸气的货物;

5. 与空气发生危险反应的货物。

第九条 采用与本规则不同的其他包装方法(包括新型包装),应符合本规则第五条、第六条和第八条的规定,由起运港的港务(航)监督机构和港口管理机构共同依据技术部门的鉴定审核同意并报交通部批准后,方可作为等效包装使用。

第十条 危险货物包装重复使用时,应完整无损,无锈蚀,并应符合本规则第六条和第八条的规定。

第十一条 危险货物的成组件应具有足够的强度,并便于用机械装卸作业。

第十二条 使用可移动罐柜盛装危险货物,可移动罐柜应符合本规则附件六“可移动罐柜”的要求。对适用于集装箱条款定义的罐柜还应满足船检部门《集装箱检验规范》的有关要求。

第十三条 每一盛装危险货物的包装上均应标明所装货物的正确运输名称,名称的使用应符合附件一“各类引言和危险货物明细表”中的规定。包装明显处、集装箱四侧、可移动罐柜四周及顶部应粘贴或刷印符合附件二“危险货物标志”的规定。

具有两种或两种以上危险性的货物,除按其主要危险性标贴主标志外,还应标贴本规则危险货物明细表中规定的副标志(副标志无类别号)。

标志应粘贴、刷印牢固,在运输过程中清晰、不脱落。

第十四条 除因包装过小只能粘贴或刷印较小的标志外,危险货物标志不应小于100毫米×100毫米;集装箱、可移动罐柜使用的标志不应小于250毫米×250毫米。

第十五条 集装箱内使用固体二氧化碳(干冰)制冷时,装箱人应在集装箱门上显著标明“危险! 内有二氧化碳(干冰),进入前需彻底通风”字样。

第十六条 集装箱、可移动罐柜和重复使用的包装,其标志应符合本章的规定,并除去不适合的标志。

第十七条 按本规则规定属于危险货物,但国际运输时不属于危险货物,外贸出口时,在国内运输区段包装件上可不标贴危险货物标志,由托运人和作业委托人分别在水路货物运单和作业委托单特约事项栏内注明“外贸出口,免贴标志”;外贸进口时,在国内运输区段,按危险货物办理。

国际运输属于危险货物,但按本规则规定不属于危险货物,外贸出口时,国内运输区段,托运人和作业委托人应按外贸要求标贴危险货物标志,并应在水路货物运单和作业委托单特约事项栏内注明“外贸出口属于危险货物”;外贸进口时,在国内运输区段,托运人和作业委托人应按进口原包装办理国内运输,并应在水路货物运单和作业委托单特约事项栏内注明“外贸进口属于危险货物”。

如本规则对货物的分类与国际运输分类不一致,外贸出口时,在国内运输区段,其包装件上可粘贴外贸要求的危险货物标志;外货进口时,国内运输区段按本规则的规定粘贴相应的危险货物标志。

第三章 托 运

第十八条 危险货物的托运人或作业委托人应了解、掌握国家有关危险货物运输的规定,并按有关法规和港口管理机构的规定,向港务(航)监督机构办理申报并分别同承运人和起运、到达港港口经营人签订运输、作业合同。

第十九条 办理危险货物运输、装卸时,托运人、作业委托人应向承运人、港口经营人提交以下有关单证和资料:

(一)“危险货物运输声明”或“放射性物品运输声明”;

(二)“危险货物包装检验证明书”或“压力容器检验合格证书”或“放射性物品包装件辐射水平检查证明书”(格式四);

(三)集装箱装运危险货物,应提交有效的“集装箱装箱证明书”(格式五);

(四)托运民用爆炸品应提交所在地县、市公安机关根据《中华人民共和国民用爆炸物品管理条例》核发的“爆炸物品运输证”;

(五)除提交上述(一)~(四)款的有关单证外,对可能危及运输和装卸安全或需要特殊说明的货物还要提交有关资料。

第二十条 运输危险货物应使用红色运单;港口作业应使用红色作业委托单。

第二十一条 托运本规则未列名的危险货物,托运前托运人应向起运港港口管理机构和港务(航)监督机构提交经交通部认可的部门出具的“危险货物鉴定表”(格式六),由港口管理机构会同港务(航)监督机构确定装卸、运输条件,经交通部批准后,按本规则相应类别中“未另列名”项办理。

第二十二条 托运装过有毒气体、易燃气体的空钢瓶,按原装危险货物条件办理。

托运装过液体危险货物、毒害品(包括有毒害品副标志的货物)、有机过氧化物、放射性物品的空容器,如符合下列条件,并在运单和作业委托单中注明原装危险货物的品名、编号和“空容器清洁无害”字样,可按普通货物办理:

(一)经倒净、洗清、消毒(毒害品),并持有技术检验部门出具的检验证明书,证明:空容器清洁无害。

(二)盛装过放射性物品的空容器,其表面清洁无污染,或按可接近非固定污染程度β或γ

发射体低于 $4Bq/cm^2$、α 发射体低于 $0.4Bq/cm^2$，并持有卫生防疫部门出具的“放射性物品空容器检查证明书”(格式七)。

托运装过其他危险货物的空容器，经倒净、洗清，并在运单中和作业委托单中注明原装危险货物的品名和编号和“空容器，清洁无害”字样，可按普通货物办理。

第二十三条 符合下列条件之一的危险货物，可按普通货物条件运输：

(一)成套设备中的部分配件或部分材料属于危险货物(只限不能单独包装)，托运人确认在运输中不致发生危险，经起运港港口管理机构和港务(航)监督机构认可后，并在运单和作业委托单中注明“不作危险货物”字样。

(二)危险货物品名索引中注有 * 符号的货物，其包装、标志符合规定，且每个包装件不超过 10 千克，其中每一小包件内货物净重不超过 0.5 千克，并由托运人在运单和作业委托单中注明“小包装化学品”字样；但每批托运货物总净重不得超过 100 千克，并按本章的有关规定办理申报或提交有关单证。

第二十四条 性质相抵触或消防方法不同的危险货物应分票托运。

第二十五条 个人托运危险货物，还须持本人身份证件办理托运手续。

第四章 承 运

第二十六条 装运危险货物时，承运人应选派技术条件良好的适载船舶。船舶的舱室应为钢质结构。电气设备、通风设备、避雷防护、消防设备等技术条件应符合要求。

500 总吨以下的船舶以及乡镇运输船舶、水泥船、木质船装运危险货物，按国家有关规定办理。

第二十七条 客船和客渡船禁止装运危险货物。

客货船和客滚船载客时，原则上不得装运危险货物。确需装运时，船舶所有人(经营人)应根据船舶条件和危险货物的性能制定限额要求，部属航运企业报交通部备案，地方航运企业报省、自治区、直辖市交通主管部门和港务(航)监督机构备案。并严格按限额要求装载。

第二十八条 船舶装运危险货物前，承运人或其代理应向托运人收取本规则第三章中所规定的有关单证。

第二十九条 载运危险货物的船舶，在航行中要严格遵守避碰规则。停泊、装卸时应悬挂或显示规定的信号。除指定地点外，严禁吸烟。

第三十条 装运爆炸品、一级易燃液体和有机过氧化物的船、驳，原则上不得与其他驳船混合编队、拖带。如必须混合编队、拖带时，船舶所有人(经营人)要制定切实可行的安全措施，经港务(航)监督机构批准后，报交通部备案。

第三十一条 装载易燃、易爆危险货物的船舶，不得进行明火、烧焊或易产生火花的修理作业。如有特殊情况，应采用相应的安全措施。在港时，应经港务(航)监督机构批准并向港口公安消防监督机关备案；在航时应经船长批准。

第三十二条 除客货船外，装运危险货物的船舶不准搭乘旅客和无关人员。若需搭乘押运人员时，需经港务(航)监督机构批准。

第三十三条 船舶装载危险货物应严格按照本规则附件四“积载和隔离”的规定和本规

则附件一“各类危险货物引言和明细表”中的特殊积载要求合理积载、配装和隔离。积载处所应清洁、阴凉、通风良好。

遇有下列情况，应采用舱面积载：

（一）需要经常检查的货物；

（二）需要近前检查的货物；

（三）能生成爆炸性气体混合物，产生剧毒蒸气或对船舶有强烈腐蚀性的货物；

（四）有机过氧化物；

（五）发生意外事故时必须投弃的货物。

第三十四条　船舶危险货物的积载，要确保其安全和应急消防设备的正常使用及过道的畅通。

第三十五条　发生危险货物落入水中或包装破损溢漏等事故时，船舶应立即采取有效措施并向就近的港务（航）监督机构报告详情并做好记录。

第三十六条　滚装船装运“只限舱面”积载的危险货物，不应装在封闭和开敞式车辆甲板上。

第三十七条　纸质容器（如瓦楞纸箱和硬纸板桶等）应装在舱内，如装在舱面，应妥加保护，使其在任何时候都不会因受潮湿而影响其包装性能。

第三十八条　危险货物装船后，应编制危险货物清单，并在货物积载图上标明所装危险货物的品名、编号、分类、数量和积载位置。

第三十九条　承运人及其代理人应按规定做好船舶的预、确报工作，并向港口经营人提供卸货所需的有关资料。

第四十条　对不符合承运要求的船舶，港务（航）监督机构有权停止船舶进、出港和作业，并责令有关单位采取必要的安全措施。

第五章　装　　卸

第四十一条　船舶载运危险货物，承运人应按规定向港务（航）监督机构办理申报手续，港口作业部门根据装卸危险货物通知单安排作业。

第四十二条　装卸危险货物的泊位以及危险货物的品种和数量，应经港口管理机构和港务（航）监督机构批准。

第四十三条　装卸危险货物应选派具有一定专业知识的装卸人员（班组）担任。装卸前应详细了解所装卸危险货物的性质、危险程度、安全和医疗急救等措施，并严格按照有关操作规程作业。

第四十四条　装卸危险货物，应根据货物性质选用合适的装卸机具。装卸易燃、易爆货物，装卸机械应安置火星熄灭装置，禁止使用非防爆型电器设备。装卸前应对装卸机械进行检查，装卸爆炸品、有机过氧化物、一级毒害品、放射性物品，装卸机具应按额定负荷降低25%使用。

第四十五条　装卸危险货物，应根据货物的性质和状态，在船—岸，船—船之间设置安全网，装卸人员应穿戴相应的防护用品。

第四十六条 夜间装卸危险货物,应有良好的照明,装卸易燃、易爆货物应使用防爆型的安全照明设备。

第四十七条 船方应向港口经营人提供安全的在船作业环境。如货舱受到污染,船方应说明情况。对已被毒害品、放射性物品污染的货舱,船方应申请卫生防疫部门检测,采取有效措施后方可作业。

起卸包装破损的危险货物和能放出易燃、有毒气体的危险货物前,应对作业处所进行通风,必要时应进行检测。

如船舶确实不具备作业环境,港口经营人有权停止作业,并书面通知港务(航)监督机构。

第四十八条 船舶装卸易燃、易爆危险货物期间,不得进行加油、加水(岸上管道加水除外)、拷铲等作业;装卸爆炸品(第1.4S除外)时,不得使用和检修雷达、无线电电报发射机。所使用的通讯设备应符合有关规定。

第四十九条 装卸易燃、易爆危险货物,距装卸地点50米范围内为禁火区。内河码头、泊位装卸上述货物应划定合适的禁火区,在确保安全的前提下,方可作业。作业人员不得携带火种或穿铁掌鞋进入作业现场,无关人员不得进入。

第五十条 没有危险货物库场的港口,一级危险货物原则上以直接换装方式作业。特殊情况,需经港口管理机构批准,采取妥善的安全防护措施并在批准的时间内装上船或提离港口。

第五十一条 装卸危险货物时,遇有雷鸣、电闪或附近发生火警,应立即停止作业,并将危险货物妥善处理。雨雪天气禁止装卸遇湿易燃物品。

第五十二条 装卸危险货物,现场应备有相应的消防、应急器材。

第五十三条 装卸危险货物,装卸人员应严格按照计划积载图装卸,不得随意变更。装卸时应稳拿轻放,严禁撞击、滑跌、摔落等不安全作业。堆码要整齐、稳固、桶盖、瓶口朝上,禁止倒放。

包装破损、渗漏或受到污染的危险货物不得装船,理货部门应做好检查工作。

第五十四条 爆炸品、有机过氧化物、一级易燃液体、一级毒害品、放射性物品,原则上应最后装最先卸。

装有爆炸品的舱室内,在中途港不应加载其他货物,确需加载时,应经港务(航)监督机构批准并按爆炸品的有关规定作业。

第五十五条 对温度较为敏感的危险货物,在高温季节,港口应根据所在地区气候条件确定作业时间,并不得在阳光直射处存放。

第五十六条 装卸可移动罐柜,应防止罐柜在搬运过程中因内装液体晃动而产生静电等不安全因素。

第五十七条 危险货物集装箱在港区内拆、装箱,应在港口管理机构批准的地点进行,并按有关规定采取相应的安全措施后方可作业。

第五十八条 对下列各种情况,港口管理机构有权停止船舶作业,并责令有关方面采取必要的安全处置措施:

一、船舶设备和装卸机具不符合要求;

二、货物装载不符合规定;

三、货物包装破损、渗漏、受到污染或不符合有关规定。

第六章　储存和交付

第五十九条　经常装卸危险货物的港口，应建有存放危险货物的专用库（场）；建立健全管理制度，配备经过专业培训的管理人员及安全保卫和消防人员，配有相应的消防器材。库（场）区域内，严禁无关人员进入。

第六十条　非危险货物专用库（场）存放危险货物，应经港口管理机构批准，并根据货物性质安装安全电气照明设备，配备消防器材和必要的通风、报警设备。库内应保持干燥、阴凉。

第六十一条　危险货物入库（场）前，应严格验收。包装破损、撒漏、外包装有异状、受潮或玷污其他货物的危险货物应单独存放，及时妥善处理。

第六十二条　危险货物堆码要整齐、稳固，垛顶距灯不少于1.5米；垛距墙不少于0.5米、距垛不少于1米；性质不相容的危险货物、消防方法不同的危险货物不得同库存放，确需存放时应符合附件四中的隔离要求。消防器材、配电箱周围1.5米内禁止存放任何物品。堆场内消防通道不少于6米。

第六十三条　存放危险货物的库（场）应经常进行检查，并做好检查记录，发现异常情况迅速处理。

第六十四条　危险货物出运后，库（场）应清扫干净，对存放危险货物而受到污染的库（场）应进行洗刷，必要时应联系有关部门处理。

第六十五条　抵港危险货物，承运人或其代理人应提前通知收货人做好接运准备，并及时发出提货通知。交付时按货物运单（提单）所列品名、数量、标记核对后交付。对残损和撒漏的地脚货应由收货人提货时一并提离港口。

收货人未在港口规定时间内提货时，港口公安部门应协助做好货物催提工作。

第六十六条　对无票、无货主或经催提后收货人仍未提取的货物，港口可依据国家“关于港口、车站无法交付货物的处理办法”的规定处理。对危及港口安全的危险货物，港口管理机构有权及时处理。

第七章　消防和泄漏处理

第六十七条　港口经营人、承运船舶应建立健全危险货物运输安全规章制度，制订事故应急措施，组织建立相应的消防应急队伍，配备消防、应急器材。

第六十八条　承运船舶、港口经营人在作业前应根据货物性质配备《船舶装运危险货物应急措施》（附录一）有关应急表中要求的应急用具和防护设备，并应符合本规则附件一“各类危险货物引言和明细表”中的特殊要求。作业过程中（包括堆存、保管）发现异常情况，应立即采取措施，消除隐患。一旦发生事故，有关人员应按《危险货物事故医疗急救指南》（附录二）的要求在现场指挥员的统一指挥下迅速开展施救，并立即报告公安消防部门、港口管理机构和港务（航）监督机构等有关部门。

第六十九条 船舶在港区、河流、湖泊和沿海水域发生危险货物泄漏事故,应立即向港务(航)监督机构报告,并尽可能将泄漏物收集起来,清除到岸上的接收设备中去,不得任意倾倒。

船舶在航行中,为保护船舶和人命安全,不得不将泄漏物倾倒或将冲洗水排放到水中时,应尽快向就近的港务(航)监督机构报告。

第七十条 泄漏货物处理后,对受污染处所应进行清洗,消除危害。

船舶发生强腐蚀性货物泄漏,应仔细检查是否对船舶造成结构上的损坏,必要时应申请船舶检验部门检验。

第七十一条 危险货物运输中有关防污染要求,应符合我国有关环境保护法规的规定。

第八章 附 则

第七十二条 本规则由交通部负责解释。

各省、自治区、直辖市交通主管部门可根据本规则的有关规定制订实施细则,并报交通部备案。

第七十三条 本规则自1996年12月1日起实施。

附录五 港口危险货物管理规定

第一条 为加强港口危险货物管理,保障人民生命、财产安全,根据《中华人民共和国港口法》(以下简称《港口法》)、《中华人民共和国安全生产法》(以下简称《安全生产法》)、《危险化学品安全管理条例》等有关法律、行政法规,制定本规定。

第二条 在港口装卸、过驳、储存、包装危险货物或者对危险货物集装箱进行装拆箱等项作业(以下简称“危险货物港口作业”)适用本规定。

用于危险货物港口作业的港口设施的建设和运营应当符合本规定的有关要求。

第三条 本规定所称“危险货物”,是指列入国家标准GB12268《危险货物品名表》和国际海事组织制定的《国际危险货物运输规则》,具有爆炸、易燃、毒害、腐蚀、放射性等特性,在水路运输、港口装卸和储存等过程中,容易造成人身伤亡和财产毁损而需要特别防护的货物。

第四条 交通部负责全国港口危险货物管理工作。

省级和设区的市级人民政府交通(港口)主管部门根据地方人民政府确定的职权负责本行政区域内港口的危险货物管理工作。

港口所在地人民政府设置的港口行政管理部门具体负责该港口的危险货物管理工作。

第五条 禁止在港口装卸、储存国家禁止通过水路运输的危险货物。

第六条 新建、改建、扩建危险货物作业码头、库场、储罐、锚地等港口设施,应当符合港口总体规划和国家有关建造规范和标准,经所在地港口行政管理部门批准后,按照国家有关基本建设程序办理审批手续。

港口行政管理部门在批准新建、改建、扩建危险货物码头、锚地时,应当事先征得海事管理机构同意。

第七条 危险货物港口作业的码头、库场、储罐、锚地等港口设施投入作业前，应当按照国家有关规定组织验收。验收合格后，方可交付使用。

第八条 港口经营人从事危险货物港口作业，应当具备本规定第九条规定的条件，并向所在地港口行政管理部门申请危险货物港口作业资质认定。未取得危险货物港口作业资质的，不得从事危险货物港口作业。

第九条 从事危险货物港口作业的港口经营人，应当具备以下条件：

（一）符合《港口法》规定的港口经营许可条件；

（二）具有符合国家标准的应急设备、设施；

（三）具有健全的安全管理制度和操作规程；

（四）至少有一名企业主要负责人应当具备与本单位所从事的危险货物港口作业相关的安全生产知识和管理技能；

（五）配备足够的具有上岗资格证书的管理、作业人员；

（六）具备事故应急预案；

（七）取得消防、环保部门核准意见。

前款事故应急预案的主要内容应当包括：危险货物作业码头、库场、储罐、锚地等港口设施的概况、重点部位、应急队伍的组成及职责、应急措施、应急救援流程图、指挥序列表、通讯方式、应急人员联络表等。

第十条 港口行政管理部门应当自收到危险货物港口作业资质申请之日起三十日内按照第九条规定予以审核，作出予以认定或者不予认定的决定。予以认定的，应当根据该港口经营人的危险货物作业能力确定认可作业的范围，并核发相应的危险货物港口作业认可证；对不予认定的，应当书面通知申请人并说明理由。

第十一条 危险货物港口作业认可证由所在地港口行政管理部门按照国务院交通主管部门规定的统一格式制作、发放、管理。

第十二条 从事危险货物港口作业的企业应当在危险货物港口作业认可证上核定的危险货物港口作业范围内从事危险货物港口作业活动。

第十三条 从事危险货物港口作业的企业，应当对从事危险货物港口作业的人员进行有关安全作业知识培训。

从事危险货物港口作业的管理、作业人员，必须接受有关法律、法规、规章和安全知识、专业技术、职业卫生防护和应急救援知识的培训，并经交通部或其授权的机构组织考核。考核合格，取得上岗资格证后，方可上岗作业。

第十四条 对危险货物港口作业人员进行培训的机构，应当具备相应的教学、师资条件，按照交通部规定的考核科目、考试大纲和培训大纲进行培训，保障学员能满足本规定规定的资格要求。

第十五条 船舶载运危险货物进出港口，应当将危险货物的名称、理化性质、包装和进出港口的时间等事项，在预计到、离港 24 小时前向海事管理机构报告。但定船舶、定航线、定货种的船舶可以按照有关规定向海事管理机构定期申报。海事管理机构接到上述报告后应当及时将上述信息通报港口所在地港口行政管理部门。

第十六条 作业委托人应当向从事危险货物港口作业的企业提供正确的危险货物名称、国家或联合国编号、适用包装、危害、应急措施等资料,并保证资料正确、完整。作业委托人不得在委托作业的普通货物中夹带危险货物,不得将危险货物匿报或者谎报为普通货物。

第十七条 从事危险货物港口作业的企业,在危险货物港口装卸、过驳、储存、包装、集装箱装拆箱等作业开始24小时前,应当将作业委托人,以及危险货物品名、数量、理化性质、作业地点和时间、安全防范措施等事项向所在地港口行政管理部门报告。港口行政管理部门应当在接到报告后24小时内作出是否同意作业的决定,通知报告人,并及时将有关信息通报海事管理机构。未经港口行政管理部门同意,不得进行危险货物港口作业。

第十八条 从事危险货物港口作业的企业,应当按照安全管理制度和操作规程组织危险货物港口作业。

第十九条 从事危险货物港口作业的人员应当按照企业安全管理制度和操作规程进行危险货物的操作。

第二十条 从事危险货物港口作业的企业,应当对危险货物包装进行检查,发现包装不符合国家有关规定的,不得予以作业,并应当及时通知作业委托人处理。

港口行政管理部门应当根据国家有关规定对危险货物包装进行抽查。不符合规定的,可责令作业委托人处理。

第二十一条 爆炸品、压缩气体和液化气体、易燃液体、易燃固体、自燃物品和遇湿易燃物品的港口作业,企业应当划定作业区域,明确责任人并实行封闭式管理。作业区域应当设置明显标志,禁止无关人员进入和无关船舶停靠。作业期间严禁烟火,杜绝一切火源。

第二十二条 发生下列情况,从事危险货物港口作业的企业应当及时处理并报告所在地港口行政管理部门:

(一)发现未申报或者申报不实、申报有误的危险货物;

(二)在普通货物或集装箱中发现性质相抵触的危险货物。

第二十三条 从事危险货物港口作业的企业应当按照事故应急预案进行定期演练,做好演练记录,并根据实际情况对事故应急预案进行修订。

第二十四条 当危险货物港口作业发生事故时,从事危险货物港口作业的企业应迅速启动事故应急预案,采取应急行动,排除事故危害,控制事故进一步扩散,并按照国家有关规定立即向港口行政管理部门和有关部门报告。

第二十五条 港口行政管理部门应当制定事故应急预案,当危险货物港口作业发生事故时,应当及时组织救助。

发生特大安全事故,港口行政管理部门和有关单位、企业应当服从地方人民政府指挥,积极配合救助,并按照规定向有关部门报告。

第二十六条 港口行政管理部门应定期对从事危险货物港口作业企业的资质进行审验,发现其不再具备条件的,应当限期整顿,或按照《安全生产法》第五十四条规定撤销其资质。

第二十七条 港口行政管理部门及其管理人员对从事危险货物港口作业的企业进行监督检查,可以行使下列职权:

(一)进入并检查港口危险货物作业场所,查阅、抄录、复印相关的文件或者资料,提出整改意见;

（二）发现危险货物港口作业和应急设备、设施不符合法律、法规、规章规定和标准要求的，责令立即停止使用；

（三）发现安全隐患，应当责令立即排除或者限期排除；

（四）发现违法行为，应当当场予以纠正或者责令限期改正。

第二十八条 违反本规定，未取得危险货物港口作业资质认定，擅自从事危险化学品港口作业的，由所在地港口行政管理部门按照《危险化学品安全管理条例》第六十五条的规定处罚；在港口经营活动中擅自从事其他危险货物的作业的，由所在地港口行政管理部门处以3万元以下罚款。未取得港口经营许可的，按照《港口法》第四十八条处罚。

第二十九条 违反本规定，有违反《危险化学品安全管理条例》下列行为之一，由港口行政管理部门按照《危险化学品安全管理条例》第六十六条的规定处罚；在经营活动中有下列行为但不属于违反《危险化学品安全管理条例》规定行为的，由港口行政管理部门处以3万元以下的罚款并责令改正：

（一）从事港口危险货物作业的人员未经考核合格取得上岗资格证的；

（二）在港口装卸、储存国家禁止通过水运运输的危险货物的；

（三）作业委托人未向港口危险货物作业人提供危险货物名称、国家或联合国编号、适用包装、危害、应急措施等资料或上述资料申报不实；

（四）作业委托人委托作业的普通货物或集装箱中有性质相抵触的危险货物；

（五）未按规定对危险货物的包装进行检查的。

第三十条 违反本规定，从事爆炸品、压缩气体和液化气体、易燃液体、易燃固体、自燃物品和遇湿易燃物品的港口作业，企业未划定作业区域，明确责任人并实行封闭式管理的，由港口行政管理部门按照《安全生产法》第八十五条第（一）项规定处罚。

第三十一条 违反本规定，未按有关规定、标准和规范配备应急器材、必要安全设施、设备的，由港口行政管理部门按照《安全生产法》第八十三条第（五）项规定处罚。

第三十二条 违反本规定，有下列行为之一的，由港口行政管理部门按照《安全生产法》第八十五条规定处罚：

（一）安全管理制度和操作规程不健全的；

（二）未按事故应急预案进行定期演练的。

第三十三条 违反本规定，企业未对危险货物港口作业人员进行有关安全作业知识培训的，由港口行政管理部门按照《安全生产法》第八十二条第（三）项规定处罚。

第三十四条 港口经营人有第二十九条、第三十条、第三十一条、第三十二条、第三十三条违法行为，情节严重的，港口行政管理部门可依据《港口法》第五十一条规定吊销港口经营许可证。

第三十五条 违反本规定第六条规定，未经批准建设、改建和扩建危险货物作业码头、库场、储罐、锚地等港口设施的，由港口行政管理部门按照《港口法》第四十六条规定处罚。

第三十六条 违反本规定，从事危险货物港口作业企业未按规定在作业前向港口行政管理部门报告并经其同意的，由港口行政管理部门按照《港口法》第五十三条规定处罚。

第三十七条 违反本规定，从事危险货物港口作业的人员未按照安全管理制度和操作规程作业的，由港口作业单位予以批评教育，依照有关规章制度予以处分；造成重大事故，构成犯罪的，由有关机关依法追究刑事责任。

第三十八条 违反本规定，未及时报告危险货物港口作业事故的，分别按照《安全生产法》第九十一条和第九十二条的规定处理。

第三十九条 从事危险货物港口作业不具备本规定第九条规定的条件,港口行政管理部门应当责令停业整顿,经停业整顿仍不具备条件的,取消其危险货物港口作业资质。构成犯罪的,由有关机关依法追究刑事责任。

第四十条 交通(港口)主管部门和港口行政管理部门的工作人员在执行本规定中,滥用职权、玩忽职守、徇私舞弊的,依法给予行政处分。构成犯罪的,由有关机关依法追究刑事责任。

第四十一条 本规定自2004年1月1日起施行。交通部1984年发布的《港口危险货物管理暂行规定》[(84)交海字1181号文]同时废止,本规定发布前交通部发布的其他有关规定与本规定相抵触的,以本规定为准。

附录六 船舶载运危险货物安全监督管理规定

第一章 总 则

第一条 为加强船舶载运危险货物监督管理,保障水上人命、财产安全,防止船舶污染环境,依据《中华人民共和国海上交通安全法》、《中华人民共和国海洋环境保护法》、《中华人民共和国港口法》、《中华人民共和国内河交通安全管理条例》、《中华人民共和国危险化学品安全管理条例》和有关国际公约的规定,制定本规定。

第二条 本规定适用于船舶在中华人民共和国管辖水域载运危险货物的活动。

第三条 交通部主管全国船舶载运危险货物的安全管理工作。中华人民共和国海事局负责船舶载运危险货物的安全监督管理工作。

交通部直属和地方人民政府交通主管部门所属的各级海事管理机构依照有关法律、法规和本规定,具体负责本辖区船舶载运危险货物的安全监督管理工作。

第四条 船舶载运危险货物,必须符合国家安全生产、水上交通安全、防治船舶污染的规定,保证船舶人员和财产的安全,防止对环境、资源以及其他船舶和设施造成损害。

第五条 禁止利用内河以及其他封闭水域等航运渠道运输剧毒化学品以及交通部规定禁止运输的其他危险化学品。

禁止在普通货物中夹带危险货物,不得将危险货物匿报或者报为普通货物。

禁止未取得危险货物适装证书的船舶以及超过交通部规定船龄的船舶载运危险货物。

第二章 通航安全和防污染管理

第六条 载运危险货物的船舶在中国管辖水域航行、停泊、作业,应当遵守交通部公布的以及海事管理机构在其职权范围内依法公布的水上交通安全和防治船舶污染的规定。

对在中国管辖水域航行、停泊、作业的载运危险货物的船舶,海事管理机构应当进行监督。

第七条　载运危险货物的船舶应当选择符合安全要求的通航环境航行、停泊、作业，并顾及在附近航行、停泊、作业的其他船舶以及港口和近岸设施的安全，防止污染环境。海事管理机构规定危险货物船舶专用航道、航路的，载运危险货物的船舶应当遵守规定航行。

载运危险货物的船舶通过狭窄或者拥挤的航道、航路，或者在气候、风浪比较恶劣的条件下航行、停泊、作业，应当加强瞭望，谨慎操作，采取相应的安全、防污措施。必要时，还应当落实辅助船舶待命防护等应急预防措施，或者向海事管理机构请求导航或者护航。

载运爆炸品、放射性物品、有机过氧化物、闪点28℃以下易燃液体和液化气的船，不得与其他驳船混合编队拖带。

对操作能力受限制的载运危险货物的船舶，海事管理机构应当疏导交通，必要时可实行相应的交通管制。

第八条　载运危险货物的船舶在航行、停泊、作业时应当按规定显示信号。

其他船舶与载运危险货物的船舶相遇，应当注意按照航行和避碰规则的规定，尽早采取相应的行动。

第九条　在船舶交通管理（VTS）中心控制的水域，船舶应当按照规定向交通管理（VTS）中心报告，并接受该中心海事执法人员的指令。

对报告进入船舶交通管理（VTS）中心控制水域的载运危险货物的船舶，海事管理机构应当进行标注和跟踪，发现违规航行、停泊、作业的，或者认为可能影响其他船舶安全的，海事管理机构应当及时发出警告，必要时依法采取相应的强制措施。

船舶交通管理（VTS）中心应当为向其报告的载运危险货物的船舶提供相应的水上交通安全信息服务。

第十条　在实行船舶定线制的水域，载运危险货物的船舶应当遵守船舶定线制规定，并使用规定的通航分道航行。

在实行船位报告制的水域，载运危险货物的船舶应当按照海事管理机构的规定，加入船位报告系统。

第十一条　载运危险货物的船舶从事水上过驳作业，应当符合国家水上交通安全和防止船舶污染环境的管理规定和技术规范，选择缓流、避风、水深、底质等条件较好的水域，尽量远离人口密集区、船舶通航密集区、航道、重要的民用目标或者设施、军用水域，制定安全和防治污染的措施和应急计划并保证有效实施。

第十二条　载运危险货物的船舶在港口水域内从事危险货物过驳作业，应当根据交通部有关规定向港口行政管理部门提出申请。港口行政管理部门在审批时，应当就船舶过驳作业的水域征得海事管理机构的同意。

载运散装液体危险性货物的船舶在港口水域外从事海上危险货物过驳作业，应当由船舶或者其所有人、经营人或者管理人依法向海事管理机构申请批准。

船舶从事水上危险货物过驳作业的水域，由海事管理机构发布航行警告或者航行通告予以公布。

第十三条　申请从事港口水域外海上危险货物单航次过驳作业的，申请人应当提前24小时向海事管理机构提出申请；申请在港口水域外特定海域从事多航次危险货物过驳作业的，申请人应当提前7日向海事管理机构提出书面申请。

船舶提交上述申请，应当申明船舶的名称、国籍、吨位，船舶所有人或者其经营人或者管理人、船员名单，危险货物的名称、编号、数量，过驳的时间、地点等，并附表明其业已符合本规定第十一条规定的相应材料。

海事管理机构收到齐备、合格的申请材料后，对单航次作业的船舶，应当在24小时内做出批准或者不批准的决定；对在特定水域多航次作业的船舶，应当在7日内做出批准或者不批准的决定。海事管理机构经审核，对申请材料显示船舶及其设备、船员、作业活动及安全和环保措施、作业水域等符合国家水上交通安全和防治船舶污染环境的管理规定和技术规范的，应当予以批准并及时通知申请人。对未予批准的，应当说明理由。

第十四条　载运危险货物的船舶排放压载水、洗舱水，排放其他残余物或者残余物与水的混合物，应当按照国家有关规定进行排放。

禁止船舶在海事管理机构依法设定并公告的禁止排放水域内，向水体排放任何禁排物品。

第十五条　载运危险货物的船舶发生水上险情、交通事故、非法排放事件，应当按照规定向海事管理机构报告，并及时启动应急计划和采取应急措施，防止损害、危害的扩大。

海事管理机构接到报告后，应当启动相应的应急救助计划，支援当事船舶尽量控制并消除损害、危害的态势和影响。

第三章　船舶管理

第十六条　从事危险货物运输的船舶所有人或者其经营人或者管理人，应当根据国家水上交通安全和防治船舶污染环境的管理规定，建立和实施船舶安全营运和防污染管理体系。

第十七条　载运危险货物的船舶，其船体、构造、设备、性能和布置等方面应当符合国家船舶检验的法律、行政法规、规章和技术规范的规定，国际航行船舶还应当符合有关国际公约的规定，具备相应的适航、适装条件，经中华人民共和国海事局认可的船舶检验机构检验合格，取得相应的检验证书和文书，并保持良好状态。

载运危险货物的船用集装箱、船用刚性中型散装容器和船用可移动罐柜，应当经中华人民共和国海事局认可的船舶检验机构检验合格后，方可在船上使用。

第十八条　曾装运过危险货物的未清洁的船用载货空容器，应当作为盛装有危险货物的容器处理，但经采取足够措施消除了危险性的除外。

第十九条　载运危险货物的船舶应当制定保证水上人命、财产安全和防治船舶污染环境的措施，编制应对水上交通事故、危险货物泄漏事故的应急预案以及船舶溢油应急计划，配备相应的应急救护、消防和人员防护等设备及器材，并保证落实和有效实施。

第二十条　载运危险货物的船舶应当按照国家有关船舶安全、防污染的强制保险规定，参加相应的保险，并取得规定的保险文书或者财务担保证明。

载运危险货物的国际航行船舶，按照有关国际公约的规定，凭相应的保险文书或者财务担保证明，由海事管理机构出具表明其业已办理符合国际公约规定的船舶保险的证明文件。

第二十一条　船舶载运危险货物，应当符合有关危险货物积载、隔离和运输的安全技术规范，并只能承运船舶检验机构签发的适装证书中所载明的货种。

国际航行船舶应当按照《国际海运危险货物规定》，国内航行船舶应当按照《水路危险货物运输规定》，对承载的危险货物进行正确分类和积载，保障危险货物在船上装载期间的安全，对不符合国际、国内有关危险货物包装和安全积载规定的，船舶应当拒绝受载、承运。

第二十二条 船舶进行洗（清）舱、驱气或者置换，应当选择安全水域，远离通航密集区、船舶定线制区、禁航区、航道、渡口、客轮码头、危险货物码头、军用码头、船闸、大型桥梁、水下通道以及重要的沿岸保护目标，并在作业之前报海事管理机构核准，核准程序和手续按本规定第十三条关于单航次海上危险货物过驳作业的规定执行。

船舶从事本条第一款所述作业活动期间，不得检修和使用雷达、无线电发报机、卫星船站；不得进行明火、拷铲及其他易产生火花的作业；不得使用供应船、车进行加油、加水作业。

第四章 申报管理

第二十三条 船舶载运危险货物进、出港口，或者在港口过境停留，应当在进、出港口之前提前24小时，直接或者通过代理人向海事管理机构办理申报手续，经海事管理机构批准后，方可进、出港口。国际航行船舶，还应当按照国务院颁布的《国际航行船舶进出中华人民共和国口岸检查办法》第六条规定的时间提前预报告。

定船舶、定航线、定货种的船舶可以办理定期申报手续。定期申报期限不超过一个月。

船舶载运尚未在《危险货物品名表》（国家标准GB12268）或者国际海事组织制定的《国际海运危险货物规则》内列明但具有危险物质性质的货物，应当按照载运危险货物的管理规定办理进、出港口申报。海事管理机构接到报告后，应当及时将上述信息通报港口所在地的港口行政管理部门。

办理申报手续可以采用电子数据处理（EDP）或者电子数据交换（EDI）的方式。

第二十四条 载运危险货物的船舶办理进、出港口申报手续，申报内容应至少包括：船名、预计进出港口的时间以及所载危险货物的正确名称、编号、类别、数量、特性、包装、装载位置等，并提供船舶持有安全适航、适装、适运、防污染证书或者文书的情况。

对于装有危险货物的集装箱，船舶需提供集装箱装箱检查员签名确认的《集装箱装箱证明书》。

对于易燃、易爆、易腐蚀、剧毒、放射性、感染性、污染危害性等危险品，船舶应当在申报时附具相应的危险货物安全技术说明书、安全作业注意事项、人员防护、应急急救和泄漏处置措施等资料。

第二十五条 海事管理机构收到船舶载运危险货物进、出港口的申报后，应当在24小时内做出批准或者不批准船舶进、出港口的决定。

对于申报资料明确显示船舶处于安全适航、适装状态以及所载危险货物属于安全状态的，海事管理机构应当批准船舶进、出港口。对有下列情形之一的，海事管理机构应当禁止船舶进、出港口：

（一）船舶未按规定办理申报手续；

（二）申报显示船舶未持有有效的安全适航、适装证书和防污染证书，或者货物未达到安全适运要求或者单证不全；

（三）按规定尚需国家有关主管部门或者进出口国家的主管机关同意后方能载运进、出口的货物，在未办理完有关手续之前；

（四）船舶所载危险货物系国家法律、行政法规禁止通过水路运输的；

（五）本港尚不具备相应的安全航行、停泊、作业条件或者相应的应急、防污染、保安等措施的；

（六）交通部规定不允许船舶进出港口的其他情形。

第二十六条　船舶载运需经国家其他有关主管部门批准的危险货物，或者载运需经两国或者多国有关主管部门批准的危险货物，应在装货前取得相应的批准文书并向海事管理机构备案。

第二十七条　船舶从境外载运有害废料进口，国内收货单位应事先向预定抵达港的海事管理机构提交书面报告并附送出口国政府准许其迁移以及我国政府有关部门批准其进口的书面材料，提供承运的单位、船名、船舶国籍和呼号以及航行计划和预计抵达时间等情况。

船舶出口有害废弃物，托运人应提交我国政府有关部门批准其出口，以及最终目的地国家政府准许其进口的书面材料。

第二十八条　核动力船舶、载运放射性危险货物的船舶以及5万总吨以上的油船、散装化学品船、散装液化气船从境外驶向我国领海的，不论其是否挂靠中国港口，均应当在驶入中国领海之前，向中国船位报告中心通报：船名、危险货物的名称、装载数量、预计驶入的时间和概位、挂靠中国的第一个港口或者声明过境。挂靠中国港口的，还应当按照本规定第二十三条的规定申报。

第五章　人员管理

第二十九条　载运危险货物船舶的船员，应当持有海事管理机构颁发的适任证书和相应的培训合格证，熟悉所在船舶载运危险货物安全知识和操作规程。

第三十条　载运危险货物船舶的船员应当事先了解所运危险货物的危险性和危害性及安全预防措施，掌握安全载运的相关知识。发生事故时，应遵循应急预案，采取相应的行动。

第三十一条　从事原油洗舱作业的指挥人员，应当按照规定参加原油洗舱的特殊培训，具备船舶安全与防污染知识和专业操作技能，经海事管理机构考试、评估，取得合格证书后，方可上岗作业。

第三十二条　按照本规定办理船舶申报手续的人员，应当熟悉船舶载运危险货物的申报程序和相关要求。

第六章　法律责任

第三十三条　海事管理机构依法对载运危险货物的船舶实施监督检查，对违法的船舶、船员实施相应的行政强制措施。

海事管理机构发现载运危险货物的船舶存在安全或者污染隐患的，应当责令立即消除或者限期消除隐患；有关单位和个人不立即消除或者逾期不消除的，海事管理机构可以采取责令其临时停航、停止作业，禁止进港、离港，责令驶往指定水域，强制卸载，滞留船舶等强制性措施。

对有下列情形之一的，海事管理机构应当责令当事船舶立即纠正或者限期改正：

（一）经核实申报内容与实际情况不符的；

（二）擅自在非指定泊位或者水域装卸危险货物的；

（三）船舶或者其设备不符合安全、防污染要求的；

（四）危险货物的积载和隔离不符合规定的；

（五）船舶的安全、防污染措施和应急计划不符合规定的；

（六）船员不符合载运危险货物的船舶的适任资格的。

本规定第二十八条所述船舶违反国家水上交通安全和防治船舶污染环境的法律、行政法规以及《联合国海洋法公约》有关规定的，海事管理机构有权禁止其进入中国领海、内水、港口，或者责令其离开或者驶向指定地点。

第三十四条　载运危险货物的船舶违反本规定以及国家水上交通安全、防治船舶污染环境的规定，应当予以行政处罚的，由海事管理机构按照有关法律、行政法规和交通部公布的有关海事行政处罚的规定给予相应的处罚。

涉嫌构成犯罪的，由海事管理机构依法移送国家司法机关。

第三十五条　海事管理机构的工作人员有滥用职权、徇私舞弊、玩忽职守等严重失职行为的，由其所在单位或者上级机关给予行政处分；情节严重构成犯罪的，由司法机关依法追究刑事责任。

第七章　附　　则

第三十六条　本规定所称“危险货物”，系指具有爆炸、易燃、毒害、腐蚀、放射性、污染危害性等特性，在船舶载运过程中，容易造成人身伤害、财产损失或者环境污染而需要特别防护的物品。

第三十七条　本规定自2004年1月1日生效。1981年交通部颁布的《船舶装载危险货物监督管理规定》（[81]交港监字2060号）同时废止。

附录七　港口货物作业规则

第一章　总　　则

第一条　为了明确水路运输货物港口作业有关当事人的权利、义务，依据有关法律、行政法规，制定本规则。

第二条　在中华人民共和国境内，为水路运输货物提供的装卸、驳运、储存、装拆集装箱等港口作业适用本规则。

第三条　本规则下列用语的含义是：

（一）港口货物作业合同（以下简称作业合同），是指港口经营人在港口对水路运输货物进行装卸、驳运、储存、装拆集装箱等作业，作业委托人支付作业费用的合同。

（二）港口经营人，是指与作业委托人订立作业合同的人。

（三）作业委托人，是指与港口经营人订立作业合同的人。

（四）货物接收人，是指作业合同中，由作业委托人指定的从港口经营人处接收货物的人。

第二章 作业合同的订立

第四条 作业合同，应当按照公平的原则订立。

第五条 指令性水路运输货物的港口作业，有关当事人应当依照有关法律、行政法规规定的权利和义务订立作业合同。

第六条 当事人可以根据需要订立单次作业合同和长期作业合同。

第七条 订立作业合同可以采用书面形式、口头形式和其他形式。

书面形式是指合同书、信件和数据电文（包括电报、电传、传真、电子数据交换和电子邮件）等可以有形地表现所载内容的形式。

第八条 作业合同一般包括以下条款：

（一）作业委托人、港口经营人和货物接收人名称；

（二）作业项目；

（三）货物名称、件数、重量、体积（长、宽、高）；

（四）作业费用及其结算方式；

（五）货物交接的地点和时间；

（六）包装方式；

（七）识别标志；

（八）船名、航次；

（九）起运港（站、点）（以下简称起运港）和到达港（站、点）（以下简称到达港）；

（十）违约责任；

（十一）解决争议的方法。

第九条 采用合同书形式订立作业合同的，自双方当事人签字或者盖章时合同成立。

采用信件、数据电文等形式订立合同的，可以在合同成立之前要求签订确认书。签订确认书时合同成立。

采用合同书形式订立合同，在签字或者盖章之前，当事人一方已经履行主要义务，对方接受的，该合同成立。

第三章 作业合同当事人的权利、义务

第一节 作业委托人

第十条 作业委托人应当及时办理港口、海关、检验、检疫、公安和其他货物运输和作业所

需的各种手续,并将已办理各项手续的单证送交港口经营人。

因作业委托人办理各项手续和有关单证不及时、不完备或者不正确,造成港口经营人损失的,作业委托人应当承担赔偿责任。

第十一条　有特殊保管要求的货物,作业委托人应当与港口经营人约定货物保管的特殊方式和条件。

第十二条　作业委托人向港口经营人交付货物的名称、件数、重量、体积、包装方式、识别标志,应当与作业合同的约定相符。

笨重、长大货物作业,作业委托人应当声明货物的总件数、重量和体积(长、宽、高)以及每件货物的重量、长度和体积(长、宽、高)。

作业委托人未按照本条规定交付货物、进行声明造成港口经营人损失的,应当承担赔偿责任。

第十三条　单件货物重量或者长度超过下列标准的,为笨重、长大货物:

(一)沿海:重量 5 吨,长度 12 米;

(二)长江、黑龙江干线:重量 3 吨,长度 10 米。

各省(自治区、直辖市)交通主管部门对本省内作业的笨重、长大货物标准可以另行规定,并报国务院交通主管部门备案。

第十四条　以件运输的货物,港口经营人验收货物时,发现货物的实际重量或者体积与作业委托人申报的重量或者体积不符时,作业委托人应当按照实际重量或者体积支付费用并向港口经营人支付衡量等费用。

第十五条　需要具备运输包装的作业货物,作业委托人应当保证货物的包装符合国家规定的包装标准;没有包装标准的,应当在保证作业安全和货物质量的原则下进行包装。

第十六条　需要随附备用包装的货物,作业委托人应当提供足够数量的备用包装。

第十七条　危险货物作业,作业委托人应当按照有关危险货物运输的规定妥善包装,制作危险品标志和标签,并将其正式名称和危害性质以及必要时应当采取的预防措施书面通知港口经营人。

第十八条　作业委托人委托货物作业,可以办理保价作业。

货物发生损坏、灭失,港口经营人应当按照货物的声明价值进行赔偿,但港口经营人证明货物的实际价值低于声明价值的,按照货物的实际价值赔偿。

第十九条　在港口经营人已履行本规则第二十六条规定义务情况下,因货物的性质或者携带虫害等情况,需要对库场或者货物进行检疫、洗刷、熏蒸、消毒的,应当由作业委托人或者货物接收人负责,并承担有关费用。

第二十条　港口经营人将货物交付货物接收人之前,作业委托人可以要求港口经营人将货物交给其他货物接收人,但应当赔偿港口经营人因此受到的损失。

第二十一条　作业合同约定港口经营人从第三方接收货物的,作业委托人应当保证第三方按照作业合同的约定交付货物;作业合同约定港口经营人将货物交付第三方的,作业委托人应当保证第三方按照作业合同的约定接收货物。

第二十二条　作业委托人或者货物接收人应当在约定或者规定的期限内交付或者接收货物。

第二十三条 港口经营人交付货物时,货物接收人应当验收货物,并签发收据,发现货物损坏、灭失的,交接双方应当编制货运记录。

货物接收人在接收货物时没有就货物的数量和质量提出异议的,视为港口经营人已经按照约定交付货物,除非货物接收人提出相反的证明。

第二十四条 除另有约定外,作业委托人应当预付作业费用。

第二十五条 作业委托人不履行合同义务或者履行合同义务不符合约定的,应当承担继续履行、采取补救措施或者赔偿损失等违约责任。

因不可抗力不能履行合同的,根据不可抗力的影响,部分或者全部免除责任。作业委托人迟延履行后发生不可抗力的,不能免除责任。

第二节 港口经营人

第二十六条 港口经营人应当按照作业合同的约定,根据作业货物的性质和状态,配备适合的机械、设备、工属具、库场,并使之处于良好的状态。

第二十七条 港口经营人应当按照作业合同的约定接收货物,港口经营人接收货物后应当签发用以确认接收货物的收据。

单元滚装货物作业以及货物在运输方式之间立即转移的,不适用前款规定。

第二十八条 港口经营人应当妥善地保管和照料作业货物。经对货物的表面状况检查,发现有变质、滋生病虫害或者其他损坏,应当及时通知作业委托人或者货物接收人。

第二十九条 港口经营人应当在约定期间或者在没有这种约定时在合理期间内完成货物作业。

港口经营人未能在约定期间或者合理期间内完成货物作业造成作业委托人损失的,港口经营人应当承担赔偿责任。

第三十条 作业委托人违反本规则第十五条、第十七条规定,港口经营人可以拒绝作业。

第三十一条 作业委托人未按照本规则第十七条通知港口经营人或者通知有误的,港口经营人可以在任何时间、任何地点根据情况需要停止作业、销毁货物或者使之不能为害,而不承担赔偿责任。作业委托人对港口经营人因作业此类货物所受到的损失,应当承担赔偿责任。

港口经营人知道危险货物的性质并且已同意作业的,仍然可以在该项货物对港口设施、人员或者其他货物构成实际危险时,停止作业、销毁货物或者使之不能为害,而不承担赔偿责任。

第三十二条 除另有约定外,散装货物按重量交接;其他货物按件数交接。

第三十三条 散装货物按重量交接的,货物在港口经技术监督部门检验合格的计量器具计量的,重量以该计量确认的数字为准;未经技术监督部门检验合格的计量器具计量的,除对计量手段另有约定外,有关单证中载明的货物重量对港口经营人不构成其交接货物重量的证据。

第三十四条 应作业委托人或者货物接收人的要求,港口经营人可以编制普通记录。

货运记录和普通记录的编制,应当准确、客观。货运记录应当在接收或者交付货物的当时由交接双方编制。

第三十五条 交接集装箱空箱时,应当检查箱体并核对箱号;交接整箱货物,应当检查箱体、封志状况并核对箱号;交接特种集装箱,应当检查集装箱机械、电器装置、设备的运转情况。

集装箱交接状况,应当在交接单证上如实加以记载。

第三十六条　交接时发现集装箱封志号与有关单证记载不符或者封志破坏的,交接双方应当编制货运记录。

第三十七条　货物接收人没有在本规则第二十二条规定的期限内接收货物,港口经营人可以依照有关规定将货物转栈储存,有关费用、风险由作业委托人承担。

第三十八条　货物接收人逾期不提取货物的,港口经营人应当每10天催提一次,满30天货物接收人不提取或者找不到货物接收人,港口经营人应当通知作业委托人,作业委托人在港口经营人发出通知后30天内负责处理该批货物。

作业委托人未在前款规定期限内处理货物的,港口经营人可以按照有关规定将该批货物作无法交付货物处理。

第三十九条　港口经营人交付货物的情况符合《中华人民共和国合同法》第一百零一条规定的条件时,港口经营人可以根据《中华人民共和国合同法》的规定将货物提存。

第四十条　应当向港口经营人支付的作业费、速遣费和港口经营人为货物垫付的必要费用没有付清,又没有提供适当担保的,港口经营人可以留置相应的运输货物,但另有约定的除外。

第四十一条　港口经营人应当按照作业合同的约定交付货物。

第四十二条　货物接收人接收水路运输货物,港口经营人应当核对证明货物接收人单位或者身份以及经办人身份的有关证件。

第四十三条　港口经营人对收集的地脚货物,应当做到物归原主,不能确定货主的,应当按照无法交付货物处理。

第四十四条　单元滚装运输作业,港口经营人应当提供适合滚装运输单元候船待运的停泊场所、上下船舶和进出港的专用通道;保证作业场所的有关标识齐全、清晰,照明良好;配备符合规范的运输单元司乘人员及旅客的候船场所。

旅客与运输单元上下船和进出港的通道应当分开。

第四十五条　港口经营人对港口作业合同履行过程中货物的损坏、灭失或者迟延交付承担损害赔偿责任,但港口经营人证明货物的损坏、灭失或者迟延交付是由于下列原因造成的除外:

(一)不可抗力;

(二)货物的自然属性和潜在缺陷;

(三)货物的自然减量和合理损耗;

(四)包装不符合要求;

(五)包装完好但货物与港口经营人签发的收据记载内容不符;

(六)作业委托人申报的货物重量不准确;

(七)普通货物中夹带危险、流质、易腐货物;

(八)作业委托人、货物接收人的其他过错。

第四章　港、航货物交接的特别规定

第四十六条　除另有约定外,港口经营人与船方在水路运输货物港口装卸作业过程中的交接,适用本章规定。

第四十七条 船方应当向港口经营人提供配、积载图(表),港口经营人应当按照配、积载图(表)进行作业。船方可以在现场对配、积载提出具体要求。

第四十八条 国际运输以件交接货物、集装箱货物和集装箱,船方应当通过理货机构与港口经营人交接。

前款规定以外的货物和集装箱,船方可以委托理货机构与港口经营人交接。

第四十九条 船方应当向港口经营人预报和确报船舶到港日期,提供船舶规范以及货物装、卸载的有关资料,使船舶处于适合装、卸载作业的状态,办妥有关手续。

第五十条 水路运输货物,港口经营人与船方在船边进行交接。

第五十一条 同品种、同规格、同定量包装的件装货物,船方与港口经营人应当商定每关货物的数量和关型,约定计数方法,逐关进行交接,成组运输货物比照执行。

第五十二条 船方与港口经营人交接国内水路运输货物应当编制货物交接清单。

第五章 附 则

第五十三条 本规则由国务院交通主管部门负责解释。

第五十四条 本规则自 2001 年 1 月 1 日起施行。《关于港口作业事故处理的几项规定》([78]交水运字 1914 号文颁发试行)、《关于港口作业事故处理的几项补充规定》([79]交水运字 1682 号文颁发试行)以及本规则施行前交通部发布的其他与本规则不一致的相关规定同时废止。

参考文献

[1] 王学锋.水运货物学.上海:百家出版社,1994
[2] 王学锋,周晶洁.货物学.上海:同济大学出版社,2006
[3] 周晶洁,周在青.货物学.北京:电子工业出版社,2006
[4] 贺顺保.货物学.大连:大连海事大学出版社,1997
[5] 邱文昌, 施纪昌. 海上货物运输. 北京:人民交通出版社,2005
[6] 陈桂卿, 李治平. 船舶货运.大连:大连海事大学出版社,1991
[7] 交通部水运司.国际海运危险货物规则培训教材.北京:人民交通出版社,2002
[8] 中华人民共和国海事局.船载包装和散装固体危险货物安全知识和操作.北京:人民交通出版社,2003
[9] 陈东旭,吴卫东.普通化学.北京:化学工业出版社,2006
[10] 杨淑芹.新编常用材料数据速查手册.上海:上海科学技术出版社,2006
[11] 程曾越.合成橡胶.北京:中国石化出版社,2005
[12] 王少春.合成纤维.北京:中国石化出版社,2006
[13] 海关总署报关员资格考试教材编写委员会.进出口商品名称与编码.北京:中国海关出版社,2005
[14] 沈玉如.船舶货运.大连:大连海事大学出版社,1998
[15] 王鸿鹏,许路,邓丽娟.国际集装箱运输与多式联运.大连:大连海事大学出版社,2004
[16] 本书编写组.现代物流组织与实务.上海:上海人民出版社,2003
[17] 林自葵.货物运输与包装.北京:机械工业出版社,2005
[18] 吴长仲等.海船积载.北京:人民交通出版社,2002
[19] 孙肇裕.外轮理货业务.北京:中国物资出版社,2004
[20] 王融.商品学概论.北京:中国财经经济出版社,2000
[21] 王捷.海事货物运输.大连:大连海事大学出版社,2001
[22] 中华人民共和国海事局.海事基础.北京:人民交通出版社,2002
[23] 中国标准出版社第一编辑室,中国包装技术协会信息中心.中国包装标准汇编通用基础卷.北京:中国标准出版社,2005
[24] 中国标准出版社第一编辑室,中国包装技术协会信息中心.中国包装标准汇编通用术语卷.北京:中国标准出版社,2006
[25] 窦志铭.物流商品养护技术.北京:人民交通出版社,2001
[26] 孙宏岭,武文斌.物流包装实务.北京:中国物资出版社,2003
[27] 陈奇恩等.棉花生育规律与优质高产高效栽培.北京:中国农业出版社,1997
[28] 王键.现代物流概论.北京:北京大学出版社,2005
[29] 谈留芳.商品学.北京:科学出版社,2004
[30] 霍红.货物学基础.北京:中国物资出版社,2006